Public Service Advertising with Chinese Characteristics
Mechanism, Effects, and Innovation

中国特色的公益广告研究
机制、效果与创新

初广志 等著

图书在版编目(CIP)数据

中国特色的公益广告研究：机制、效果与创新 / 初广志等著. -- 北京：北京大学出版社，2024.9. -- ISBN 978-7-301-35631-9

Ⅰ. F713.842

中国国家版本馆 CIP 数据核字第 2024SA4580 号

书　　　名	中国特色的公益广告研究：机制、效果与创新 ZHONGGUO TESE DE GONGYI GUANGGAO YANJIU：JIZHI、XIAOGUO YU CHUANGXIN
著作责任者	初广志　等 著
责 任 编 辑	梁　路
标 准 书 号	ISBN 978-7-301-35631-9
出 版 发 行	北京大学出版社
地　　　址	北京市海淀区成府路 205 号　100871
网　　　址	http://www.pup.cn
新 浪 微 博	@北京大学出版社　　@未名社科-北大图书
微信公众号	北京大学出版社　　北大出版社社科图书
电 子 邮 箱	编辑部 ss@pup.cn　　总编室 zpup@pup.cn
电　　　话	邮购部 010-62752015　　发行部 010-62750672 编辑部 010-62765016/62753121
印 刷 者	北京溢漾印刷有限公司
经 销 者	新华书店 650 毫米×980 毫米　16 开本　16.5 印张　300 千字 2024 年 9 月第 1 版　2024 年 9 月第 1 次印刷
定　　　价	85.00 元

未经许可，不得以任何方式复制或抄袭本书之部分或全部内容。
版权所有，侵权必究
举报电话：010-62752024　电子邮箱：fd@pup.cn
图书如有印装质量问题，请与出版部联系，电话：010-62756370

国家社科基金后期资助项目
出版说明

后期资助项目是国家社科基金设立的一类重要项目，旨在鼓励广大社科研究者潜心治学，支持基础研究多出优秀成果。它是经过严格评审，从接近完成的科研成果中遴选立项的。为扩大后期资助项目的影响，更好地推动学术发展，促进成果转化，全国哲学社会科学工作办公室按照"统一设计、统一标识、统一版式、形成系列"的总体要求，组织出版国家社科基金后期资助项目成果。

全国哲学社会科学工作办公室

目 录

绪 论 …………………………………………………………………… 1

 第一节 概念界定 ……………………………………………… 3
 第二节 文献概述 ……………………………………………… 8

第一章 公益广告概述 …………………………………………… 24

 第一节 公益广告的源流 …………………………………… 24
 第二节 公益广告的属性 …………………………………… 36
 第三节 公益广告的功能 …………………………………… 41

第二章 公益广告管理机制 …………………………………… 49

 第一节 公益广告管理机构 ………………………………… 49
 第二节 公益广告管理的范围与方式 ………………………… 50
 第三节 公益广告管理机制评析 ………………………………… 58

第三章 公益广告运作机制 …………………………………… 64

 第一节 公益广告活动组织机制 ………………………………… 64
 第二节 公益广告活动实施机制 ………………………………… 75
 第三节 公益广告运作机制评析 ………………………………… 84

第四章 国外公共服务类广告机制 ………………………… 92

 第一节 美国公共服务广告机制 ………………………………… 92
 第二节 英国公共服务广告机制 ………………………………… 103
 第三节 日本公共广告机制 …………………………………… 113
 第四节 韩国公益广告机制 …………………………………… 119

第五章　公益广告的社会影响力 ………………………………… 125
第一节　公益广告在公众中的影响力 …………………………… 125
第二节　公益广告在大学生中的影响力 ………………………… 140
第三节　公益广告在互联网上的影响力 ………………………… 147

第六章　公益广告的传播效果 …………………………………… 154
第一节　公益广告的诉求类型与启动效果 ……………………… 154
第二节　公益广告的层级效果 …………………………………… 171
第三节　公益广告的互联网传播效果 …………………………… 183

第七章　公益广告发展的宏观态势 ……………………………… 206
第一节　公益广告发展面临的挑战 ……………………………… 206
第二节　公益广告发展迎来的机遇 ……………………………… 210
第三节　国际公共服务类广告发展趋势 ………………………… 215

第八章　新时代公益广告创新发展路径 ………………………… 225
第一节　新时代公益广告的观念更新 …………………………… 225
第二节　新时代公益广告的制度创新 …………………………… 231
第三节　新时代公益广告的运作机制创新 ……………………… 236

附录　公益广告促进和管理暂行办法 …………………………… 245

主要参考文献 ……………………………………………………… 249

后　记 ……………………………………………………………… 259

绪　论

公益广告肩负着规范道德行为、引导价值观念、凝聚民族精神、塑造国家认同的任务与使命，不仅是社会发展进步与国家精神境界的标志，而且是国家治理体系与治理能力现代化的重要抓手，也是传承中华文化、树立文化自信、实现中国梦的有力手段。①

从1986年贵阳电视台发布《节约用水》公益广告至今的三十多年里，我国的公益广告事业从无到有，取得了飞速的发展。在党和政府的领导下，在主流媒体、企业、广告公司和其他社会团体、个人的参与下，公益广告取得了显著成效，在社会主义精神文明建设中发挥了重要作用。

据统计，2022年全国广播公益广告节目播出时长为58.92万小时，同比增长4.51%；电视公益广告节目播出时长为113.51万小时，同比增长5.02%。② 另据国家广播电视总局广播电视规划院发布的数据，从2021年到2023年，公益广告播出量呈逐年上升趋势，仅央视和地方卫视播出条数就从224万条次增加到311.7万条次。③ 鉴于广播电视是公益广告刊播的主要媒体，中国的公益广告在各种媒体上的总刊播量已经位居世界前列。

与此同时，也应看到，当前我国公益广告的影响力和传播效果仍不尽如人意，与公益广告大国的地位并不相称。

国家广播电视总局发展研究中心发布的报告指出，广电公益广告在配合重大主题宣传、构建社会主义核心价值观等方面日益发挥不可替代的引导作用，但从总体上看，广电公益广告只解决了"从无到有"，尚未

---

① 陈培爱：《公益广告与社会主义核心价值观》，《中华文化与传播研究》2021年第1期，第3页。

② 《公益广告展现新气象，呼唤新作为》，https://baijiahao.baidu.com/s?id=1781933766153627168&wfr=spider&for=pc，2024年4月10日访问。

③ 《中国视听大数据发布2023年收视年报》，http://www.cavbd.cn/news/2024010502.html，2024年4月18日访问。

实现"从有到优""从优到强",公益广告的实际传播效果与其所应承载的使命任务还有较大的差距。①

在互联网平台上,公益广告的影响力也有待增强。根据作者2023年11月2日的统计,在新浪微博播放量排名前10位的公益广告视频中,来自中国大陆的只有7个,位居前两位的均为国际公益组织"野生救援"(WildAid)的公益广告,泰国的处于第五位;而在YouTube平台上播放量排名前20位的公共服务类广告视频中,没有一个来自中国。②

中国的公益广告不同于美国的公共服务广告(public service advertising,PSA)和日本的公共广告、韩国的公益广告。它不是对国外公共服务类广告模式的模仿,而是诞生于中国的本土环境,服务于社会主义精神文明建设,在核心属性和发展道路方面体现出鲜明的中国特色。正如林升栋所述,萌芽、诞生、发展并逐渐成熟于中国独特社会环境下的公益广告,有着不同于西方发达国家公益广告的历史发展轨迹,当前中国公益广告的发展是外力因素与内部驱动共同作用的结果。③

为此,站在实现中华民族伟大复兴和建设人类命运共同体的高度,明确公益广告的中国特色,研究公益广告的机制,分析公益广告的影响力、传播效果,把握国际公共服务类广告的发展趋势,借鉴国外先进经验,探索新时代中国公益广告创新发展的路径,既有重要的理论价值,也有较强的现实意义。

机制与效果是公益广告事业发展的核心问题。"一般说来,机制是指系统内各要素、各子系统的内在运动方式和相互作用形式。"④机制多用于自然科学领域,社会科学也常使用,可以理解为机构和制度,"其定义应该包含四个要素:一是事物变化的内在原因及其规律,二是外部因素的作用方式,三是外部因素对事物变化的影响,四是事物变化的表现形态"⑤。而要评估一种机制的运行是否科学、高效,效果测量是一种有效的方式。

---

① 和群坡等:《2018年中国广电公益广告发展研究报告》,中国传媒大学等编著:《中国公益广告年鉴(2014年—2019年)》,中国广播影视出版社2020年版,第98—102页。
② 详细数据请看本书第五章第三节"公益广告在互联网上的影响力"。
③ 林升栋:《谈中国特色公益广告研究》,《中华文化与传播研究》2021年第1期,第13—14页。
④ 高鉴国等:《中国慈善捐赠机制研究》,社会科学文献出版社2015年版,第7页。
⑤ 孔伟艳:《制度、体制、机制辨析》,《重庆社会科学》2010年第2期,第97页。

因此，本书以"机制"和"效果"为核心，分析中国特色的公益广告的模式、现状与问题，并在此基础上探讨创新路径。

第一节　概念界定

"在社会科学研究中，概念有着至高无上、不可替代的地位。它是在一定研究视角内，解释纷杂社会现象的众目之纲，是学派、范式的定位点，也是理论和研究方法的基本单位和出发点。"① 同时，"概念的建构来自于思维想象（观念）上的共识"②，如果一个概念有较多的变化或丰富的内涵，那么在具体应用情境中很难达成共识。

从实践角度来看，概念内涵和外延的确定又是制定规则的前提。如果公益广告的内涵模糊、外延不清，就容易导致实践中的功利主义行为。

1981年，我国台湾地区学者樊志育最早提出公共广告的概念："公共广告亦称公益广告，其广告目的既非推销商品，亦非为了增加企业之声誉，而是为了公共利益、社会福祉所作的广告。"③

在中国大陆，关于"公益广告"的内涵和外延，公益广告与相关概念之间的区别与联系，一直缺乏清晰的界定，尚未达成共识。

2013年9月，受全国科学技术名词审定委员会委托，中国社会科学院新闻与传播研究所聘请国内多所新闻与传播院校及科研机构的专家学者，组建了新闻学与传播学名词审定分委员会，着手编制《新闻学与传播学名词》，"以推动新闻学与传播学术语体系的专业化、规范化和科学化，便利学科内外的跨界表达、交流与融合"④。

为了更好地促进名词审定工作，《新闻与传播研究》从2014年第7期开始，特辟专栏，及时呈现相关研究成果。截至2017年底，这个专栏

---

① 郭中实：《概念及概念阐释在未来中国传播学研究中的意义》，《新闻大学》2008年第1期，第8页。
② 〔美〕艾尔·巴比：《社会研究方法（第11版）》，邱泽奇译，华夏出版社2009年版，第125页。
③ 樊志育：《广告学新论》，三民书局1980年版，第11页。
④ 《〈新闻学与传播学名词〉审定过程文存（之一）》，《新闻与传播研究》2014年第7期，第5页。

共发表了59位作者的46篇文章①，公共关系、传播、批判学派、交往、人际传播、宣传、互联网治理、议程设置、新媒体、广告、谣言、媒介、媒体、传媒、公共传播、框架效应、舆论等几十个概念的界定过程先后被展示，但"公益广告"并不在其中。2016年1月，国家工商行政管理总局等六部委联合颁布《公益广告促进和管理暂行办法》，首次从官方的角度对这一概念进行了界定。但是，在之后的学术研究和实践中，对于公益广告的内涵和外延仍然存在较大分歧。"一些研究者在探讨公益广告的相关议题时，由于对公益广告缺乏准确的理解和把握，概念界定不清，结果造成将公益广告与社会广告、公共广告、政治宣传等混淆使用。"② 在实践中，一些相关用语的提出也显得不够严谨和规范。例如，一些行业主管部门提出了"旅游公益广告""食育公益广告"等术语③，有的媒体在刊播公益广告时，将其称为"公益传播"而非"公益广告"。

一、公益广告概念的多重视角

通过对此前相关研究成果的梳理发现，在公益广告概念的界定方面，主要存在以下几重视角：

（1）公共视角。持这一视角的学者主张，公益广告的主要目的是促进公共利益和解决社会问题，与美国公共服务广告和日本公共广告的目的大同小异，公益广告就是公共广告。唐忠朴认为，公益广告是指为了促进公共利益，唤起人们对社会各种现实问题的关心，呼吁人们以实际行动来解决或改善这些问题，由政府、社团、媒体、企业和广告公司合作实施，共同推动的广告活动。④ 倪宁指出，公益广告就是为维护社会公德、帮助改善和解决社会共同利益问题而组织开展的广告活动。⑤

（2）公共关系视角。在这一视角下，公益广告被当作公共关系广告

---

① 唐绪军、王怡红、宋小卫：《名词审定助力学科话语体系建设》，《新闻与传播研究》2017年第12期，第106页。
② 陈丽娜：《公益广告的认知演化进程：从宣传、观念营销到公共传播——公益广告国内外研究综述》，《广告大观（理论版）》2013年第5期，第43页。
③ 《关于联合举办首届全国旅游公益广告作品遴选暨展播活动的通知》，http://www.nrta.gov.cn/art/2021/4/14/art_113_55781.html，2024年4月10日访问；《号外丨首届食育公益广告设计大赛公开征集作品啦！》，https://m.thepaper.cn/baijiahao_6994826，2024年4月10日访问。
④ 唐忠朴：《中国本土广告论丛》，中国工商出版社2004年版，第227页。
⑤ 倪宁：《论公益广告及其传播》，《新闻与写作》1998年第12期，第32页。

的一部分，企业广告、城市形象广告、国家形象广告均属于公益广告的范畴。康文久、魏永刚等按照广告信息的不同内容，将公共关系广告分为形象广告、论点广告、公益广告、祝贺广告、赞助广告等。[①] 姚惠忠提出，公益广告是建立或维护组织形象的广告，与告之广告、倡议广告并列。[②] 刘林清等认为，"国家和城市形象公益广告促进区域经济、政治和社会的进步，所以属于公益广告的范畴"[③]。

（3）政治视角。与前两种观点相比，这一视角下概念的提出相对较晚。2016年出台的《公益广告促进和管理暂行办法》指出，"本办法所称公益广告，是指传播社会主义核心价值观，倡导良好道德风尚，促进公民文明素质和社会文明程度提高，维护国家和社会公共利益的非营利性广告"。

（4）综合视角。2023年12月29日，上海市人民政府办公厅颁布了《上海市公益广告促进和管理办法》，自2024年1月1日起施行。这个文件指出，"本办法所称公益广告，是指为公共利益服务，传播社会主义核心价值观，倡导良好道德风尚，促进公民文明素质和社会文明程度提升，维护国家和社会公共利益的非营利性广告"。

从公益广告概念界定的多重视角可以看出，围绕公益广告概念，不仅学界、业界和党政部门之间，而且学界内部也存在明显的分歧。

二、公益广告概念的重新界定

鉴于国内各界尚未就公益广告概念达成共识，笔者基于中国国情，综合国内外影响较大的观点，提出自己的定义：公益广告是致力于维护公共利益的非商业广告。它通过影响大众的观念和行为，促进社会进步。

公益广告概念的核心要点包括：（1）是一种非商业性广告形式；（2）具有鲜明的公共属性；（3）致力于对观念和行为的倡导；（4）以推动社会进步为目标。

三、公益广告的边界确立

（一）公益广告有别于企业广告

公共性是公益广告的核心属性。企业发布的不直接宣传产品或服务

[①] 康文久、魏永刚等编著：《简明广告学教程》，新华出版社1990年版，第8—9页。
[②] 姚惠忠：《公共关系理论与实务》，北京大学出版社2004年版，第219页。
[③] 刘林清、和群坡主编：《公益广告学概论》，中国传媒大学出版社2014年版，第9页。

的广告，有时虽然也涉及人们普遍关心的社会问题，但仍属于商业广告的范畴。其中最容易与公益广告混淆的就是企业意见广告。

"意见广告"（Advocacy Advertising）起源于美国，后经由日本传入中国，是一种不直接宣传产品或服务的广告形式。国际广告协会（International Advertising Association，IAA）在20世纪70年代的全球性调查中，曾仔细斟酌对意见广告的解释，强调"倡导"而弱化"公共利益"属性，将其与公共服务广告区分开。[①]

在中国，"公益广告"与"意见广告"之间界限的模糊，与日本《广告用语词典》的引进有很大关系。在该词典中，"公共广告"被解释为"企业或社会团体表示它对社会的功能和责任，表明自己追求的不仅仅是从经营中获利，而是过问和参与如何解决社会问题和环境问题，向消费者阐明这一意图的广告"[②]；而"意见广告"是"就政治、经济、社会、文化等等公共社会议题提出建议，或者询问赞成与否的广告"[③]。仔细推敲会发现，该词典对这两个概念的界定并无本质区别。究其原因，在日本，从广义的角度来说，公共广告属于意见广告的范畴。[④] 但在实践中，公共广告与意见广告有着严格的区分，"意见广告尽管多是政党、政府、企业提出的具有公共意义的话题，本质上是以直接和间接的广告主的利益为目的的"[⑤]。2006年11月，日本专修大学文学部副教授、众议院宪法调查特别委员会成员山田健太，在梳理国民投票与表现自由的关系时，将意见广告、公共广告、出版广告与一般商业广告并列[⑥]，说明这几个术语之间在法律层面存在着差异。《广告用语词典》是国内首部翻译引进的广告词典，在很大程度上影响了中国学界、业界对公益广告的认知。

有的介绍国外公共服务类广告实践的文章，由于语焉不详，客观上也起到了一定的误导作用。例如，《新京报》于2006年10月22日刊登

---

① Sylvan M. Barnet, Jr., "A Global Look at Advocacy," *Public Relations Journal*, Vol. 31, No. 11, 1975, pp. 18-21.
② 〔日〕赤尾昌也等：《广告用语词典》，李直等译，中国摄影出版社1996年版，第48页。
③ 同上书，第271页。
④ 初广志、应铭：《重新审视"意见广告"：源流、旅行与扩散》，《现代传播》2024年第2期，第80页。
⑤ 〔日〕植条则夫：《广告文稿策略——策划、创意与表现》，俞纯麟、俞振伟译，复旦大学出版社1999年版，第259页。
⑥ 〔日〕山田健太：《憲法改正手続法案におけるメディア規制等の諸問題》，https://www.shugiin.go.jp/internet/itdb_kenpou.nsf/html/kenpou/toku/1651107yamada.pdf/$File/1651107yamada.pdf，2024年3月31日访问。

的一篇文章提到"有资料表明：在一些发达国家，公益广告占到企业广告发布的40%"①，但并未说明来源。实际上，将公益广告归入企业广告这一类别，并非发达国家的通例，在美国、英国、日本等发达国家，公共服务广告、公共广告与企业广告是有明确区分的，不属于企业广告的范畴。但是，《新京报》上这句未经证实的话却经常被媒体报道所引用，并被拿来与中国的公益广告刊播量进行比较。

此外，党和政府为了鼓励企业参与公益广告活动，规定赞助方可以在出资制作的公益广告上署名，虽然也对企业信息出现的时间、位置、规格等做出了严格的规定，但客观上也使部分公益广告带有了一定的商业色彩。

（二）公益广告有别于日常的慈善广告

在汉语中，"公益"多指卫生、救济等群众福利事业，而"慈善"则是"对人关怀，富有同情心"。② 由于扶贫济困是慈善事业的宗旨之一，"公益慈善"一词在中国被广泛使用。实质上，公益和慈善仍有一定的区别，"在公益的概念里，利他主义行为的最终指向不仅仅是他人和个体利益，更应是公共利益。这一点与传统的、针对个人的慈善行为略有不同：虽然公益行为的对象也是个人，但其具有明显的改变社会体系的诉求"③。在欧美，一般也不将慈善救助广告归为公共服务广告或公共广告，而是将其单独列为一种广告形式——"慈善广告"（Charity Advertising），韩国则称其为"公共奉仕广告"④。

在特殊情况下，针对普遍存在的社会问题（如20世纪90年代初一些贫困地区的儿童失学现象），以及洪水、地震等重大自然灾害相关主题的慈善救助广告则可以被视为公益广告。

（三）公益广告有别于其他公益类传播形式

公益广告首先是广告，是一种专业性很强的宣传形式，具有问题导

---

① 李万刚：《公益广告塑造公民的公共精神》，http://star.news.sohu.com/20061022/n245930875.shtml，2024年4月15日访问。

② 中国社会科学院语言研究所词典编辑室编：《现代汉语词典》（第7版），商务印书馆2016年版，第453、214页。

③ 唐昊：《中国式公益：现代性、正义与公民回应》，中国社会科学出版社2015年版，第9—10页。

④ 〔韩〕코라드廣告戰略研究所编：《廣告大辭典》，Nanam Publishing House 1989年版，第34页。

向、针对性强、短小精悍等特点，以创意为核心属性之一。因此，公益广告不同于针砭时弊的漫画以及标语、口号、宣传画，不同于科普宣传短片，也不同于其他的公益类传播形式（如新闻报道、专题节目、纪录片、晚会、现场活动等）。

第二节　文献概述

目前，与"公益广告"相对应的英文一般为 Public Service Advertising (PSA)，或 Public Service Advertisements、Public Service Announcements (PSAs) 等词；在日文中，经常与"公共広告"相对应。①

从全球范围来看，欧美地区的相关学术成果最为丰富。公共服务广告一词最早出现在第二次世界大战后期美国战时广告委员会（War Ad Council）的文件中。二战结束后，该机构在宣传册《从战争到和平：对于商业和广告业的新挑战》中，回顾了广告业在战时所做的贡献，指出战后这种机制仍有必要存在，而公共服务广告是一门好的生意（good business）。② 1948 年，J. A. R. 平洛特在《公共舆论季刊》上发表《公共服务广告：广告委员会》一文，介绍了这个机构的作用和运营情况。③

1973 年，杰瑞·R. 莱恩在《新闻与大众传播季刊》上发表的论文《公共服务广告透视：信源、信息和接收者效果》，标志着公共服务广告研究的开端。④

一、英文论著中的公共服务广告研究

（一）学术论文

2014 年，杨燎原、初广志通过对 EBSCO 数据库和 Google 学术搜索中

---

① 笔者认为，鉴于公益广告的中国特色，将公益广告译为 Public Service Advertising、Public Service Advertisement 是不准确的。将日本的"公共広告"称为"公益广告"也同样如此。在后面的章节我们将对此展开论述。

② War Advertising Council, "From War to Peace: The New Challenge to Business and Advertising,"〔日〕植条则夫：《公共広告の研究》，日経広告研究所 2005 年版，第 494—516 页。

③ J. A. R. Pimlott, "Public Service Advertising: The Advertising Council," *Public Opinion Quarterly*, Vol. 12, No. 2, 1948, pp. 209-219.

④ Jerry R. Lynn, "Perception of Public Service Advertising: Source, Message and Receiver Effects," *Journalism & Mass Communication Quarterly*, Vol. 50, No. 4, 1973, pp. 673-689.

有关公共服务广告的论文进行定量描述和定性分析，发现效果类研究的比例高达77%，具体涉及综合效果、测量方法、影响因素等。① 2024年7月21日，初广志又在EBSCO host 数据库（Academic Search Complete），分别以"public service advertising""public service announcements""public service advertisements"为关键词进行检索，显示的结果共有523条。剔除无关论文后，共有385条，其中以广告效果为研究对象的为302篇，占78%以上。在发表数量上，这类论文也呈现逐年上升的趋势，1973—1999年为16篇，2000—2009年为79篇，2010—2024年达到207篇。以同样的关键词在Web of Science数据库检索，发现2002年至2024年7月共有293篇文献，广告效果研究仍居主导地位。

从研究视角来看，这些成果主要是基于传播学视角，也包括行为科学、心理学、医学等其他学科视角。从主题构成来看，健康类最受关注，具体包括疾病预防与筛查、反对吸烟、抵制毒品、健康科普、帮助抑郁症患者、反对药物滥用、反对酗酒、控制体重、安全性行为、儿童健康、公共卫生等，其他主题包括环境保护、安全驾驶、反对暴力等（见图0-1）。从研究对象看，内容、受众、媒介及伦理问题受到了较多的关注，并呈现出阶段性变化；而在管理和运作机制方面的研究成果则相对较少，主要包括公共服务广告机构的运行模式、媒体播出时段、数量及影响因素，案例研究等类型，历时性变化并不明显，原因既与欧美等国的公共服务广告机制比较成熟有关，也与这些国家的传播学、广告学研究中量化方法占主导地位有关。

从发布渠道来看，以会议居多，健康传播类期刊次之。具体来说，这些会议主要包括国际传播协会年会、美国全国传播协会年会和美国广告学会年会；健康传播类期刊主要是《健康传播》（*Health Communication*）和《健康传播杂志》（*Journal of Health Communication*）。值得注意的是，虽然 Public Service Announcements 和 Public Service Advertisements 都指公共服务广告，但是传播学类期刊大多使用"Public Service Announcements"，而 Public Service Advertisements 的提法则主要出现在广告和营销类期刊中，这体现了两种称谓的细微差别。1994年之后，除了广告学核心期刊之外，公共关系学、营销学、传播学、心理学、公共管理学等学科的核心期刊也陆续刊登相关论文，这标志着公共服务广告效果研究已步入学术界主流。

---

① 杨燎原、初广志：《美国公益广告研究综述》，《现代传播》2014年第11期，第113页。

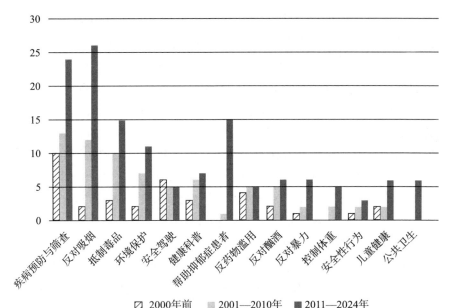

图 0-1 美国公益广告研究中不同主题的历时发表量（篇）

  王苑丞和黄皓羽通过梳理 EBSCO 数据库、Google 学术等平台 2005—2019 年发表的与公共服务广告研究相关的外文文献发现：国外学者主要从传播学的角度切入，公益广告研究与"健康传播"研究存在交融的现象，并且具有较强的理论性；重视实证研究，通过设计实验和测量模型来验证假设，研究方法以定量方法为主并且非常注重实验和模型的严谨、规范；以效果研究为核心，主要涉及综合效果研究，内容、受众、媒体和传播主体与效果研究。[①] 这些结论与此前初广志、杨燎原等人的发现类似。

  整体来看，公共服务广告研究在欧美广告学研究中尚处于边缘地位。玛拉·罗伊恩·斯塔福达等学者曾对欧美四大广告学术期刊——《国际广告杂志》(*International Journal of Advertising*)、《广告学刊》(*Journal of Advertising*)、《广告学研究》(*Journal of Advertising Research*)、《广告时事与研究》(*Journal of Current Issues & Research in Advertising*) 四十年（1980—2020）间发表的论文主题进行了聚类分析，发现公共服务广告并未居于

---

① 王苑丞、黄皓羽：《外文文献中公益广告研究综述（2005—2019）》，《广告大观（理论版）》2020 年第 2 期，第 102 页。

其中。①《广告学刊》在创刊五十周年评选代表性论文的活动中，只有一篇以公共服务广告为研究对象的论文入选，是关于危机模型（Risk Models）在公共服务广告和反酗酒活动中应用的研究。②

这一趋势近年来更为明显。据笔者统计，2020—2023 年间，在这四大学术期刊上仅有五篇公共服务广告方面的论文，其中三篇与新冠疫情相关，分别为：探讨在预防直接和间接家庭暴力的公共服务广告中，印度教教徒的宗教性笃信和精神的功能性区别③；运用目标—框架棱镜分析有关 COVID-19 的公共服务广告④；测试在冠状病毒大流行的特殊形势下公共服务广告中的传播信息如何提高人们对威胁的警觉程度⑤。此外，有一篇论文基于社交媒体分析了母亲们的问题性饮酒（Problematic Drinking）行为⑥，另有一篇论文测试了面子信息框架（face message frame）对于消费者公共服务广告反应程度的效果⑦。

而在同一时期，健康传播类国际权威期刊《健康传播》和《健康传播杂志》却总计刊登了 12 篇公共服务广告方面的论文，主题按数量依次为：新冠病毒（4 个）、吸烟（3 个）、糖尿病（2 个）、自杀（1 个）、酗酒（1 个）、吃生曲奇面团（1 个）。这些健康传播期刊与四大广告学术期

---

① Marla Royne Stafforda, et al., "The Evolution of Advertising Research through Four Decades: A Computational Analysis of Themes, Topics and Methods," *International Journal of Advertising*, Vol. 42, No. 1, 2023, pp. 18-41.

② Joyce M. Wolburg, "The 'Risky Business' of Binge Drinking among College Students: Using Risk Models for PSAs and Anti-Drinking Campaigns," *Journal of Advertising*, Vol. 30, No. 4, 2001, pp. 23-39.

③ Sidharth Muralidharan and Sanjukta Pookulangara, "Exploring the Functional Distinction between Hindu Religiosity and Spirituality in Direct and Indirect Domestic Violence Prevention PSAs: A Study of Bystander Intervention in the Era of COVID-19," *International Journal of Advertising: The Review of Marketing Communications*, Vol. 41, No. 6, 2022, pp. 1121-1142.

④ Evgeniia Belobrovkina and Shelly Rodgers, "COVID-19 Public Service Advertisements through the Prism of Goal-Framing Theory," *Journal of Current Issues & Research in Advertising*, Vol. 44, No. 4, 2023, pp. 497-516.

⑤ Jungkeun Kim, et al., "Nudging to Reduce the Perceived Threat of Coronavirus and Stockpiling Intention," *Journal of Advertising*, Vol. 49, No. 5, 2020, pp. 633-647.

⑥ Elizabeth Crisp Crawford, et al., "Connecting without Connection: Using Social Media to Analyze Problematic Drinking Behavior among Mothers," *Journal of Current Issues & Research in Advertising*, Vol. 41, No. 2, 2020, pp. 121-143.

⑦ Hanwei Wang, et al., "To Gain Face or Not to Lose Face: The Effect of Face Message Frame on Response to Public Service Advertisements," *International Journal of Advertising: The Review of Marketing Communications*, Vol. 39, No. 8, 2020, pp. 1301-1321.

刊上的论文一样，均采用了量化研究方法。①

（二）专著

目前，只有两本英文专著系统地研究了公共服务广告。

温迪·麦利罗的《卡通侦探狗和哭泣的印第安人是如何改变美国的：广告委员会经典活动的历史》详细地介绍了公共服务广告活动是如何成为美国全国性议题的一部分，并改变美国社会的。作者认为，公共服务广告活动是一个双赢的游戏：政府得到了第一流的服务，广告业通过证明自己的公共价值规避了政府的规制。该书讨论了从二战期间的铆工露斯，到护林防火的冒烟熊，再到预防犯罪的卡通侦探狗等已成为美国人集体记忆的那些聚焦公共议题的形象和活动，指出了公共服务广告在当

---

① Russell B. Clayton, et al., "Smoking Status Matters: A Direct Comparison of Smokers' and Nonsmokers' Psychophysiological and Self-Report Responses to Secondhand Smoke Anti-Tobacco PSAs," *Health Communication*, Vol. 35, No. 8, 2020; Jennifer Manganello, et al., "Pandemics and PSAs: Rapidly Changing Information in a New Media Landscape," *Health Communication*, Vol. 35, No. 14, 2020; James Price Dillard, et al., "Talking about Sugar-Sweetened Beverages: Causes, Processes, and Consequences of Campaign-Induced Interpersonal Communication," *Health Communication*, Vol. 37, No. 3, 2022; Tao Deng, et al., "Global COVID-19 Advertisements: Use of Informational, Transformational and Narrative Advertising Strategies," *Health Communication*, Vol. 37, No. 5, 2022; Claudia Parvanta, et al., "Face Value: Remote Facial Expression Analysis Adds Predictive Power to Perceived Effectiveness for Selecting Anti-Tobacco PSAs," *Journal of Health Communication*, Vol. 27, No. 5, 2022; Soo Jung Hong and Bernadette Yan Fen Low, "Use of Internet Memes in PSAs: Roles of Perceived Emotion, Involvement with Memes, and Attitudes Toward the Issuing Organization in Perceived PSA Effectiveness," *Health Communication*, Vol. 39, No. 6, 2023; Russell B. Clayton, et al., "Diminishing Psychological Reactance through Self-Transcendent Media Experiences: A Self-Report and Psychophysiological Investigation", *Health Communication*, Jul. 25, 2023, https://doi.org/10.1080/10410236.2023.2233705; Guan Soon Khoo and Jeeyun Oh, "Imagine That You Died. Would You Still Smoke? How Death Reflection Affects Health Message Reception through Personal Growth and Identification," *Health Communication*, Sep. 11, 2023, https://doi.org/10.1080/10410236.2023.2257944; Jessica Gall Myrick, et al., "An Experimental Test of the Effects of Public Mockery of a Social Media Health Campaign: Implications for Theory and Health Organizations' Social Media Strategies," *Health Communication*, Nov. 19, 2023, https://doi.org/10.1080/10410236.2023.2282833; Buduo Wang, et al., "Do Descriptive Norm Appeals in Public Service Ads Reduce Freedom Threats? Examining the Effects of Normative Messages and Media Literacy Skills on Decreasing Reactance," *Health Communication*, Vol. 38, No. 5, 2023; Donald Harris and Archana Krishnan, "Exploring the Association Between Suicide Prevention Public Service Announcements and User Comments on YouTube: A Computational Text Analysis Approach," *Journal of Health Communication*, Vol. 28, No. 5, 2023; benjamin Denison, et al., "Evaluation of the 'We Can Do This' Campaign Paid Media and COVID-19 Vaccination Uptake, United States, December 2020 - January," *Journal of Health Communication*, Vol. 28, No. 9, 2023.

前媒体环境下面临的挑战。①

《公共服务广告是如何运作的》由英国的中央信息署（COI）、全球广告研究中心（WARC）和广告同业协会（IPA）共同出版。该书通过对"IPA广告实效奖"中获奖的公共服务广告案例进行分析，总结了成功的公共服务广告活动的规律，强调应该确定明确目标（倡导正面行为、减少负面行为、鼓励守法行为），锁定目标受众，并通过创新的媒体运用和信息吸引他们，此外，还要有足够的预算和科学的效果评估方法。作者专门探讨了公共服务广告的创意技巧和心理学规律，并指出未来的发展方向是多种媒体并用、使用精细的技巧和方法、深入理解人类行为，以及聚焦成效。②

总体而言，欧美的公共服务广告研究秉承传播学的研究传统，十分重视实证研究，研究方法严谨、规范，且以定量方法为主（尤以控制实验法为主），研究内容大多以小见大，具体而深入。③

同时，这些研究也存在着一定的局限：（1）关注的议题主要在健康传播领域；（2）重视电视媒体，忽视报纸、广播、杂志、户外、互联网等其他媒体发布的公共服务广告；（3）大多采用以学生为被试的控制实验法，导致结论的适用范围受限；（4）偏重测量感知效果，较少测量实际行动效果；（5）对影响公共服务广告活动的政治、经济、社会、文化等因素及管理、运作机制等方面的研究比较薄弱。

二、日文论著中的公共广告研究

日本的公共广告活动始于1971年，而学术研究却相对滞后。笔者在日本国立情报学研究所的论文库中搜索"公共广告""研究"，显示出82条结果。剔除重复与无关的内容后，共得到63篇论文、14本著作、1篇博士论文和1个研究项目。④

1973年，中农晶三发表了《广告委员会的成立过程：关于公共广告》一文，这是日本有关公共广告最早的研究成果。⑤ 此后的五十年间，相关

---

① Wendy Melillo, *How McGruff and the Crying Indian Changed America: A History of Iconic Ad Council Campaigns*, Smithsonian Books, 2013, pp. 1-181.

② Judie Lannon, *How Public Service Advertising Works*, World Advertising Research Center, 2008, pp. 1-244.

③ 杨燎原、初广志：《美国公益广告研究综述》，《现代传播》2014年第11期，第116页。

④ 数据来源于日本国立情报学研究所，参见 http://cir.nii.ac.jp，2024年3月28日访问。

⑤〔日〕中農晶三：《Advertising Councilの成立過程：公共広告をめぐって》，《関西大学社会学部紀要》，Vol. 4, No. 1, 1973, pp. 21-35。

研究成果一直维持在较低的数量。具体来说，整个20世纪80年代相关论文只有一篇，为堀口隆志的《公共广告海报》①；1992年至2004年相关论文相对较多（其中，植条则夫一人就有21篇）；2006年至2023年仅有24篇，其中研究中国公益广告的3篇，中日公共广告比较的2篇，韩国和美国公共服务广告的各1篇。值得注意的是，这个论文库显示，1990年、1991年和2005年没有公共广告论文发表。

在专著方面，截至2024年3月底共有五部相关专著出版，作者分别为植条则夫（3部）和金子秀之（2部）。

植条则夫撰写了《公共广告研究》《公共广告研究（韩文版）》《公共广告改变社会：日美AC的发展轨迹和整体状况》三本著作。在有代表性的《公共广告研究》一书中，他对公共广告（公共服务广告）事业进行了系统分析和论述，内容包括：公共广告的定义和概念；公共广告出现的背景和动因；美国战时广告委员会的成立与活动；战后美国广告委员会的运营方针、活动及公共广告的变迁；公共广告与美国社会；公共广告活动的策划与效果评估；日本公共广告协会成立的背景、活动、效果；国际视角下的日本公共广告；公共广告的日美比较；韩国、中国、欧洲的公共广告；基于人类所面临共同课题的世界公共广告；公共广告的问题点与课题；等等。② 该书是国际上系统、全面、深入地研究公共广告（公共服务广告、公益广告）的权威著作之一。

金子秀之出版了两本专著，均以分析欧美公共服务广告案例为主，主题包括身体障碍者救济资金募集、反对针对女性的暴力、反对种族歧视、预防皮肤癌、保护环境、爱护动物、禁烟、献血等方面。③

此外，日本公共广告机构（AC Japan）在其设立30、35、40、50周年时，都出版了纪念作品集，还编撰了《公共广告机构20年史》《美国的广告协议会》及两部作品集；日本广告摄影家协会出版了《走向公共广告的路径：社团法人日本广告摄影家协会企画展》；日本总务省与早稻田大学川口艺术学校合作编写了教材《传达我们的形象：公共广告制作》。

日本学者较少关注公共广告效果，截至2024年3月底仅有3篇相关

---

① 〔日〕堀口隆志：《公共広告としてのポスター》，《デザイン理論》，Vol.20，1981，pp.26-31。

② 〔日〕植条则夫：《公共広告の研究》，日経広告研究所2005年版。

③ 〔日〕金子秀之：《世界の公共広告》，玄光社2013年版；〔日〕金子秀之：《世界の公共広告：世界は公共広告のテーマに満ち満ちている》，研究社2000年版。

论文，公共广告运作机制、公共广告与社会方面的论文也寥寥无几。

可见，日本的公共广告研究尚未引起学界的广泛关注，研究者相对较少，视野比较狭窄，成果数量有限且研究对象比较零散，方法不够多元，这与该国丰富的公共广告实践形成了强烈反差。

三、中文论著中的公益广告研究

（一）中国大陆的公益广告研究

中国大陆的公益广告研究虽然起步较晚，但是已经积累了丰富的成果。姚曦、李娜发现，在 1979 年至 2019 年中国广告研究排名前 20 位的高频关键词中，"公益广告"仅次于"电视广告"，位居第二位。①

1. 期刊论文

1991 年 1 月，《学术界》刊登了国内首篇公益广告研究论文②。作者杜延龄肯定了公益性广告的作用，认为公益广告创作应做到真实性、思想性和艺术性的统一。同年，许俊基、丁俊杰、衡晓阳对公益广告的概念、功能、与商业广告的关系，以及传播内容、制作、刊播发布所应遵循的原则进行了较为深入的论述。③

据笔者统计，此后近二十年时间里，公益广告研究在广告学界研究中一直处于边缘位置，2009 年后这种情况逐渐改变，相关论文发表数量呈现出明显的上升趋势（见图 0-2）。

图 0-2　1991—2024 年 CNKI 数据库公益广告论文（中文）数量（篇）

---

① 姚曦、李娜：《融合与重构：中国广告研究四十年——基于中美广告期刊文献的比较研究》，《广告大观（理论版）》2019 年第 6 期。

② 杜延龄：《公益广告之社会功能刍议》，《学术界》1991 年第 1 期，第 94—95 页。

③ 许俊基、丁俊杰、衡晓阳：《公益广告初探》，《现代传播》1991 年第 4 期，第 54—58 页。

从研究主题来看，公益广告创作（主题与表现）一直是学界关注的热点，其次为公益广告的功能、历史和现状等（见图0-3）。

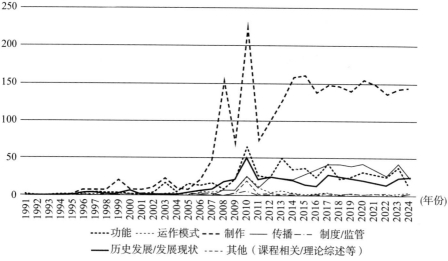

图0-3　1991—2024年CNKI数据库公益广告论文（中文）研究主题分布

从2015年开始，效果研究方面的成果开始增加，研究者更多采用量化研究方法，研究对象从传统媒体扩展到新媒体，作者群体也扩大到经济管理、行政管理、心理学等其他学科。

而在新闻传播类CSSCI来源期刊中，"公益广告"从1998年开始作为出现频次较高和中心度较高的词，在广告研究中受到一定关注。[①] 但是，由于广告学本身就处于新闻传播学的边缘地位，作为广告学研究分支的公益广告研究，在新闻传播学主流发表平台上所占的比重自然不大。

2024年4月15日，笔者在CNKI上搜索标题中含有"公益广告"的论文，按被引量排名，前10位的情况如表0-1所示。

表0-1　CNKI上被引量排名前10的期刊论文

序号	题目	作者	发表期刊	发表时间	作者所在单位	被引数量
1	奥运电视公益广告多模态评价意义的构建	陈瑜敏	北京科技大学学报（社会科学版）	2008	中山大学外国语学院	171

---

① 蔡立媛、李晓：《中国广告学研究进展的知识图谱分析——基于Citespace的CSSCI数据库分析》，《全球传媒学刊》2020年第3期，第142页。

(续表)

序号	题目	作者	发表期刊	发表时间	作者所在单位	被引数量
2	我国公益广告探究	张明新、余明阳	当代传播	2004	华中科技大学新闻学院、华中科技大学新闻学院	153
3	英汉环境保护公益广告话语之生态性对比分析	何伟、耿芳	外语电化教学	2018	北京外国语大学、北京外国语大学	128
4	论公益广告的社会价值	马玉梅、周云利	学术交流	2000	哈尔滨大学、鹤岗有线电视台	116
5	公益广告语篇特征分析	孙然	山东外语教学	2004	上海商学院商务英语系	98
6	中国公益广告：宣传社会价值新工具	陈家华、程红	新闻与传播研究	2003	香港浸会大学传播系、美国伯特利大学传播系	96
7	中国公益广告研究述评：1991—2006	陈辉兴	广告大观（理论版）	2007	上海大学影视学院新闻传播系	81
8	"中国梦"系列公益广告中的多模态隐喻	官科	湖南科技大学学报（社会科学版）	2015	湖南师范大学外国语学院、湖南科技大学外国语学院	75
9	恐惧诉求在公益广告中的传播效果	贺建平	贵州师范大学学报（社会科学版）	2004	西南政法大学新闻传播学院	69
10	公益广告的社会责任	陈正辉	现代传播（中国传媒大学学报）	2012	南京师范大学新闻传播学院	65

从表 0-1 可以看出，被引量排名前 10 的论文中，有 4 篇的作者来自外语院系。值得关注的是，香港浸会大学和美国伯特利大学两位作者合写的论文《中国公益广告：宣传社会价值新工具》排到了第六位，说明海外学者也在关注这个领域。这些论文中，仅有一篇探讨传播效果，也

未采用实证研究方法。

2020年之后，公益广告研究主要集中在以下几个方面：

（1）公益广告的内涵、外延、本质与功能。初广志指出了公益广告概念在内涵和外延上存在的问题，提出以"公共广告"取代"公益广告"①；李雪枫、王时羽认为公益广告的传播本质是立足于"公益"意义的社会动员②；王丹发现，公益广告与商业广告相比，在结构上存在失衡的情况③；刘传红和阳晴探讨了广告导向的内涵、意指对象、主体构成、类型划分和规范体系等五个基本理论问题④；杨效宏建议打破对公益广告排他性的界定，将公益广告融于广告的公益性传播⑤；旷琳提出了"意见广告型公益广告"一词，认为其是公关广告型公益广告的一个特殊组成部分⑥。

（2）公益广告与文化传承。张龙总结了中央广播电视总台二十四节气公益广告的国风美学特征与影像叙事特点⑦；汤劲从符号、形象、叙事三个方面对央视春晚公益广告中文化认同的建构展开了分析⑧；吴来安以央视公益广告为例，探讨了公益广告中"家文化"的传播与话语体系建构⑨；何辉、蔡慧研究了央视春晚公益广告的乡愁意象与视觉说服机制⑩。

---

① 初广志：《公共视角的公益广告概念：溯源、反思与重构》，《山西大学学报（哲学社会科学版）》2020年第3期，第50—52页。

② 李雪枫、王时羽：《公益广告的本质思考》，《山西大学学报（哲学社会科学版）》2020年第3期，第56页。

③ 王丹：《公益广告的边界勾勒：基于结构主义视野的证据》，《现代传播》2023年第10期，第67页。

④ 刘传红、阳晴：《广告导向研究的五个基本问题》，《郑州大学学报（哲学社会科学版）》2023年第5期，第114—119页。

⑤ 杨效宏：《公益广告的排他属性与广告的公益传播》，《新闻与传播评论》2022年第4期，第87页。

⑥ 旷琳：《中国意见广告型公益广告的发展》，《广告大观（理论版）》2020年第3期，第27页。

⑦ 张龙：《国风美学、影像叙事与文化建构——总台二十四节气公益广告的创新传播》，《电视研究》2023年第1期，第66页。

⑧ 汤劲：《公益广告中文化认同的建构——以央视春晚公益广告为例》，《电视研究》2021年第1期，第84页。

⑨ 吴来安：《公益广告中"家文化"传播与话语体系建构——以央视公益广告为例》，《电视研究》2022年第1期，第69—71页。

⑩ 何辉、蔡慧：《央视春晚公益广告乡愁意象与视觉说服机制》，《现代传播》2022年第7期，第79—85页。

（3）特殊时期的公益广告活动。新冠疫情发生后，学者们及时关注了这一议题，探讨了公益广告在疫情防控中的功能、动员机制、议程设置、内容与表现、效果等。①

2021年初，《中华文化与传播研究》专门设置了《公益广告研究——公益广告研究大家谈》专题，厦门大学的陈培爱、陈素白、谢清果、林升栋、罗萍等五位学者分别撰写了《公益广告与社会主义核心价值观》《中外公益广告研究对比与反思》《新时代公益广告与中华文化的传承与创新》《谈中国特色公益广告研究》《谈新时代公益广告艺术的审美价值》等文章，对公益广告进行了探讨。②

在效果研究方面，靳雪征等通过对中国第一次全国控烟大众媒体宣传的调查发现，大众媒体宣传提高了人们对烟草危害健康的意识，增强了吸烟者的戒烟欲望，提高了公众对公共场所禁烟的支持率③；姚洁等基于眼动实验，对平面公益广告设计的传播效果进行了探讨④；吴俊宝等基于解释水平理论，测试了慈善公益广告中的景深呈现方式与广告信息框架相匹配对个体的影响⑤。

2. 专著

作为国内第一部公益广告专著，高萍的《公益广告初探》⑥对公益广告的原理和实践进行了比较系统的梳理和探讨。全书分为界说篇、创作篇和机制篇，具体包括公益广告的概念、溯源、功能，公益广告的策划与创意、表现等。作者对于公益广告概念和功能的探讨比较深入，提出的公益广告需要社会系统工程的支持、需要使用整合营销传播手段等观点具有较强的创新性。

---

① 赵新利：《公益广告在疫情防控中的功能探析》，《当代电视》2020年第4期，第45—48页；李娜、姚曦：《情绪引导与情感再造：突发公共事件中公益广告情感动员机制探析》，《青年记者》2022年第22期，第53—55页；初广志、殷悦、丁佳：《应对新冠病毒疫情的中国电视公益广告议程设置研究》，《中国广告》2022年第1期，第88—93页；李晨宇、张泽群：《疫情主题电视公益广告社会效果的影响因素》，《青年记者》2022年第6期，第53—55页。

② 参见《中华文化与传播研究》2021年第1期。

③ 靳雪征等：《全国性控烟公益广告强化宣传效果调查分析》，《中国健康教育》2022年第2期，第160—163、191页。

④ 姚洁、张殿元、韩文浩：《文情图意总相宜：基于眼动实验的平面公益广告设计传播效果研究》，《新闻大学》2022年第12期，第97—105页。

⑤ 吴俊宝、杨强、刘福：《"图文如何并茂"？——基于图像呈现方式和广告信息框架的公益广告效果研究》，《营销科学学报》2022年第4期，第56—74页。

⑥ 高萍：《公益广告初探》，中国商业出版社1999年版。

潘泽宏的《公益广告导论》从社会学、文化学、伦理学角度对公益广告进行了审视，重点对公益广告的审美特征、艺术表现、受众心理进行了分析，强调公益广告的根基在于真，灵魂在于善，魅力在于美。① 张明新的《公益广告的奥秘》采用案例与理论相结合的方式，深入地探讨了公益广告的历史、内涵、特征、功能，细致地分析了公益广告的内容、创意、表现、传播，认为公益广告是最佳的大众社会教育工具和政治教育工具，有教育功能、舆论导向功能、社会关怀功能、文化传播功能和美育功能，并提出了新的公益广告定义。② 王云的《公益广告十四年》，在对 1987—2000 年中国公益广告事业发展历程进行总结的基础上，重点分析了《广而告之》栏目和"中华好风尚"主题公益广告活动的历史背景和意义，具有重要的史料价值。③

在中外比较方面，有代表性的专著是由倪宁等人和邬盛根撰写的。倪宁等从历史、机制、运作、创意等方面对中日公益广告进行了比较，其中在组织机构、传播体制、社会控制、广告主、受众等方面的比较具有较强的创新性。④ 邬盛根指出，中日两国在公益主题、组织机构和运行管理、宣传活动开展等方面，存在很多的共时性、历时性特性，同时也存在完全不同的生产逻辑和现实起点，提出应创建包括政府、企业以及社会（第三力量）在内的企业型非营利组织，形成一种具有多主体、多中心竞争格局的公益广告运行机制。⑤

此外，在题为"建党百年视阈下的'国家叙事'：品牌中国·复旦（2021）暨上海第三届数字公益广告论坛"的论文集中，张殿元等探讨了日本公共广告对中国的启示，王丹、林升栋对美国公共服务广告进行了溯源，黄玉波、李梦瑶等以深圳市为例，分析了城市公益广告管理的运行模式、长效机制与评价体系。⑥

3. 学位论文

与美国、日本等地不同，在中国大陆公益广告已成为研究生毕业论

---

① 潘泽宏：《公益广告导论》，中国广播电视出版社 2001 年版。
② 张明新：《公益广告的奥秘》，广东经济出版社 2004 年版。
③ 王云：《公益广告十四年》，上海书店出版社 2011 年版。
④ 倪宁等：《广告新天地——中日公益广告比较》，中国轻工业出版社 2003 年版。
⑤ 邬盛根：《突发的繁荣与平日的寂寥：中日公益广告运行机制比较研究》，中国传媒大学出版社 2021 年版。
⑥ 张殿元主编：《公共话语建构：数字公益广告中的"国家叙事"》，上海交通大学出版社 2022 年版。

文的热门选题。2024年7月10日，作者在CNKI上以"公益广告"为主题，限定"学位论文"进行搜索，共显示1282条结果。剔除相关性不强的成果，得出被引量排名前10的学位论文（见表0-2）。

表0-2　CNKI上被引量排名前10的学位论文

序号	题目	作者	学位	学科	授予单位	年度	被引量
1	改革开放30年广播电视公益广告主题研究	王亚楠	硕士	传播学	厦门大学	2009	69
2	中国电视公益广告发展动因及其运行模式研究	陈辉兴	博士	传播学	上海大学	2010	59
3	当代公益广告中的情感诉求及社会功能研究	龚莹莹	硕士	设计艺术学	合肥工业大学	2007	58
4	多模态视角下的俄语公益广告话语分析	周姗	博士	俄语语言文学	北京外国语大学	2014	50
5	中国公益广告二十年历程回顾与未来展望——探析中国公益广告未来发展模式	段新洒	硕士	传播学	南京师范大学	2008	45
6	中国当代公益广告话语变迁研究（1986—2016）	张雯雯	博士	传播学	华东师范大学	2018	42
7	公益广告社会教育作用研究	马连鹏	硕士	马克思主义理论与思想政治教育	大连理工大学	2004	39
8	公益广告用语的社会语言学探析	夏欣琳	硕士	语言学及应用语言学	暨南大学	2007	38
9	新媒体环境下我国公益广告的媒体利用策略研究	徐佳	硕士	传播学	湘潭大学	2012	36
10	卷入度、诉求方式对公益广告效果的影响研究	李叶	硕士	传播学	暨南大学	2010	36

从表0-2可以看出，公益广告的研究视角呈现出多元化倾向，虽然传播学视角仍占主导地位，但是设计艺术学、外国语言文学、语言学和

应用语言学，以及马克思主义理论学科的研究生分别从各自的专业视角切入，丰富了公益广告的研究成果。

此外，在博士学位论文中，刘洪珍对美国公共服务广告①、吴易霏对韩国公益广告②、陈振明对我国台湾地区公益广告进行了研究③。

一些学者认为，中国大陆以往的公益广告研究存在的主要问题是：（1）公益广告的研究滞后于实践；（2）对公益广告的概念界定不清；（3）公益广告的功能定位模糊；（4）研究的原创性不够；（5）缺乏实证研究；（6）理论深度不够。④ 近年来，实证研究成果有所增加，"在效果研究和内容研究中，研究者开始利用问卷调查法、内容分析法、实验法、比较分析法等研究方法研究公益广告，逐渐摆脱过去研究过于注重实践经验总结，缺乏研究方法创新的问题"⑤。同时，也有一些学者开始关注基础理论研究。但整体上来看，这些问题并未得到根本解决，仍存在"理论研究滞后于实践""研究视野过于狭窄"⑥ 等问题。

（二）中国台湾地区的公益广告研究

台湾地区的公益广告研究始于20世纪90年代初。1992年5月，赵淑樱提交了首篇以公益广告为研究对象的硕士学位论文。赵淑樱发现，企业赞助公益广告排名前三位的动机分别为建立良好的企业形象、增加企业品牌的知名度、受迫于同业间竞争压力等；考量因素中较重要的四项为公益广告的主题、类型、花费和受益对象等。⑦ 同年6月，李正心在

---

① 刘洪珍：《美国现代公益广告的起源与发展研究——以广告理事会为例》，中国人民大学博士学位论文，2011年5月。

② 吴易霏：《社会结构变革与公益广告意识形态变化的互动关系——以韩国政府公益广告为对象的实证研究》，中国传媒大学博士学位论文，2012年6月。

③ 陈振明：《台湾地区公益广告发展研究（1988—2012）》，厦门大学博士学位论文，2014年6月。

④ 参见陈辉兴：《中国公益广告研究述评：1991—2006》，《广告大观（理论版）》2007年第6期，第82页；陈丽娜：《公益广告的认知演化进程：从宣传、观念营销到公共传播——公益广告国内外研究综述》，《广告大观（理论版）》2013年第5期，第43页；丁汉青、王军、刘旻：《公益广告效果研究：自变量与因变量的梳理与确认》，《郑州大学学报（哲学社会科学版）》2015年第4期，第182页。

⑤ 廖秉宜、张浩哲：《中国公益广告研究的知识图谱与前沿展望——基于CiteSpace的可视化分析》，《现代广告（学刊）》2023年第5期，第18—19页。

⑥ 张萌秋：《学术史回顾：新中国公益广告研究三十年（1989—2019）》，《现代广告》2021年第20期，第42页。

⑦ 赵淑樱：《企业赞助公益广告动机与考量因素之研究》，台湾成功大学硕士学位论文，1992年5月。

毕业论文中提出，电视戒烟广告对高中、高职学生具有一定的传播效果，而个人吸烟行为是影响青少年吸烟态度的最主要因素，在制作相关电视广告时宜首先控制此一变量，以使传播效果更为显著。① 这两篇学位论文是台湾地区最早的公益广告学术成果。

1993年，台湾地区第一本广告学术期刊《广告学研究》的创刊号刊登了孙秀蕙关于公益广告的认知与学习效果方面的论文。② 此后，台湾地区代表性的研究包括：别莲蒂、游舒惠关于企业参与社会公益的动机、活动本质、组织规模与资源、过去经验等对活动决策影响的研究③；张浩杰对香港地区电视中艾滋病防治宣导短片的内容分析④；赖建都针对"鼓励生育"的广告宣导进行的文案测试⑤；杨舒雁进行的交通安全宣导广告与电视节目个案研究⑥。

笔者在台湾政治大学的"政大机构典藏"数据库中以"广告学研究"作为关键词搜索，共得到438篇期刊论文和学位论文，其中只有一篇以公益广告为主题的学位论文，即《公益平面广告研究与动物保护：女性模特反对残酷时尚》。作者尤丽娅采用投射技术（projective technique）和访谈法，调查了综合信息和图像的公益广告在传达动物权利相关议题时的效果。⑦

综上所述，我国台湾地区的公益广告研究在广告及传播学术研究领域处于边缘地位，虽然研究方法比较规范（以量化研究为主），但成果数量较少，视角比较单一，研究领域相对狭窄。

---

① 李正心：《电视公益广告传播效果研究：以董氏基金会戒烟广告对台北市高中、高职学生传播效果研究》，台湾政治作战学校硕士学位论文，1992年6月。
② 孙秀蕙：《公共关系活动效果初探——阅听人对公益广告的认知与学习效果研究》，《广告学研究》1993年第1集，第181—209页。
③ 别莲蒂、游舒惠：《企业赞助公益活动之动机、决策与影响因素》，《广告学研究》2002年第18集，第53—95页。
④ 张浩杰：《香港艾滋病防治宣导短片（1987—2001）之内容分析》，《广告学研究》2004年第22集，第117—141页。
⑤ 赖建都：《政府宣导广告之文案测试研究》，《广告学研究》2008年第29集，第1—28页。
⑥ 杨舒雁：《政令宣导讯息效果评估："交通安全宣导"之研究》，台湾政治大学硕士学位论文，2003年。
⑦ 数据来源于台湾政治大学机构典藏官网，参见 https://nccur.lib.nccu.edu.tw/，2024年3月28日访问。

第一章　公益广告概述

中国的公益广告自诞生起就具备鲜明的中国特色，这种特色主要体现在其属性和功能方面，并在之后的发展过程中越来越清晰地呈现出来。

第一节　公益广告的源流

一、中国公益广告起源的典型观点

关于中国公益广告的起源，学界存在多种观点，有的甚至追溯到了上古时期。

（一）古代说

张明新提出，"早在公元前3000—前2000年就有了公益广告，只是当时的公益广告的形式比较简单，它们大多是以布告的形式发布出来，而且当时对人类传播活动已经有相当意识的统治者是广告主"[①]。

高萍、倪宁等认为，我国古代的社会广告先于商业广告而产生，最早的社会广告是夏禹铸九鼎以示天下，实际上就是公益广告的前身。[②] 延续这一观点，"进善之旌""敢谏之鼓"与"悬诸象魏"及"振木铎巡于路"等均被认为是政治广告、社会公益广告的活动形式，而北宋汴京"诸寺院行者打铁牌子或木鱼循门报晓，亦各分地方，日间求化"和明代皇帝于每年年初颁布劝农勤耕的谕旨也是公益广告。[③] 许俊基认为，公元前207年刘邦欲称"汉中王"时，为稳定民心所公布的《约法三章》是

[①] 张明新：《公益广告的奥秘》，广东经济出版社2004年版，第2页。
[②] 高萍：《公益广告初探》，中国商业出版社1999年版，第50页；倪宁等：《广告新天地——中日公益广告比较》，中国轻工业出版社2003年版，第3页。
[③] 刘家林：《新编中外广告通史》，暨南大学出版社2000年版，第8、95、118页。

最早记载的公益广告。① 一些学者还将明朝中期杭州学者田艺衡所立的呼吁爱惜鲜花的木牌，归为社会服务型公益广告。②

（二）近代说

吴来安通过对《申报》和"火花"中的广告资料进行研究后认为，在五四运动之后至改革开放之前的 60 年间，中国不但存在公益广告，且公益广告的活动及表现形式还很多，"中国现代公益广告在 20 世纪初期已经初具雏形"③。

赵琛将国民党上海特别执行委员会于 1931 年 9 月 20 日在《民国日报》头版刊登的"同胞们，日本已占据沈阳了！团结起来！一致对外！"称为"抗日公益广告"。④

刘传红指出，近代中国的社会广告与商业广告有着明显区别。社会广告致力于社会公益，呼唤公序良俗，为社会重大问题发声，以提醒和保护公众利益为目的，理所当然具有公益广告的某些特征，可以说是未正式定名的公益广告。⑤ 许正林认为，近代时期，上海商业报刊除了刊登商业广告外，也出现了初步具备现代公益广告特点的广告作品，是我国现代公益广告的发端和雏形。⑥

丁俊杰谈道，从历史上看，公益广告在革命和建设时期都发挥了重要作用，比如"打土豪，分田地"这句话，现在看就是当时的公益广告。⑦

（三）现代说

宁波财经学院教授刘强指出，"在第一支公益广告问世前，出现了如报纸、宣传画、海报、年画等大量宣传作品，主要表现形式为标语和口号，充分彰显了公益广告在宣传党和政府的方针政策、弘扬社会主义核

---

① 许俊基主编：《中国广告史》，中国传媒大学出版社 2006 年版，第 21 页。
② 高萍：《公益广告初探》，中国商业出版社 1999 年版，第 52 页；倪宁等：《广告新天地——中日公益广告比较》，中国轻工业出版社 2003 年版，第 4 页；陈培爱：《中外广告史——站在当代视角的全面回顾》（第二版），中国物价出版社 2002 年版，第 188、189 页。
③ 吴来安：《从家国理想到价值引导：中国现代公益广告的源起》，《现代传播》2019 年第 7 期，第 49 页。
④ 赵琛：《中国广告史》，高等教育出版社 2005 年版，第 311 页。
⑤ 刘传红、阳晴：《新中国公益广告发展史研究的几点思考》，《新闻爱好者》2023 年第 3 期，第 79 页。
⑥ 许正林主编：《上海广告史》，上海古籍出版社 2018 年版，第 476 页。
⑦ 丁俊杰：《公益广告："微时代"社会沟通的大手段》，《求是》2013 年第 11 期，第 37 页。

心价值观、卫生防疫、植树造林、防治污染等方面的主要作用"①。

刘林清等提出，早在1978年，我国的公益广告就曾以文字或画面的形式出现在电视屏幕上，当时的中央电视台就曾播出过类似今天公益广告的节目。②

张学伟认为，在1982年2月由中国广告学会等单位主办的第一届全国广告装潢设计展上，天津市环境保护办公室提交的名为《一杯清纯的水》的平面广告，是我国现代公益广告历史上有记载的第一条公益广告作品。③

1986年，贵阳电视台播出的《请君注意节约用水》电视广告被公认为中国大陆最早播出的电视公益广告。

二、中国公益广告起源的再确认

我们认为，对中国公益广告起源的探究必须遵循三个原则：第一，它是一种广告形式，具有很强的专业性；第二，其目标是增进公共利益，是为了抵消商业广告的负面影响而出现的；第三，必须经过正式刊播，而非仅仅作为参赛或展览的作品。据此可以判定，在1986年之前，中国大陆并不存在"公益广告"这一广告类型。

中国最早的公益性广告活动，始于20世纪50年代末的香港地区，是以政府海报的形式出现的。"政府海报是为配合宣传政策、职能和活动而产生的纪录"④，在五六十年代主要涉及健康卫生、家庭计划、交通安全、工业安全、清洁香港、反吸烟等主题。部分海报采用了广告的表现形式。其中，1958年为推广卫生运动设计的"平安小姐"、1960年为宣传交通安全设计的"斑马佬"以及1972年为推行"全港清洁运动"设计的"垃圾虫"，因创意独特和广泛传播在香港广为人知，已经成为一代人的历史记忆。

1976年4月，台北市广告代理商同业公会为了配合政府改善环境卫

---

① 刘岚：《填补我国公益广告史料的空白 宁波一高校广告藏品亮相北京公益广告大会》，https://zj.cnr.cn/mlnb/nbgd/20220818/t20220818_525973413.shtml，2024年4月7日访问。

② 刘林清、和群坡主编：《公益广告学概论》，中国传媒大学出版社2014年版，第27页。

③ 张学伟：《中国公益广告价值观研究（1982—2018）——以"黄河奖"获奖作品为例》，中国传媒大学博士学位论文，2020年6月，第42页；张亚云：《点点繁星 汇爱成河——中国公益广告发展四十年透视》，https://gy.youth.cn/gywz/202208/t20220812_13916814.htm，2024年4月7日访问。

④ 参见https://www.grs.gov.hk/ws/Posters/html_c/index.htm#，2024年5月10日访问。

生的号召，在内部专门成立了社会公益委员会，先后召开四次公益广告策划制作会议，决定以"清除脏乱"为主题，由社会公益委员会的会员公司制作，提供公益广告图文，分别制成 13 种大小不同的版面，联系各个报社免费刊登。从 1976 年 11 月 1 日到 1977 年 2 月 6 日，各报共计刊登了 49 天。① 1978 年，《动脑》杂志在第 15 期《动脑情报》中的《业界新闻》栏目，刊载了"超然公司开发公益广告媒体"的消息。

将"公益广告"称作一种广告形式的做法始于 1979 年。《动脑》杂志刊登的《国泰人寿的一次强打，公益广告崭露头角》介绍了国泰人寿保险公司"掌握抚远街与重庆北路爆炸惨案的契机，运用广告媒体，表达对社会大众的关怀"的案例。② 1983 年，第六届"时报广告金像奖"分别在报纸类、杂志类项目下设置了"公益广告特别奖"，每年各评选出一件优秀公益广告作品。

1986 年夏，贵阳电视台播出了《节约用水》电视广告，学界和业界普遍认为，这是中国大陆最早刊播的公益广告。

当时，贵州由于持续干旱而严重缺水，为了增强市民的节水意识，贵阳市节水办公室与贵阳电视台合作，制作并播出了《节约用水》电视广告。这条广告播出后，引起了贵阳市民的强烈反响，产生了较好的传播效果。据统计，在当年第四季度，贵阳市自来水消耗量比上年同期减少了 47 万吨，公益广告首次发挥了强大的作用。③ 在同年 11 月初举办的"第二届全国优秀电视广告评选"中，该广告获得一等奖。

1987 年 10 月 26 日，中央电视台在黄金时段开播电视专题栏目《广而告之》，播出了一则关于遵守交通规则的公益广告——《高高兴兴上班，平平安安回家》。这是中央电视台最早的公益广告。④ 当时，该栏目每天播出 1—2 次，每次时长为 1 分钟。

《广而告之》栏目的定位是："它通过提醒、批评、规劝，向广大群众传播各种有益于社会进步的思想、行为方式和道德准则，以改变人们

---

① 《公益广告与公益活动之推广》，台北市广告代理商同业公会、《广告十年》编撰委员会：《广告十年》，时报文化出版企业有限公司 1988 年版，第 97 页。
② 转引自陈振明：《台湾地区公益广告发展研究（1988—2012）》，厦门大学博士学位论文，2014 年 6 月，第 71 页。
③ 中国传媒大学等编著：《中国公益广告年鉴（1986 年—2010 年）》，中国工商出版社 2011 年版，第 2 页。
④ 有些论著将第一条公益广告写成关于文明乘坐公交车的广告《别挤了》，属于史实错误。参见《中国公益广告年鉴（1986 年—2010 年）》，第 4 页。

的价值观和道德观，达到培育良好社会风气、促进社会文明与进步的目的。"①

该栏目的开播日期，正是中国共产党第十三次全国代表大会召开的第二天。时任中央电视台广告部主任刘瑾如回忆说，这个栏目是从夏季开始筹备的，也是为了给十三大献礼。② 时任编导化民也写道："中央电视台广告部在改革的浪潮中，设想在传播经济信息之外，也为传播社会主义精神文明、为提高民族素质做出贡献"，第一条公益广告选题的背景是"当时，正值党的十三大召开，如何保证首都的交通安全便成了一个突出的问题"。③

可见，中国的公益广告从诞生之日开始，就不同于美国的公共服务广告和日本的公共广告。它是由主流媒体发起，为党和政府的中心工作服务的宣传手段之一，这也决定了中国公益广告的性质、功能和运作模式。

三、公益广告的发展轨迹

综合中国政治、经济、社会以及传媒、广告行业变迁等因素，我们认为，中国的公益广告发展可以分为以下几个阶段：初创期（1986—1996）、发展期（1996—2008）、繁荣期（2008—2016）、转型期（2016至今）。

（一）初创期（1986—1996）

在这一时期，中央和省市级媒体为了促进社会主义精神文明建设、提升媒体形象，自发创意、制作、刊播公益广告。其中，电视媒体起到了主导作用，自办专题栏目则成为当时流行的做法。

继中央电视台《广而告之》栏目之后，1988年7月至1994年10月之间，安徽、北京、湖南、河南等省级电视台相继开办了公益广告栏目，影响较大的是北京电视台的《广角镜》④、湖南电视台的《公益广告》、河南电视台的《兴利除弊》、安徽电视台的《广而告之》等。

在这一阶段，中央电视台引领了全国的公益广告发展进程。而在表

---

① 潘泽宏：《〈广而告之〉——真、善、美》，《电视研究》1996年第9期，第23页。
② 对原中央电视台广告部主任刘瑾如的访谈，2021年11月19日。
③ 化民：《给人一面镜子——从〈广而告之〉看社会公德性广告节目》，《中国记者》1990年第3期，第29页。
④ 有些论著错误地将该栏目名称写成《公益广角镜》。

现形式上,公益广告与批评性报道、电视社教节目之间的区分还不是很清晰。据刘瑾如回忆,当时并没有把《广而告之》称作公益广告栏目,就叫"广而告之节目"。① 当时,《广而告之》还被称为"社会公德性广告节目"②"公德广告"③"社会公益广告"④。

1990年4月2日,中国电视艺术委员会和中国广告协会电视分会将其主办的"第四届全国电视广告评选"改名为"印象奖",增设"公共广告奖",与商业广告奖并列,成为单独的评奖类别。

自1993年起,孔府家酒、海尔集团、联想集团等企业开始以承担广告制作费的方式与《广而告之》栏目合作。具体合作方式是,企业可以在广告片尾标板的右下角以字幕的形式与中央电视台并列署名。

相比之下,广播公益广告的出现稍晚一些,是在1990年由地方台首创的。1990年夏天,吉林省延边人民广播电台播出了公益广告《环境、卫生、健康》,创作者为王伟明。⑤ 这是中国第一个广播公益广告,荣获1990年全国优秀广播广告二等奖。次年,牡丹江人民广播电台播出了由李海英创作的"希望工程"主题公益广告《捐献》。⑥

1992年5月,中央人民广播电台制作、播出了公益广告《我要上学》,该广告在1993年的中国广告节荣获广播类金奖。

1992年10月,在江西南昌召开的第三届全国广告作品展,首次设立"公益广告荣誉奖",《捐献》等6部作品获奖。

20世纪90年代初,报纸和户外公益广告也开始起步。1991年,广州日报社举办了《广州日报》优秀广告评选。评选办法是,先从该报当年刊登的5800条广告中初选出近500条广告,分成企业广告(企业形象广告和公益广告)与商品广告(产品广告与劳务广告)两大系列,邀请来自全国各地的知名广告专家、学者进行评选,然后请广大读者对专家、

---

① 对原中央电视台广告部主任刘瑾如的访谈,2021年11月19日。
② 化民:《给人一面镜子——从〈广而告之〉看社会公德性广告节目》,《中国记者》1990年第3期,第29页。
③ 陈越:《话说〈广而告之〉》,《新闻记者》1989年第6期,第31页。
④ 穆晓方:《中央电视台发展概况》,中国广播电视年鉴编辑委员会编:《中国广播电视年鉴(1989)》,北京广播学院出版社1989年版,第30页。
⑤ 参见张农主编:《全国广播广告获奖作品选评》,中国广播电视出版社1991年版,第247页。
⑥ 创作者为时任牡丹江人民广播电台经济信息部(广告部)编辑李海英。

学者评出的30幅候选作品进行再次评选。① 2007年，这个奖项正式更名为"广州日报杯华文报纸优秀广告奖"，至2012年一共举办了21届，成为当时最具影响力的报纸广告评选。

1992年，国务院发展研究中心国际技术经济研究所上海分所邀请香港金马广告有限公司策划了"绿满全球"公益广告活动，发布了一系列广告宣传画。1993年5月，北京印象广告公司以地铁车门招贴的形式推出了"回家"主题公益广告。这些平面广告在文案和设计方面都体现出广告的创意属性。

为了解决经费问题，一些媒体和机构开始探索公益广告拍卖。1995年8月7日，杭州日报等三家新闻单位联合主办了国内首届公益广告拍卖会。② 同年12月27日，光彩事业促进会举办了"全国首届光彩事业公益广告拍卖会"。参加此次拍卖的12件光彩事业公益广告创意方案是由北京8家知名广告公司提供的，拍卖成交率达100%，成交总额142.5万元。③

不过，这一时期的公益广告还没有引起政府和社会各界的足够重视。虽然设立了相关奖项进行鼓励，但是公益广告数量偏少，表现手法单一，社会参与程度较低，发展速度缓慢。

（二）发展期（1996—2008）

这一时期的主要特点是，党和政府开始组织和指导全国性主题公益广告活动，企业、公益组织和其他社会机构参与进来，其他媒体类别尤其是户外媒体公益广告开始增多，呈现出多头并进、快速发展的态势。其中，影响较大的活动是"中华好风尚""自强创辉煌""树立新风尚、迈向新世纪""迎奥运、讲文明、树新风"等。

1996年2月，中国广告协会发出了题为《广告业要为精神文明建设做贡献》的倡议书，呼吁广告界"积极参与公益广告事业，发挥行业优势，制作和发布更多、更好的公益广告"。同年6月，国家工商行政管理局发出《关于开展"中华好风尚"主题公益广告月活动的通知》，这是中国公益广告史上第一个由国家行政部门组织开展的大规模公益广告活动，

---

① 穆虹：《十年磨砺世纪比拼——"全国报纸优秀广告奖广州日报杯"评选》，《广告人》2001年第2期，第21页。
② 袁亚平、金顺根、郑天行：《杭城呼唤公益心》，《人民日报》1995年9月9日，第5版。
③ 李扬：《拍卖槌敲出一片光彩——12件光彩公益广告创意方案日前全部拍出总成交额142.5万元》，《中华工商时报》1995年12月29日，第1版。

标志着政府开始介入公益广告活动。据统计,从1996年9月1日至10月1日,全国共制作、发布报刊、广播、电视、户外媒体、招贴广告等各类公益广告16 860件,电视、广播公益广告每天播放约2000条次,报刊广告每天达350余条次。①

1997年8月,为了进一步规范公益广告行为,充分发挥公益广告在社会教育、文化传播、舆论导向等社会主义精神文明建设方面的功能,中共中央宣传部、国家工商行政管理局、广播电影电视部、新闻出版署联合发布了《关于做好公益广告宣传的通知》,在附件《1997年主题公益广告月活动实施方案》中,首次提出"广泛动员广告主出资做公益广告","企业可以在出资制作的公益广告中标注企业名称","企业可以以企业名称特约播映、刊登公益广告"。在这一方针指导下,国家工商行政管理局组织开展了以"自强创辉煌"为主题的公益广告月活动,取得了显著的社会效果,扩大了公益广告的影响力。从1998年开始,为了拓展公益广告创意思路,国家工商行政管理局不再组织主题公益广告月活动,各类主题的公益广告都可以参加公益广告的政府奖评选;从1999年开始,每年举行的全国优秀公益广告作品评选活动改为每两年举行一次。

2002年2月1日,由中央文明办、国家工商总局、共青团中央、中央电视台共同举办的首届CCTV电视公益广告大赛启动,这是国内首次举办专门以电视公益广告为内容的大型比赛,产生了一批质量较高的公益广告。除了央视以外,国际广告杂志社、经济日报、中国纪检监察报、南方都市报等主流媒体也纷纷举办公益广告大赛和作品征集活动。2004年6月2日,中共中央纪律检查委员会向全国各级各类纪检监察机构发出通知,举办全国首届反腐倡廉公益广告大赛;2005年3月29日,中央文明办、国家工商总局、国家广电总局、新闻出版总署联合发布了《关于开展全国思想道德公益广告征集比赛的通知》;2006年7月16日,由国家工商总局,贵州省委、省政府指导,贵州省工商局举办的首届"国酒茅台杯"中华好风尚电视公益广告大赛在贵阳正式启动;2007年3月25日,中宣部、中央文明办等六部门下发《关于举办全国"迎奥运、讲文明、树新风"公益广告征集比赛的通知》。

---

① 《"中华好风尚"主题公益广告月活动情况》,中国广告年鉴编辑部:《'97中国广告年鉴》,新华出版社1998年版,第202页;《国家工商局副局长惠鲁生同志在"中华好风尚"主题广告月活动颁奖大会上的讲话》,中国广告年鉴编辑部:《'97中国广告年鉴》,新华出版社1998年版,第11页。

这一时期，中央和地方政府有关部门也围绕中心工作，开展专题性公益广告活动。2002年2月27日，深圳市地方税务局主办、中国设计之窗承办的首届税收宣传公益广告大赛面向社会征集作品；4月8日，北京市民政局推出"弘扬社会风气，倡导见义勇为"主题公益广告。2003年4月20日，国家环境保护总局等部委联合举办的"全国环境保护公益广告大赛"启动；7月30日，上海市信息化办公室与上海市工商局等单位联合举办的首届上海电信杯"发展中的上海信息化"公益广告大赛开始征集作品。2005年10月，深圳市委宣传部、市文明办、市工商行政管理局、市文化局（广播电影电视局、新闻出版局）联合在全市开展首届公益广告创意设计大赛［后改为"设计之都（中国·深圳）公益广告大赛"，截至2024年7月已连续举办了十八届］。2007年11月，由公安部主办的"全国消防电视公益广告"评选在北京举行，旨在普及消防法律知识以及防火、灭火和逃生自救常识，提高全民的消防意识。

在党和政府的号召下，一些企业开始加大投资公益广告的力度。1999年2月，由顾长卫担任导演，长江实业（集团）有限公司、和记黄埔有限公司、中央电视台联合制作的40条大型主题公益广告片《知识改变命运》播出。广告片每条1分钟，内容注重现实感和观赏性，弘扬"知识就是力量"的观念。2001年1月1日开始，中央电视台及部分省市级电视台开始密集播出哈药集团制药六厂赞助的系列公益广告。

公益组织在这一阶段开始参与公益广告活动。在联合国"国际志愿者年"2001年，共青团中央、中国青年志愿者协会联合华谊兄弟广告有限公司，制作播出了志愿者主题系列电视公益广告，向全社会宣传志愿服务理念，动员广大青年参与志愿服务。2002年，中国青少年发展基金会、中央电视台《广而告之》栏目联合制作《"希望工程"助学行动》电视公益广告。2006年8月25日，由中华慈善总会、中国红十字基金会等单位联合发起的"成龙《宝贝计划》系列公益广告刊播"活动启动，倡议口号为"参与公益，从你我身边的点点滴滴开始！""参与公益，升华心灵和生活的境界！"。2007年5月10日，作为"2007红十字博爱周"的活动之一，中国红十字会启动了公益广告展评活动，以"人道、博爱、奉献"为主题，面向电视、报刊、网络媒体，以及广告公司、个人征集公益广告作品。

一些广告公司也积极参与公益广告活动，开展相关业务。1996年，广东金长城国际广告公司拍摄了"节日公益广告"系列，包括《新年利是篇》《人际关系篇》和《节日防火篇》。2006年10月12日，天津市市容环境宣教中心下属的国有企业——天津市艺佳广告有限公司挂牌成立，这是全市唯一一家以经营各类公益广告为主要业务范围的专业广告经营实体。

广告行业机构和高校广告院系以组织奖项的形式，鼓励学生积极参与公益广告的创作。1999 年 10 月，由中国广告协会主办、厦门大学新闻传播系承办的首届"中国广告协会学院奖"评选和颁奖活动在厦门举行。在奖项类别中，专门设立了"公益广告类"。

公益广告事业的蓬勃发展也吸引了热心公益的机构和个人。2000 年 1 月，福州鼓山涌泉寺方丈普法禅师竞标福建电视台黄金段位，宣传禁毒和保护野生动物。2005 年 6 月开始，农民陈法庆以个人出资的形式，多次在《人民日报》及省会城市报纸刊登主题为"善待环境就是善待自己"的环保公益广告。

进入新世纪，互联网开始成为公益广告新的发布平台。2001 年 11 月，首届网络公益广告活动开始举办。该活动以"做文明的现代中国人"为主题，旨在充分利用网络的交互性和表现手法来探讨和传播现代中国人应具备的基本文明素质和应承担的社会公益责任。12 月，新浪网、中华广告网、人民网等 7 家网站联合发起成立网络公益广告联盟，旨在推动网络广告与公益事业的结合，并推出了多主题的网络公益广告活动。

这一阶段，党和政府有关部门对媒体公益广告发布的量化指标进行了规定。全国人大代表开始在两会提出议案，呼吁公益广告立法。

值得一提的是，在 1998 年抗击特大洪水、"下岗再就业"主题宣传，以及 2003 年抗击"非典"的活动中，公益广告都发挥了重要作用。

（三）繁荣期（2008—2016）

这一时期，党和政府相继发布了一系列文件，旨在推动公益广告事业的发展。

2008 年 4 月 23 日，国家工商行政管理总局、国家发展和改革委员会公布了《关于促进广告业发展的指导意见》，提出要"促进公益广告发展"。2012 年 5 月 29 日，国家工商总局印发的《广告产业发展"十二五"规划》中提到发展公益广告事业的重点任务是提高公益广告的社会影响力、健全公益广告发展机制、完善公益广告扶持政策、鼓励开展公益广告学术研讨和公益广告作品评优工作、支持公益广告创新研究基地建设。

2008 年 5 月底至 6 月底，中宣部等单位联合组织开展"我们心连心、同呼吸、共命运，夺取抗震救灾的伟大胜利"主题公益广告制作刊播活动。此后，相关部门陆续组织了"讲文明树新风"公益广告征集活动、"喜迎十八大，讲文明、树新风"活动以及"图说我们的价值观"主题公益广告活动。

2009年9月8日，国家广播电影电视总局发布的《广播电视广告播出管理办法》细化了对公益广告的播出要求。2013年，中宣部等七部委联合发文，要求依托人民日报、中央人民广播电台、中央电视台、中国网络电视台、中国移动等5家单位设立5家"讲文明树新风"公益广告制作中心，分别牵头设计制作平面类、广播类、影视类、网络类、手机类公益广告，形成公益广告作品库，供各媒体无偿选用。2014年，国家广电总局制定《广播电视公益广告扶持项目评审办法（试行）》，并于5月19日启动2013—2014年度广播电视公益广告专项资金扶持项目。2015年修订的《广告法》规定禁止用公益广告变相做烟草广告。

企业协会开始主办公益广告活动。2008年4月22日，由中国企业家俱乐部投资拍摄的"中国绿色公司系列公益广告"在中国绿色公司首届年会上举行首发式。

媒体组织公益广告活动、刊播公益广告的形式不断创新。2009年7月，重庆电视台公益广告栏目进行招商；10月，黑龙江电视台、贵州电视台、甘肃广播电视总台共同打造中国公益广告联播平台，并于2010年3月22日正式展播作品。2010年10月22日，首届中国电视"金鸽奖"公益广告大赛在南昌颁奖。2011年3月1日，重庆电视台取消所有形式的商业广告，以公益广告和宣传片类节目代替；5月8日，第一届上海市"申通德高杯"地铁公益广告大赛启动。2012年3月19日，中国电视公益广告联盟在三亚成立。从2013年起，人民日报社开始举办全国平面公益广告大赛。

在行业赛事方面，中国广告协会举办的第十五届中国国际广告节开始将"中国公益广告黄河奖"（前身为"国酒茅台杯"电视公益广告大赛）纳入活动内容。

地方政府作为公益广告活动主体，举办公益广告大赛。2008年2月25日，广州市第一届"羊城杯"公益广告大赛启动，主题为"文明城市，和谐广州"。

公益广告的国际合作开始起步。2008年7月，由北京2008年奥组委授权，环境保护部和联合国开发计划署联合发起，中国环境意识项目出资制作的八部"奥运环保公益广告片"正式向公众发布；2008年8月，野生救援（WildAid）与腾讯公益慈善基金会开始共同举办历时半年的保护野生动物公益广告评选；2009年8月，新华网与野生救援共同制作保护濒危野生动物的广告；2010年5月，联合国开发计划署发起的"世界看见"亲善行动公益广告在央视一套节目黄金时段播出，并陆续在北京电视台、东方卫视、凤凰卫视欧洲台、CNBC等媒体播出。

公益广告作品质量不断提升，开始摘取国际奖项。2013年6月22日，中央电视台的公益广告《打包篇》在戛纳国际创意节上获得影视类铜奖。

（四）转型期（2016年至今）

这一时期，公益广告相关法规和政策进一步完善。2016年3月1日，《公益广告促进和管理暂行办法》（以下简称《暂行办法》）开始施行。《暂行办法》明确了公益广告的指导和具体管理机构，对于公益广告的内容、形式、稿源、播出、规划、考评和企业参与公益广告活动的优惠政策进行了明确说明。2016年7月7日，国家工商总局公布了《广告产业发展"十三五"规划》，将"完善公益广告发展体系"作为重点任务之一。2019年10月，中共中央、国务院印发了《新时代公民道德建设实施纲要》，指出公益广告是一种重要的宣传形式。2021年9月，国家广播电视总局印发了《广播电视和网络视听"十四五"发展规划》，提出"实施广播电视公益广告提升行动，支持创作弘扬时代新风的公益广告作品"。2022年4月，市场监管总局印发《"十四五"广告产业发展规划》，将"公益广告振兴行动"作为实施举措之一。2022年8月，中共中央办公厅、国务院办公厅印发的《"十四五"文化发展规划》也强调要"加强公益广告宣传"。地方政府也相继出台促进公益广告事业发展的政策。2023年10月，北京市广播电视局发布了《北京市广播电视局广播电视公益广告扶持项目评审办法（试行）》，立足于首都战略定位，在指导思想、主题方向、评审原则、参评范围、项目设置与扶持资金分配、评审机构、评审标准和评审程序等方面做了明确规定；同年12月，又印发了《北京大视听公益广告精品创作提升工程若干举措》。2024年1月1日，《上海市公益广告促进和管理办法》正式实施。

地方政府积极主办公益广告论坛。2016年7月9日，全国公益广告工作推进会在四川绵阳举行；从2016年起，全国广电公益广告论坛暨中国·广东广电公益广告大会在广东省清远市连续举办了三届；从2019年起，由北京市委宣传部、北京市广播电视局主办的北京国际公益广告大会已经连续举办了五届。

公益广告的国际合作也步入了新的阶段。2016年春节期间,韩国放送广告振兴公社(KOBACO)与中国中央电视台合拍的以"孝"为主题的公益广告,在韩国三大电视台、有线台以及中央电视台15个频道播出。

2020年初,世界范围内暴发了新冠疫情。各国政府、媒体、非营利组织、广告公司等机构,纷纷利用公共服务类广告,开展防止疫情扩散、保护身体健康等方面的宣传活动。在这一进程中,中国的公益广告也发挥了重要作用。

随着企业社会责任意识的提升,拥有平台的互联网企业开始以整合公益资源的方式,创新公益广告传播路径,其中有代表性的项目是"腾讯创益计划"。2017年6月13日,腾讯公司宣布成立公益广告开放平台"腾讯创益计划"。具体实施方式是,投入20亿元的广告资源,搭建一个汇聚公益机构、创意团队、广告投放媒体的平台,推出主题为"我是创益人"的公益广告大赛。这个大赛连续举办了五届,推出了诸如《一个人的球队》《一个人的乐队》等优秀公益广告作品。其中,第五届赛事由"腾讯创益计划"与中国广告协会联合举办,名为"2022黄河奖——我是创益人数字公益创意大赛"。

这一时期,在庆祝新中国成立70周年、庆祝建党一百周年、迎接党的二十大、时代楷模、乡村振兴等重大主题宣传中,公益广告活动均取得了显著成效。

第二节 公益广告的属性

欧美、日本的公共服务类广告,均以公共性为核心属性。与之不同,中国的公益广告则兼具公共性、政治性、伦理性和专业性,具有多重属性。

一、公共性

公共,"既是一种理念也是一种能力。公共的职责和责任意味着它能使公民制定一致同意的社群标准和目标,为了公共的利益,大家一起工作，实现设定的目标"①。

在中国，公益广告的"公益"，核心也是公共利益。根据印第安纳大学公益慈善研究中心的定义，公益（philanthropy）是"以某种价值观为导向的、为了公共利益的自愿行动（volunteer actions for the public good）"②。

在法学领域，公共利益是一个重要概念。张千帆指出，公共利益的重心在于"公共"。③ 韩大元强调，公共利益不是个人利益的简单集合，也不是多数人利益在数量上的直接体现，它是社会共同的、整体的、综合性和理性的利益。④ 美国学者斯通认为，公共利益可以被理解成"具有公共精神的公民"所渴望的那些东西（如良好的学校和清洁的空气），还可以被表达为那些"已达成共识的目标"和/或"对于一个作为共同体的社区有益的事情"。⑤

公共利益的提出及其重要性的凸显，是基于中国的现代化进程中出现的各种社会、环境问题这一背景。在改革开放之前，这一名词很少出现在报刊中。

公益广告就是为了促进这些问题的解决。例如，《广而告之》栏目开办之初播出的《高高兴兴上班，平平安安回家》是宣传交通法规的，《你们痛快了，我和邻居怎么办？》是反映噪声扰邻问题的，其后的《啊！真对不起》是呼吁平等对待残疾人的，《防止山火，爱护大自然》则属于环境保护议题。这些公益广告都以维护公共利益为导向。

"希望工程"广告宣传活动是体现这种公共性的经典案例。一些报社、电台、电视台的第一个公益广告就是以"希望工程"为主题的，如1991年牡丹江人民广播电台的《捐献》，1992年中央人民广播电台的《我要上学》等。

与公益广告的公共性相对应的，则是商业性。在公益广告诞生之初，公共性是学界普遍认同的属性。而在1996年以后，学界和业界开始出现

---

① 〔美〕H. 乔治·弗雷德里克森：《公共行政的精神》（中文修订版），张成福等译，中国人民大学出版社2013年版，第35页。
② 唐昊：《中国式公益：现代性、正义与公民回应》，中国社会科学出版社2015年版，第8页。
③ 张千帆：《"公共利益"是什么？——社会功利主义的定义及其宪法上的局限性》，《法学论坛》2005年第1期，第29页。
④ 韩大元：《宪法文本中"公共利益"的规范分析》，《法学论坛》2005年第1期，第8页。
⑤ 转引自〔美〕珍妮特·V. 登哈特、罗伯特·B. 登哈特：《新公共服务：服务，而不是掌舵》，丁煌译，中国人民大学出版社2014年版，第67页。

不同的声音，代表性的事件是 2007 年《广告大观（综合版）》发起的"中国没有'公益广告'？"专题讨论。① 这次讨论最终并没有达成共识，"矛盾的焦点集中在两个方面：一是公益广告的商业性，二是媒体在公益广告中应该扮演什么样的角色"②。

我们认为，公共性是公益广告的核心属性，也是其区别于企业广告和其他广告形式的本质特征。

二、政治性

这是中国公益广告的鲜明特色之一。《关于〈公益广告促进和管理暂行办法〉（征求意见稿）的起草说明》指出：我国公益广告具有鲜明的政治导向性，是精神文明建设的重要内容。《公益广告促进和管理暂行办法》明确提出，"公益广告活动在中央和各级精神文明建设指导委员会指导协调下开展"，这意味着中国公益广告必然带有鲜明的政治属性。③

《"十四五"广告产业发展规划》的"基本原则"部分强调，要坚决贯彻落实习近平总书记"广告宣传也要讲导向"重要指示精神，不断提高政治判断力、政治领悟力和政治执行力，牢牢把握广告宣传正确导向；在"重点任务"部分强调，坚持广告宣传的正确导向，提高政治站位，始终把牢广告宣传的正确政治方向、舆论导向和价值取向，坚定维护意识形态安全。

在实际运作中，主流媒体刊播公益广告，与新闻宣传、文艺宣传同样，都是党和政府宣传工作的一部分，主题公益广告活动尤其如此，这与欧美的公共服务广告、日韩的公共广告有着明显的区别。欧美和日韩的类似广告形式，主要致力于社会、环境等具体问题的解决。

三、伦理性

《中华人民共和国慈善法》规定："本法所称慈善活动，是指自然人、法人和非法人组织以捐赠财产或者提供服务等方式，自愿开展的下列公益活动：（一）扶贫、济困；（二）扶老、救孤、恤病、助残、优抚；（三）救助自然灾害、事故灾难和公共卫生事件等突发事件造成的损害；

---

① 陈徐彬：《中国没有"公益广告"？》，《广告大观（综合版）》2007 年第 5 期，第 22 页。
② 同上，第 5 页。
③ 《工商总局：新闻网站首页应固定位置展示公益广告》，https://news.12371.cn/2014/05/08/ARTI1399532396073323.shtml？from=singlemessage，2024 年 3 月 28 日访问。

（四）促进教育、科学、文化、卫生、体育等事业的发展；（五）防治污染和其他公害，保护和改善生态环境；（六）符合本法规定的其他公益活动。"可见，在《慈善法》中，"慈善"与"公益"两个词是交替使用的，并未强调二者之间的区别。

公益广告的出现是为了服务于社会主义精神文明建设，所以从诞生之初它就具有较强的伦理性质。《公益广告促进和管理暂行办法》提出的"倡导良好道德风尚，促进公民文明素质和社会文明程度提高"，也是强调这一属性。在各类主题的公益广告活动中，都有部分伦理道德类别的作品。中国儒家文化中的"老吾老以及人之老，幼吾幼以及人之幼""修身齐家治国平天下"等个人修养思想以及中华民族传统美德（如"和为贵"），常常在公益广告中以不同形式表现出来。一些学者在对电视公益广告作品进行梳理时发现，伦理道德类内容所占的比例最大，是长盛不衰的主题。[1]

公益广告的伦理性又是经常与政治性交融在一起的。例如，在"社会主义核心价值观"主题公益广告中，就很难对二者进行区分。这种交融与中国自古以来"以德治国"的传统密切相关。

1996年，国家工商行政管理局在总结"中华好风尚"主题公益广告月活动时，指出，"公益广告月活动的开展，有效地发挥了公益广告在社会教育、文化传播、舆论导向等方面的功能，促进了社会主义精神文明建设"[2]。2001年，中央精神文明办专职副主任胡振民在征集思想道德电视公益广告座谈会上明确提出："在我国，社会主义思想道德是一切公益广告的灵魂和根本，决定公益广告的性质和方向。"[3] 2008年，中央文明办协调组副组长涂更新在电视公益广告研讨会上也强调，公益广告的性质和内容可以细分为很多类型，"但是从中央宣传部、文明办来讲，我们更注重思想道德的公益广告。在所有的公益广告当中，思想道德的公益

---

[1] 朱健强：《改革开放30年电视公益广告主题回眸》，《中国广播电视学刊》2009年第1期，第49—50页；初广志、刘铎燕：《中央电视台公益广告内容研究——以2012年至2014年的公益广告为例》，金定海、韩志强主编：《互动与移动：中国广告发展趋势建构》，山西人民出版社2016年版，第10—32页；胡展鑫：《我国电视类公益广告框架呈现研究——基于877则电视类公益广告样本的分析》，《中国广播电视学刊》2019年第6期，第5—8页。

[2] 中国传媒大学等编著：《中国公益广告年鉴（1986年—2010年）》，中国工商出版社2011年版，第342页。

[3] 同上书，第364页。

广告具有更重要的地位"①。

公益广告的伦理性也经常和公共性交融在一起,"社会公德"就是具有中国特色的词语。

1988年,中央电视台的年度工作总结中曾这样表述:"特别值得一提的是,中央电视台首创的社会公益广告节目《广而告之》对于社会主义精神文明建设、培养社会公德,起到了积极的作用。"②

2019年10月,中共中央、国务院印发的《新时代公民道德建设实施纲要》指出,要把社会公德、职业道德、家庭美德、个人品德建设作为着力点,推动践行以文明礼貌、助人为乐、爱护公物、保护环境、遵纪守法为主要内容的社会公德,鼓励人们在社会上做一个好公民。

实际上,在东亚地区,日本、韩国等国家的公共广告中,也经常出现伦理道德方面的内容。有学者在对中国中央电视台与韩国放送广告振兴公社的公益广告进行比较时也发现,二者在社会公共礼节、道德、秩序等方面的主题比较相似。③ 也正是由于这种相同的文化渊源,中央电视台和韩国放送广告振兴公社合作的"孝"主题公益广告活动才能成功实施。

四、专业性

公益广告既然属于广告的一种类别,就应该符合广告活动的规律,体现较强的专业性。这种专业性包括主题的现实性、受众的针对性、表现的艺术性、发布的科学性等。专业性直接影响着传播效果,也是公益广告作为一种独特传播手段的立身之本。

与美国和日本不同,中国的公益广告是由主流媒体而非广告公司首创的。在公益广告发展初期,广告行业处于粗放式发展阶段。因此,中国公益广告的专业性先天不足。

早在20世纪90年代初,学界和业界就注意到了这个问题。第四届全国电视公益广告"印象奖"评选首次设立公益广告奖项时,就在创意、

---

① 中国传媒大学等编著:《中国公益广告年鉴(1986年—2010年)》,中国工商出版社2011年版,第388页。

② 穆晓方:《中央电视台发展概况》,中国广播电视年鉴编辑委员会编:《中国广播电视年鉴(1989)》,北京广播学院出版社1989年版,第30页。

③ WOORI CHO、孟乐:《中韩电视公益广告内容比较研究》,《广西大学学报(哲学社会科学版)》2018年第1期,第123页。

信息传达、视听艺术、制作技术等方面确立了专业标准。① 潘大钧在分析公益广告概念的内涵时，首先强调了公益广告的艺术性质，即公益广告也是广告，是广告的一个组成部分，具有广告深刻的内涵，"需要通过艰苦的创造，在创意、策划、构思、设计、制作、刊播上如同做商业广告一样精心运作，要求甚至更高，更具感染力、说服力和震撼力"②。丁俊杰指出，"我国公益广告最大的毛病就是口号化、说教色彩浓，不注重技巧"③。

近年来，有的媒体机构以"公益传播"取代"公益广告"，或将二者交叉使用。这种做法，实质上是对公益广告专业性的消解。长此以往，公益广告将失去其作为一种独立的公益传播手段而存在的必要性。

除了以上四个属性以外，中国的公益广告还具有一定的商业性。自1997年以来，政府部门关于企业、社会机构出资制作公益广告可以署名的激励措施④，虽然起到了一定的积极作用，却也为企业利用公益广告之名行商业宣传之实埋下了长期的隐患。

第三节　公益广告的功能

《公益广告促进和管理暂行办法》第一条指出，"为促进公益广告事业发展，规范公益广告管理，发挥公益广告在社会主义经济建设、政治建设、文化建设、社会建设、生态文明建设中的积极作用，根据《中华人民共和国广告法》和有关规定，制定本办法"。

结合我国公益广告事业的发展现状和趋势，笔者认为，公益广告主要具有社会教育、社会治理和形象塑造三种功能。三种功能常常是交叉的，并无明确的界限，共同服务于"五位一体"建设的需要。

一、社会教育功能

在公益广告事业诞生之初，学界和业界就开始强调其社会教育功能。

---

① 唐忠朴：《中国本土广告论丛》，中国工商出版社2004年版，第75页。
② 潘大钧：《发展公益广告事业的若干思考》，《北京商学院学报》1997年第1期，第47页。
③ 丁俊杰：《公益广告，不是说教》，《国际广告》1998年第2期，第6页。
④ 《公益广告促进和管理暂行办法》第七条指出，"企业出资设计、制作、发布或者冠名的公益广告，可以标注企业名称和商标标识"，并指出了限制性条件。

国内第一篇公益广告方面论文的作者杜延龄指出,"如果说商业性广告是消费者的向导,那么公益性广告就像是一本美学教科书,以它独特的艺术感染力,陶冶人民高尚情操,对良好社会风气的形成和遵守各种道德规范的培养等,都起着潜移默化的作用"①。资深广告专家唐忠朴认为,电视公益广告是一种特殊的社会文化,它是文化的社会教育功能与广告的大众传播功能的有机结合。②

近四十年来,公益广告促进社会主义精神文明建设作用的发挥,主要是通过社会教育功能来实现的。"中华好风尚""自强创辉煌""讲文明,树新风""扬正气,促和谐""思想道德""社会主义荣辱观"等主题公益广告活动的名称就能体现这一功能。

2006年10月,党的十六届六中全会通过的《中共中央关于构建社会主义和谐社会若干重大问题的决定》,第一次明确提出了"建设社会主义核心价值体系"这个重大命题和战略任务。2012年11月,党的十八大首次提出,要倡导富强、民主、文明、和谐,倡导自由、平等、公正、法治,倡导爱国、敬业、诚信、友善,积极培育和践行社会主义核心价值观。2013年12月,中共中央办公厅在《关于培育和践行社会主义核心价值观的意见》中强调,要运用公益广告传播社会主流价值、引领文明风尚,并对广播电视、报纸期刊、互联网、手机、户外媒体等的公益广告刊播提出了具体要求。

具体来说,公益广告中社会教育的内容主要包括:

(一) 现代公共意识

公益广告与传统伦理道德教育的显著区别之一,就是由强调个人品德、家庭美德,拓展到社会公德、职业道德。社会公德教育,实际上就是培育社会大众的公共意识,倡导他们关注公共利益和社会问题。

1991年,在首届中国国际广告研讨会上,沃纳尔·宁博士认为,公益(公共服务或公共利益)广告已成为现代社会中的一项社会事业和一种积极的力量,能够促成公众支持公益事业,如反对酗酒、反对假冒、反对吸烟、抨击乱丢废物、解决污染问题、防止犯罪、献血、反毒品战、环保、防火、追求质量、促进交通安全等。③

在我国,交通运输、生态环境、自然资源、卫生健康、应急管理等

---

① 杜延龄:《公益广告和社会功能刍议》,《学术界》1991年第1期,第94页。
② 唐忠朴:《电视公益广告的艺术特性及社会作用》,《电视研究》1997年第4期,第36页。
③ 〔美〕沃纳尔·宁:《公益广告——公益广告在社会教育中的特殊作用》,国际广告协会中国分会等:《首届中国国际广告研讨会论文集》,1991年5月,第134页。

部门发起的公益广告活动，也是以此为目标的。

这类公益广告常常采用道德评价形式。2014年9月30日，为了提升游客的整体素质，培养游客的文明公德，中央电视台曾推出"文明旅游"公益广告《熊猫篇》和《谈吐篇》，在各频道滚动播出。其中的《熊猫篇》用熊猫拟人的形象表现中国游客在出境游时一些不文明的行为，以此来提醒大家，在国外旅游时，每个人的言谈举止都代表中国的形象，要注意文明礼仪，尊重当地风俗，在世界面前树立中国好游客形象。该广告由澳大利亚知名广告导演肯·兰博特（Ken Lambert）执导，由来自澳大利亚以及我国香港等地的专业人士组成的制作团队专程前往悉尼实地取景拍摄，并参与大量的后期剪辑制作。[①]

（二）优秀传统文化

在5000多年文明发展中孕育的中华优秀传统文化，积淀着中华民族最深沉的精神追求，代表着中华民族独特的精神标识，是中华民族生生不息、发展壮大的丰厚滋养，是中国特色社会主义植根的文化沃土，是当代中国发展的突出优势，对延续和发展中华文明、促进人类文明进步，发挥着重要作用。[②]

2019年10月27日，中共中央、国务院印发了《新时代公民道德建设实施纲要》（以下简称《纲要》），提出要"深入阐发中华优秀传统文化蕴含的讲仁爱、重民本、守诚信、崇正义、尚和合、求大同等思想理念，深入挖掘自强不息、敬业乐群、扶正扬善、扶危济困、见义勇为、孝老爱亲等传统美德，并结合新的时代条件和实践要求继承创新，充分彰显其时代价值和永恒魅力，使之与现代文化、现实生活相融相通，成为全体人民精神生活、道德实践的鲜明标识"。在《纲要》中，公益广告是一种重要的宣传形式。"公益广告一方面以世代传承的文化精神，调适社会关系，使成员休戚与共，促进社会协调发展；另一方面在一定的思想观念和心理定式的基础上，建构新的社会意义价值体系。"

2011年12月，中央电视台播出了公益广告《Family——爱的表达式》。这是央视广告经营管理中心面向社会征集创意、经过包装制作后播出的

---

① 《公益广告：美丽假期与文明同行》，http://1118.cctv.com/2014/09/30/ARTI1412043202474184.shtml，2024年3月28日访问。

② 《中共中央办公厅　国务院办公厅印发〈关于实施中华优秀传统文化传承发展工程的意见〉》，https://www.gov.cn/zhengce/2017-01/25/content_5163472.htm?eqid=f7b67ff10001e5d00000000464599fd4，2024年4月8日访问。

首条公益广告。创作者张德元的灵感来自他观看《功夫熊猫》《花木兰》之后的感受——既对中华传统文化感到骄傲,又产生了将外国文化中的元素用于自己创作的冲动。最终,一直想表达对于家的热爱的张德元将目光锁定在了英文单词和字母上,"每一种文化都有它的特质,很多人都对 FAMILY 这个英文单词做这样的理解——'father and mother I love you',而我希望从中国文化的角度出发来挖掘这个外来词的中国内涵,于是就有了作品中将字母幻化成大树、拐杖、雨伞等形象"[①]。这个广告荣获第 26 届中国电视金鹰奖优秀电视形象宣传片奖,并成为大学生最喜爱的公益广告之一。

谢清果认为,公益广告可以植入中华文化尊道贵德、仁义相济的传播理念,阐扬中华文化共生交往的传播智慧,挖掘中华文化物质文明的传播元素,在中华文化的传承与创新方面发挥重要作用。[②]

(三)党的执政理念

人民对美好生活的向往,就是中国共产党的奋斗目标。实现好、维护好、发展好最广大人民根本利益,是党的宗旨所在。"以人民为中心"这一理念,也常常通过公益广告传递出来。

2016 年,为了庆祝建党九十五周年,中央电视台特别推出公益广告《我是谁》,讲述了发生在百姓身边的普通共产党员的故事。他们中包括离开教室最晚的大学生、为了城市的整洁开工最早的环卫工人、手术台上救死扶伤却很少想到自己的医生、暴雨中依然坚守岗位的交警、小镇中为大家带来光明的邻家暖男、知难而进不辞劳苦的村官等。他们时时刻刻牢记自己的责任,贡献着自己微薄的力量。片尾出现的字幕"我是中国共产党,始终和你在一起"画龙点睛,展现了共产党员永远是劳动人民的普通一员,密切联系群众,全心全意为人民服务的奉献精神。[③]

---

① 司楠:《用心诠释 用爱表达——访公益广告创意人张德元》,https://1118.cctv.com/20120106/108052.shtml,2024 年 4 月 8 日访问。

② 谢清果:《新时代公益广告与中华文化的传承与创新》,《中华文化与传播研究》2021 年第 1 期,第 9—11 页。

③ 《纪念中国共产党成立 95 周年公益广告〈我是谁〉》,https://gongyi.cctv.com/2016/06/27/VIDEfcpKGG6GBMIYBTaWyvth160627.shtml?from=timeline&isappinstalled=1&t=1472614533265,2024 年 4 月 8 日访问。

二、社会治理功能

党的二十大报告提出：要完善社会治理体系；健全共建共治共享的社会治理制度，提升社会治理效能；畅通和规范群众诉求表达、利益协调、权益保障通道；建设人人有责、人人尽责、人人享有的社会治理共同体。公益广告社会治理功能的发挥，主要是通过社会动员来实现的。

所谓社会动员，是指一定的国家、政党或社会团体，通过多种方式影响、改变社会成员的态度、价值观和期望，形成一定的思想共识，引导、发动和组织社会成员积极参与社会实践，以实现一定的社会目标的活动。① 现代社会主要的动员方式包括传媒动员、竞争动员和参与动员。② 公益广告活动既是传媒动员，也是参与动员的重要手段。

社会动员以传播对象的行为改变、促进社会问题的解决为最终目标，这与美国的公共服务广告、日本的公共广告宗旨相似。美国战时广告委员会在二战期间服务于战时宣传的广告活动，成为战后这个委员会继续存在的理由；日本公共广告机构的出现是为了动员社会大众共同应对经济高速发展过程中所产生的社会问题。

李雪枫、王时羽认为，从发展历程和传播策略看，公益广告的传播本质是立足于"公益"意义上的社会动员，这一传播使命的完成得益于传播主体的行动自觉。③

在战争、特大自然灾害、重大公共卫生事件和突发性社会事件发生时，公益广告的社会动员作用尤为突出。"公益广告在突发公共事件中的主要功能不仅是事件发生后所进行信息宣传和舆论引导，还包括其此前的预警以及避灾减灾知识普及功能。"④ 改革开放以来，在抗震救灾、应对非典型肺炎和新冠疫情期间，公益广告都发挥了凝聚民心、鼓舞斗志等社会动员功能。赵新利发现，公益广告在新冠疫情防控中发挥了积极的导向功能、教育功能、社交功能。⑤

---

① 甘泉、骆郁廷：《社会动员的本质探析》，《学术探索》2011年第12期，第24页。
② 郑永廷：《论现代社会的社会动员》，《中山大学学报（社会科学版）》2000年第2期，第22页。
③ 李雪枫、王时羽：《公益广告的本质思考》，《山西大学学报（哲学社会科学版）》2020年第3期，第56页。
④ 胡晓雪：《我国突发公共事件中公益广告的应急管理研究》，安徽大学硕士学位论文，2010年5月，第45页。
⑤ 赵新利：《公益广告在疫情防控中的功能探析》，《当代电视》2020年第4期，第45页。

三、形象塑造功能

（一）行业形象

从国际范围来看，开展公共服务广告、公共广告活动，都是提升广告行业形象和社会地位、抵消其商业活动所带来负面影响的有效方式。

1996 年 8 月 8 日，国家工商行政管理局局长王众孚在北京市"中华好风尚"主题公益广告月活动动员大会上指出，要充分认识这次活动的重要意义，这不仅是弘扬中华民族优秀传统美德、促进精神文明建设的需要；也是促进社会经济协调发展的需要；还有利于塑造广告业的自身形象。①

国际广告协会全球副主席、中国广告协会会长张国华在总结抗击新冠疫情公益广告活动时指出，"这场行动给广告人做了一个非常好的广告，给我们广告界、广告业、广告人鼓舞了士气，提升了我们这个行业和企业的美誉度和知名度"②。

（二）媒体形象

公益广告的刊播是媒体体现其公共属性的主要途径之一。尹鸿认为，优质公益广告的制作和播出，对于电视台品牌的塑造也具有重要价值。有影响力、有感染力、有正能量的公益广告，不仅创造着收视率和市场份额，同时也创造着媒介的影响力和口碑价值。③ 公益广告可以彰显媒介品位，增添媒介个性，塑造媒介形象。用公益广告的方式"发言"往往能达到报道、评论和自身形象广告所达不到的效果。④

公益广告播放时间所折算的商业价值，也常常成为电视媒体展示其社会贡献的依据。例如，在 2019 年北京国际公益广告大会的主题研讨会上，中央广播电视总台任学安介绍：2016 年以来，央视共制作了 237 支公益广告，主题涵盖庆祝建党 95 周年、纪念长征胜利 80 周年、迎接党的十九大、社会主义核心价值观系列、时代楷模、庆祝新中国成立 70 周年等数十种；播出各类公益广告 600 多支，每年各频道播出公益广告时长超

---

① 王众孚：《弘扬传统美德，塑造良好形象》，中国传媒大学等编著：《中国公益广告年鉴（1986 年—2010 年）》，中国工商出版社 2011 年版，第 343—344 页。
② 张国华：《"抗击疫情"及后疫情时代公益广告的价值》，https://jg-static.eeo.com.cn/article/info？id=cc9810582cc708f9d7fbc827c160768b，2024 年 3 月 28 日访问。
③ 尹鸿：《中国电视公益广告的新阶段》，《中国电视》2014 年第 11 期，第 29 页。
④ 袁晓懋：《公益广告是媒介的漂亮衣裳》，《现代广告》2002 年第 1 期，第 57 页。

过 1500 小时，折合广告价值约 160 亿元。①

（三）企业形象

公益广告虽然是一种非商业广告，但是，为了调动企业参与公益广告活动的积极性，我国允许赞助公益广告活动的企业在广告中标注名称和商标标识，事实上承认了公益广告的企业形象塑造功能。

2014 年山东临工携手中央电视台联合举办的"中国好司机"公益广告活动就是一个典型案例。该系列公益广告分成《特技车手篇》《灯光篇》《工程汽车篇》《车位篇》《安全座椅篇》。作品的立意在于，现代交通虽然给人们带来了无尽的便利，但同时也增加了许多安全隐患，中央电视台和山东临工都希望借助媒体的力量，呼吁广大司机增强遵纪守法的观念和文明行车的意识，并向全社会大力倡导安全驾驶和文明驾驶，呼吁提高市民文明素质，共同营造更加和谐、安全、规范、有序的交通环境。

（四）广告公司形象

宋玉书指出，广告公司之所以能够在公益广告活动中出资出力，自愿做出贡献，原因之一就是希望通过公益广告活动表达自己的社会责任感，为自己塑造良好的形象，向社会展示专业实力。②

作为北京电视台《广角镜》栏目的合作方，桑夏广告公司经理张曦认为，广告公司制作公益广告改变了以往人们认为广告行业只重金钱、不要道义的偏见，使行业唯利是图的形象在人们的心中得到改变，诚实、正直、有社会责任感的广告公司品牌形象正逐步在人们心中树立起来。③

在西方，创作人将公益广告当成调整自己专业能力的一种方式，是智慧的象征，能获得很高级别的嘉奖。如果说做商业广告是广告人的生存方式的话，公益广告就是广告人升华自身社会责任的一种体现，有崇高的地位。④

---

① 《中央广播电视总台总经理室任学安：拓展公益广告传播体裁 参与重大主题宣传》，https://www.sohu.com/a/358738763_120314598，2024 年 4 月 18 日访问。

② 宋玉书：《广告行业形象与公益广告》，《辽宁大学学报（哲学社会科学版）》2001 年第 1 期。

③ 王培江：《构筑人类的精神世界——访桑夏广告公司经理张曦》，《北京工商管理》2000 年第 11 期。

④ 丁俊杰：《公益广告，不是说教》，《国际广告》1998 年第 2 期，第 6 页。

(五）城市形象

公益广告不仅能够提升社会大众的文明素养，也在一定程度上展示着一个城市的文明水准。因此，在测评文明城市的标准中，专门有制作、刊播、展示公益广告的要求，即"坚持思想性、艺术性、观赏性、耐久性相结合，设计制作与城市景观相融合、与城市历史文化相承接、与市民接受方式和欣赏习惯相契合的公益广告，在社会公共场所、公共交通工具、建筑工地围挡等显著位置刊播展示"①。

例如，2005年深圳市举办首届公益广告创意设计大赛的目的，不仅是"有效发挥公益广告在弘扬社会正气、倡导文明风尚、推进全社会思想道德建设等方面的重要作用"，还要为建设"和谐深圳""效益深圳"，创建全国文明城市营造更加浓厚的社会氛围。② 其他城市举办的公益广告大赛也将提升城市形象作为活动宗旨之一。

需要指出的是，公益广告的形象塑造功能是间接地发挥出来的。如果以形象塑造为首要目标，就会本末倒置，偏离公益广告的本质属性与核心功能。

---

① 《全国文明城市测评体系内容构成及测评要求（2021）》，https://wlj.huainan.gov.cn/ztzl/aqwmly/551577571.html，2024年4月9日访问。
② 《深圳市首届公益广告创意设计大赛启事》，https://news.sina.com.cn/s/2005-10-19/03407203785s.shtml，2024年4月7日访问。

第二章 公益广告管理机制

公益广告活动涉及政府、企业、媒体、社会组织等多元主体，以及主题设定、创意、设计、制作、发布和评估等多个环节，是一个系统工程。管理机制则是公益广告活动组织与实施的保障。

第一节 公益广告管理机构

在公益广告事业的初创期，管理机构尚不明确。原广播电影电视部直属的中国电视艺术委员会和中国广告协会，以评奖的形式，发挥了公益广告事业发展的引导者作用。

在1993年7月国家工商行政管理局、国家计划委员会联合制定印发的《关于加快广告业发展的规划纲要》，以及1994年10月的《中华人民共和国广告法》中均未提及公益广告。

1996年6月18日，国家工商行政管理局发出《关于开展"中华好风尚"主题公益广告月活动的通知》，标志着公益广告正式纳入了其管辖范围，国家工商行政管理局和各级地方分支机构成为公益广告活动的管理主体。

1997年8月4日，中共中央宣传部、国家工商行政管理局、广播电影电视部、新闻出版署发布《关于做好公益广告宣传的通知》，标志着中宣部开始成为公益广告活动的最高管理机构，广播电影电视部、新闻出版署分别作为管理广电、报刊媒体的部门，与国家工商行政管理局一起承担公益广告管理职责。

1999年10月22日，中央精神文明建设指导委员会办公室、国家工商行政管理局联合发出《关于进一步做好公益广告工作有关问题的通知》，中央文明办成为公益广告活动的领导机构。

2016年1月15日，《公益广告促进和管理暂行办法》公布。《公益广告促进和管理暂行办法》进一步明确：公益广告活动在中央和各级精神文明建设指导委员会指导协调下开展；工商行政管理部门履行广告监管和指导广告业发展职责，负责公益广告工作的规划和有关管理工作；新闻出版广电部门负责新闻出版和广播电视媒体公益广告制作、刊播活动的指导和管理；通信主管部门负责电信业务经营者公益广告制作、刊播活动的指导和管理；网信部门负责互联网企业公益广告制作、刊播活动的指导和管理；铁路、公路、水路、民航等交通运输管理部门负责公共交通运载工具及相关场站公益广告刊播活动的指导和管理；住房城乡建设部门负责城市户外广告设施设置、建筑工地围挡、风景名胜区公益广告刊播活动的指导和管理。至此，公益广告管理活动形成了多头管理的局面。

可见，我国公益广告的管理经过了由政府机构（国家工商行政管理部门）负责，到由中宣部、中央文明办领导，相关政府机构各司其职的变迁。

第二节　公益广告管理的范围与方式

我国的公益广告管理范围广泛，涉及活动的管理机构、参与方、内容、形式、稿源、刊播数量和位置（时段、版面）、激励和处罚措施等多个方面。在管理方式上，主要采用行政管理方式。

一、管理范围

（一）针对企业参与广告活动的管理

从 1996 年国家工商行政管理局印发《关于开展"中华好风尚"主题公益广告月活动的通知》起，我国政府就已明确，参与公益广告活动是广告主应尽的义务，并要求将此项工作成果作为各地工商部门监督考核的指标之一。

1997 年，中共中央宣传部等部门印发的《关于做好公益广告宣传的通知》，就企业参与公益广告活动的管理措施做了具体规定，"对于企业出资设计、制作、发布的公益广告，可以标注企业名称，但不得标注企业产品名称和商标标识，不得涉及与该企业商品或提供的服务有关的内容"。该文件在刊播方面规定了广播、电视、报纸和户外媒体每年刊播公益广告占全年商业广告量的比例，在单个作品方面要求"电视公益广告标注企业名称显示时间不应超过 5 秒，标注面积不超过电视广告画面的 1/5。报刊、户外公益广告标注企业名称面积不超过报刊、户外广告版面的 1/10"。

1998 年，国家工商行政管理局发布的《关于开展公益广告活动的通知》指出，要严格区分公益广告和商业广告的界限，防止公益广告成为变相的商业广告，强调"有些地方进行公益广告作品冠名权拍卖，其收入一定要用于公益广告事业，不得以赢利为目的或挪作他用"。

2002 年发布的《关于进一步做好公益广告宣传的通知》对企业参与公益广告活动的激励措施作了更细致的规定。具体来说，允许企业出资设计、制作、发布的公益广告，可以同时标注企业名称和商标标识，但不得标注商品（服务）名称以及其他与企业商品（服务）有关的内容。此外，该文件还就显示时间和面积提出了要求："电视公益广告画面上标注企业名称和商标标识，显示时间不得超过 5 秒，使用标版形式标注企业名称和商标标识的时间不得超过 3 秒。报纸、期刊、户外公益广告标注企业名称和商标标识的面积不得超过报纸、期刊、户外广告面积的 1/5。"

2015 年修订的《中华人民共和国广告法》强调，"禁止利用其他商品或者服务的广告、公益广告，宣传烟草制品名称、商标、包装、装潢以及类似内容"，进一步加大了对烟草广告的监管力度，以杜绝以公益广告形式变相进行烟草宣传的现象。

2016 年 1 月 15 日发布的《公益广告促进和管理暂行办法》再次提出"企业出资设计、制作、发布或者冠名的公益广告，可以标注企业名称和商标标识"，但在内容、面积、时间、视觉表现方面作了具体要求，"商业广告中涉及社会责任内容的，不属于公益广告"，"不得以公益广告名义变相设计、制作、发布商业广告"，否则视为商业广告。

除了中央机关和国家部委以外，地方党政机构在制定的公益广告管理法规、制度中，也将对企业参与公益广告活动的管理作为重点内容之一。

2011 年 9 月 1 日施行的《深圳市公益广告管理暂行办法》进一步细化了企业出资制作公益广告方面的规定："免费发布的公益广告禁止出现企业名称、商标标识、商品或服务名称、联系方式以及任何与宣传、推销企业、商品或服务有关的内容。" 2013 年南京市人民政府发布的《南京市公益广告管理暂行办法》和 2016 年广东省委宣传部等十部门共同印发的《广东省公益广告促进和管理暂行办法》，在企业参与公益广告活动方面均重申了《公益广告促进和管理暂行办法》的规定。2023年12月上海市人民政府在《上海市公益广告促进和管理办法》中提出了"鼓励企业等各类主体出资设计、制作、发布公益广告或冠名公益广告赛事、论坛等活动"的支持措施。

有的地方政府在公益广告管理规定中对"可为""不可为"的边界有更细致的说明。如深圳市给予了广告主一定的免费公益广告发布配额，但同时规定任何单位和个人不得利用户外公益广告设施发布商业广告。

总体来说，各类行政规范针对广告主的管理思路是"鼓励与监管"并重，在要求并支持各类广告主参与公益广告活动的同时，对假借公益广告的形式进行商业广告运作的行为也予以严格监管。

（二）针对公益广告创作的管理

1997年发布的《关于做好公益广告宣传的通知》强调了对发布环节的审核，指出"发布公益广告时，应当认真审核内容，凡违反国家法律、法规、政策规定和社会主义道德规范要求的，不得发布"，以此引导公益广告的创作。

2004年5月14日，国家广播电影电视总局发布《关于加强制作和播放广播电视公益广告工作的通知》，提出"建立优秀公益广告创作引导和激励机制"，由国家广电总局每年向各级广播电视播出机构和社会广告制作机构通告《公益广告创作题材指导目录》，根据这一目录制作的公益广告可申请列入《全国优秀公益广告推荐播放目录》。

2013年2月1日，中宣部、中央文明办等七部委联合公布的《关于深入开展"讲文明树新风"公益广告宣传的意见》，要求依托人民日报、中央电台、中央电视台、中国网络电视台、中国移动设立5家"讲文明树新风"公益广告制作中心，分别牵头设计制作平面类、广播类、影视类、网络类、手机类公益广告，形成公益广告作品库，供各媒体无偿选用。该文件强调，要动员社会力量参与公益广告，可选择信誉度高、公众形象好的企业冠名赞助，推动公益广告宣传常态化。

2016年1月15日颁布的《公益广告促进和管理暂行办法》，对公益广告创作进行了更为细致的规范，提出了价值导向正确、体现国家和社会公共利益、语言文字使用规范、艺术表现形式得当、文化品位良好等要求，并对公益广告稿源、发布、作品库、指导服务及著作权保护等方面的事项作了明确规定。

在地方层面，深圳市规定了对公益广告创作的管理措施，明确了主题设定机制和作品审定流程,并对语言文字、画面色彩、媒体特征等方面提出了细致的要求。[①] 北京市广播电视局发布了"北京大视听公益广告精品创作提升工程"计划,旨在紧扣理论研究、题材规划、选题策划、创作生产、人才培育、创作扶持、宣传推介、国际传播、文化活动、公益生态等重点环节,实现公益广告全链条、全要素的管理。[②] 上海市政府提出"鼓励各类创作主体积极使用区块链、人工智能、虚拟仿真等新型数字技术创作易于数字化传播的公益广告作品,提高公益广告创意与技术创新能力"[③]。

(三)针对公益广告刊播的管理

对公益广告刊播的管理,出现在各类相关的法律、法规和政策性文件中,构成了我国公益广告管理的中心内容,体现了中国公益广告活动管理重视发布数量、频次、时段(版面)、位置的特色。

具体来看,《关于做好公益广告宣传的通知》《关于进一步做好公益广告宣传的通知》《广播电视广告播放管理暂行办法》《关于加强制作和播放广播电视公益广告工作的通知》《广播电视广告播出管理办法》《关于深入开展"讲文明树新风"公益广告宣传的意见》《广告法》以及《公益广告促进和管理暂行办法》,都对公益广告的刊播(发布)做出了明确的规定。其中,《公益广告促进和管理暂行办法》还提出,"有关部门和单位应当运用各类社会媒介刊播公益广告","国家支持和鼓励在生产、生活领域增加公益广告设施和发布渠道,扩大社会影响"。

2018 年 6 月 13 日,国家广播电视总局发布了《关于启用"全国优秀广播电视公益广告作品库"的通知》,指出作品库将按要求汇集全国优秀广播电视公益广告作品,面向全系统、全社会宣传推广优秀作品,向全系统推荐播出并统计公益广告制播数据,对接"国家广播电视总局优秀公益广告"微信公众号和重点视听网站,为推动广播电视公益广告全方位、全媒体宣传提供有力保障。

---

① 《深圳市公益广告管理暂行办法》,https://www.szpsa.org.cn/textDetail.aspx?SiteContentID=63,2024 年 3 月 28 日访问。
② 《北京市广播电视局关于印发〈北京大视听公益广告精品创作提升工程若干举措〉的通知》,https://www.beijing.gov.cn/zhengce/zhengcefagui/202401/t20240102_3522825.html,2024 年 4 月 10 日访问。
③ 《上海市人民政府办公厅关于印发〈上海市公益广告促进和管理办法〉的通知》,https://www.shanghai.gov.cn/nw12344/20240104/819ef57a94a44b5283ba705c3b4f4cc6.html,2024 年 4 月 10 日访问。

2023年底颁布的《上海市公益广告促进和管理办法》对公益广告的发布作了具体的规定，要求"户外广告设施设置的规划编制部门，应当规划一定比例的公益性户外广告设施用于公益广告发布"，"本市互联网企业应当充分运用数字技术多样化展示公益广告作品，通过网站、应用程序等多渠道传播公益广告作品"。

由此可见，在党和政府有关公益广告和广告行业发展的法律法规与重要规章制度中，都对媒体公益广告的发布作了具体规定。鉴于广播电视公益广告在我国的公益广告活动中承担着重要使命，对于广播电视公益广告的播放数量、频次、时段的监管也一直是广电行业管理部门的重点工作之一。

二、管理方式

（一）法律、法规和政策

以维护公共利益为目标的公益广告，在推动精神文明建设方面有着独特的优势。在相当长的一段时期，政府部门都是以政策促进公益广告发展，在发展中不断完善相关政策。

纵观过去近三十年的历程，中国的公益广告政策从无到有，对公益广告事业的发展起到了积极的推动作用，在一定程度上促进了转型期社会整体道德水平的提高。

1996年，国家工商行政管理局发布的《关于开展"中华好风尚"主题公益广告月活动的通知》标志着国家机关正式参与公益广告活动的组织和管理。在此后的二十年里，中央部委相关部门发布的公益广告政策主要是以"办法"和"通知"两种形式呈现。办法是指"处理事情或解决问题的方法"[①]。通知是指"告知事项的文字或口信"[②]。

2015年4月24日，第十二届全国人民代表大会常务委员会第十四次会议对1995年实施的《广告法》进行了修订，其中第七十四条规定："国家鼓励、支持开展公益广告宣传活动，传播社会主义核心价值观，倡导文明风尚。大众传播媒介有义务发布公益广告。广播电台、电视台、报刊出版单位应当按照规定的版面、时段、时长发布公益广告。公益广告的管理办法，由国务院工商行政管理部门会同有关部门制定。"2016年

---

① 汉语大词典编纂处编：《汉语大词典（普及本）》，上海辞书出版社2012年版，第472页。

② 同上书，第1273页。

3月1日,《公益广告促进和管理暂行办法》开始施行,这是国际上首部专门针对公益广告的法规。

《广告法》的修订和《公益广告促进和管理暂行办法》的实施,标志着中国的公益广告管理开始走上了法治化轨道。

(二)产业规划

在中国公益广告事业发展的前20年,公益广告政策倾向于行政管理,缺少行业规划。2008年以后,这种状况有所改变。

2008年4月23日,国家工商行政管理总局联合国家发展和改革委员会发布的《关于促进广告业发展的指导意见》指出,改革开放以来,公益广告事业发展缓慢的原因在于缺乏有效的鼓励措施和激励机制,因此在"十一五"规划期间要壮大公益广告事业,建立和完善公益广告发展促进机制,使公益广告成为构建和谐社会、传播社会主义精神文明的重要手段,并在"促进公益广告发展"部分,从提高公益广告水平和加强公益广告制度建设两个方面给予了具体的指导性意见。

2012年5月29日,国家工商行政管理总局印发了《广告产业发展"十二五"规划》,指出"广告是传播先进文化,弘扬时代主旋律,促进社会主义核心价值体系建设,提升国民道德水平的重要载体,也是宣传各项方针政策、创新社会管理的重要途径"。与在"十一五"时期的规划相比,这份文件更为强调公益广告的事业属性,要求提高公益广告的社会影响力,健全公益广告发展机制,完善公益广告扶持政策,鼓励开展公益广告学术研讨和公益广告作品评优工作,支持公益广告创新研究基地建设,明确了企业进行公益广告活动给予税收优惠的操作办法。

2016年7月7日,国家工商行政管理总局发布《广告产业发展"十三五"规划》,提出要"完善公益广告发展体系",具体措施包括鼓励、支持开展公益广告宣传活动,建立完善公益广告可持续发展机制,落实《广告法》《公益广告促进和管理暂行办法》等法律、法规、规章规定,建设公益广告传播体系,将发布公益广告情况纳入文明城市、文明单位、文明网站创建工作测评和行业自律考评,建设公益广告作品库,鼓励开展公益广告学术研讨、发展研究和国际交流合作,鼓励全国公益广告创新研究基地建设,建成若干个公益广告理论和实践研发中心等。

2022年4月22日,市场监管总局印发《"十四五"广告产业发展规划》,在"公益广告振兴行动"专栏中,提出要修订完善《公益广告促进和管理暂行办法》,进一步拓宽公益广告资金渠道,鼓励政府购买公益广告服务，加强公益广告作品知识产权保护。

在地方层面，2011年12月7日，北京市工商行政管理局、中共北京市委宣传部、北京市发展和改革委员会等联合颁布《关于促进北京市广告业发展的意见》，要求提升城市文明形象，促进公益广告事业发展。

这些高屋建瓴的产业规划，将公益广告事业放在广告业发展中的重要位置，成为国家和地方工商行政部门开展公益广告活动的指导原则。

（三）政府奖励与扶持项目

在公益广告事业发展早期，尽管国家行政机关并未出台公益广告相关政策，但经过媒体实践和广告行业的探索，形成了"以评奖促生产"的扶持机制。1990年，在第四届全国电视广告"印象奖"评选中，公益广告首次成为单独的评奖系列。1992年，第三届全国广告作品展也首次设立公益广告奖。随后，各级各类评奖活动成为公益广告事业发展的重要推动力。

1998年，新中国成立以来规模最大，策划、设计、制作、发布水平最高的"中华好风尚"主题公益广告评选活动在京颁奖。1999年3月2日，中央文明办和国家工商行政管理局联合在北京召开"1998年度公益广告活动总结颁奖大会"。1999年10月22日，中央文明办、国家工商行政管理局联合发出《关于进一步做好公益广告工作有关问题的通知》，决定将每年度举行的全国优秀公益广告作品评选活动改为每两年举行一次。

2000年8月21日，国家工商行政管理局发布《关于开展1999年~2000年年度优秀公益广告作品评选工作的通知》。为此，中央文明办和国家工商行政管理局设立了公益广告全国奖。其中，公益广告作品的奖项包括金奖、银奖、铜奖、入围奖等四个等级，奖励获奖作品的创作单位、出资单位和主创人员。此外，为激励优秀公益广告创作人员，还设立了个人最佳创意奖、最佳设计奖、最佳摄影奖、最佳音效奖。对于在公益广告活动中表现突出的单位或个人（不含文明办和工商行政管理系统的单位和个人），中央文明办和国家工商行政管理局也将予以表彰。

在2002年全国优秀公益广告作品评选中，增设了"组织奖"，表彰在公益广告活动中表现突出的省级文明办和工商行政管理局。

这些政府奖项的设立，起到了风向标的作用，促使越来越多的媒体、企业、广告公司开始关注和参与公益广告活动，也为党和政府日后出台公益广告管理政策定下了基调。

2014年6月,国家新闻出版广电总局发布《关于2013—2014年度广播电视公益广告专项资金扶持项目申请事项的通知》。2015年4月,总局把"强化精品意识、提高作品质量"作为进一步做好公益广告工作的首要环节,对扶持项目设置、项目评审程序等内容进行修改完善,形成了《广播电视公益广告扶持项目评审办法(修订版)》,并继续组织开展2014—2015年度广播电视公益广告扶持项目评审工作。2019年,国家广电总局对于评审办法又做了进一步修订。

与此同时,地方政府也纷纷制定了扶持广播电视公益广告发展的政策。例如,2015年广东省新闻出版广电局设立了广播电视公益广告专项扶持项目;2023年10月北京市广播电视局印发了《北京市广播电视局广播电视公益广告扶持项目评审办法(试行)》,在项目设置与扶持资金分配方面,增加了"特设扶持项目",加大了对优秀作品的扶持力度,增加了一类电视作品和一、二、三类广播作品的扶持资金额度。

(四)监督与执法

《关于进一步做好公益广告宣传的通知》规定:要实行公益广告发布备案和检查制度;当地工商行政管理局会同有关部门统一规划,指导广告主、广告经营者、广告发布者在户外、店堂、地铁车站、交通工具发布公益广告;对于发布公益广告工作成绩突出的单位和个人应予表彰鼓励。

2004年5月14日,国家广播电影电视总局发布《关于加强制作和播放广播电视公益广告工作的通知》,指出:各级管理部门应将公益广告播放情况作为广告监播的重要内容之一;对达不到公益广告播放比例,或在黄金时段不按该通知要求播放公益广告的,应对有关播出机构进行批评、警告等处理。

2010年1月1日起施行的《广播电视广告播出管理办法》强调违反该办法第十六条的规定的,由县级以上人民政府广播电视行政部门依据《广播电视管理条例》第五十条、第五十一条的有关规定给予处罚,违反该办法规定的播出机构,由县级以上人民政府广播电视行政部门依据国家有关规定予以处理。

2015年修订的《广告法》在附则中规定:大众传播媒介有义务发布公益广告;广播电台、电视台、报刊出版单位应当按照规定的版面、时段、时长发布公益广告。

2016年1月15日颁布的《公益广告促进和管理暂行办法》对落实措

施和处罚方式进行了规定，指出"公益广告活动违反本办法规定，有关法律、法规、规章有规定的，由有关部门依法予以处罚；有关法律、法规、规章没有规定的，由有关部门予以批评、劝诫，责令改正"。

第三节　公益广告管理机制评析

如前所述，我国的公益广告体制从诞生之日起，就带有鲜明的中国特色，服务于中国式现代化进程中的精神文明建设。几十年来，中国公益广告管理体制不断发展和完善，探索出公益广告管理的中国模式。这一模式既有突出的优势，也存在着一定的局限。

一、当前我国公益广告管理机制的优势

（一）保证了正确的舆论导向

2016年2月19日，习近平总书记在北京主持召开党的新闻舆论工作座谈会时强调，新闻舆论工作各个方面、各个环节都要坚持正确舆论导向。各级党报党刊、电台电视台要讲导向，都市类报刊、新媒体也要讲导向；新闻报道要讲导向，副刊、专题节目、广告宣传也要讲导向。这是党和国家最高领导人首次提出广告宣传的导向问题。

实际上，与新闻宣传一样，公益广告宣传历来都是党和政府宣传工作的重要组成部分。每年的全国宣传部长会议和相关的宣传工作会议所传达的精神都是广播电视机构、党报党刊组织公益广告活动的指南。

而在美国，"美国AC尽管与政府关系密切，但仍是独立的非营利、非政府组织，政府可以支持它，利用它，但无权支配它"[①]。2001年，"9·11"事件发生后，作为"为了自由"主题活动的一部分，美国广告委员会发布的"我是美国人"电视广告，就受到了质疑。纽约大学教授马克·克里斯平·米勒（Mark Crispin Miller）认为，这是一种"充满激情的宣传"，而不是公共服务广告。[②]

---

① 刘洪珍：《美国现代公益广告的起源与发展研究——以广告理事会为例》，中国人民大学博士学位论文，2011年5月，第97页。

② "An Ad Council Campaign Sells Freedom, But Some Call It Propaganda," https://www.nytimes.com/2002/07/01/business/media-business-advertising-ad-council-campaign-sells-freedom-but-some-call-it.html，2024年3月28日访问。

(二)有力地配合了党和政府的中心工作

公益广告可以针对社会上的热点、难点问题,发挥大众传播媒介的"议程设置"功能,引起人们的重视,推动问题的解决。

20世纪90年代末,国有企业下岗职工基本生活保障和再就业成为社会热点问题,中共中央、国务院专门召开了会议,讨论这一关系到改革、发展、稳定全局的头等大事。为了贯彻会议精神,1998年5月29日,中国广告协会发出《为国有企业下岗职工再就业做好广告宣传的通知》,要求各会员单位主要做好两方面工作:一是做好国有企业职工下岗再就业的公益广告宣传,引起社会各界重视,转变下岗职工再就业的观念;二是城市的媒体,如电视、广播、报纸、杂志等可以开通下岗职工再就业的双向沟通栏目,登载需求单位和择业人员的有关信息。[①]

1998年,全国范围内开展的"下岗再就业"大型公益广告活动,一方面鼓励下岗职工转变观念、为国分忧、自立力强,另一方面也呼吁全社会给予他们充分的理解与关注,收到了显著的社会效果。其中,中央电视台围绕这一题材,制作了《从头再来》《支持就是力量》《脚步》等一系列鼓舞斗志、打动人心的公益广告,取得了较为理想的传播效果。

近年来,围绕脱贫攻坚、生态保护、法治宣传、乡村振兴等主题创作的公益广告,都是为了配合党和政府的方针、政策的落实。

(三)实现传播资源的有效整合

党和政府指导公益广告活动有利于传播资源的整合。通过制定法规,保证了公益广告在媒体上的刊播量,尤其是对公益广告在广播电台、电视台上播出时段的规定,避免了公益广告播放的零散化。中央和各级精神文明建设委员会统一指导协调公益广告活动,工商行政管理部门规划和管理有关活动,其他管理机构负责所在领域的媒体公益广告制作、刊播的指导和管理工作。这种管理模式可以使有关部门在制作、刊播方面各司其职,保证了公益广告在不同媒体上的全方位覆盖。

二、当前我国公益广告管理机制的局限

(一)多头管理、职责不清

《公益广告促进和管理暂行办法》明确了公益广告的最高管理机构是

---

① 中国传媒大学等编著:《中国公益广告年鉴(1986年—2010年)》,中国工商出版社2011年版,第28页。

中央文明办，其他相关部委各司其职。实际上，中央及各级精神文明办的主要工作是精神文明创建活动；国家新闻出版署的主要职责是报纸、期刊、图书、印刷、发行等方面的审批和管理；市场监督管理总局的主要职责是市场综合监督管理、市场主体统一登记注册、组织和指导市场监管综合执法工作；国家互联网信息办公室的主要职责是网络安全和信息化发展；而交通运输部、住房和城乡建设部的中心工作离公益广告相距更远。以上部门都有从国家到地方的纵向管理机构，呈现出条块分割的局面。作为与其他部委平级的市场监督管理总局，在整合公益广告资源时，难免力不从心。早在1997年，潘大钧就指出，我国的公益广告从总体上说与社会的要求还有相当的差距，其中之一就是组织管理还不完善，运作缺乏规范和力度。① 陈刚等认为，我国公益广告机制的主要弊端之一就是负责公益广告执行与管理的公共传播主体的空洞化。② 赖俊杰发现，公益广告遭遇"模糊性"瓶颈，具体表现为管理主体不明，管理依据不明，宣传主体模糊。③《公益广告促进和管理暂行办法》的颁布并未从根本上解决这一问题。④ 实际上，《广告产业发展"十二五"规划》就提到了要"积极探索建立公益广告基金"，"研究制定企业投入公益广告费用税前列支鼓励政策"等规定，至今仍然没有落到实处。

（二）相关法律尚需完善

目前，我国公益广告领域的专门法规是2016年公布的《公益广告促进和管理暂行办法》（以下简称《暂行办法》）。经过8年多的实践，这部法规也暴露了一些局限。

（1）对于公益广告的界定和部分条文比较空泛，在执法实践中也没有根据具体判例进行补充性阐释和说明。

首先，《暂行办法》明确了公益广告是一种"非营利"广告，但没有对"非营利"做进一步的阐释（例如，不直接宣传产品或服务的企业形象广告、意见广告、城市形象广告、政党形象广告是否属于公益广告），

---

① 潘大钧：《发展公益广告事业的若干思考》，《北京商学院学报》1997年第1期，第49页。

② 陈刚、崔彤彦、季尚尚：《变革运行机制——重塑中国公益广告发展构架》，《广告大观（理论版）》2007年第2期，第19—20页。

③ 赖俊杰：《公益广告遭遇"模糊性"瓶颈》，《中国工商报》2000年11月29日，第6版。

④ 高嫣嫣：《我国电视媒体公益广告管理问题研究》，东北师范大学硕士学位论文，2009年5月，第11—12页。

因而并没有平息学界、业界的争议。上海市广告协会副秘书长、上海市公益广告创新发展中心常务副主任倪崛就呼吁，应该在坚持公益广告内容与商业广告内容相区别的原则下，将暗含企业社会责任的、企业品牌公关的广告列入公益广告范畴；把公益广告定义为"社会公共机构或企业投入一定的资金，通过一定的媒介以传达、倡导或警示等方式向公众传播社会主义核心价值观，倡导良好道德风尚，促进公民文明素质和社会文明程度提高，维护国家和社会公共利益的非营利性广告"[1]。

其次，《暂行办法》还指出，"政务信息、服务信息等各类公共信息以及专题宣传片等不属于本办法所称的公益广告"，却并未对"专题宣传片"进行界定。所以，工作宣传片（如《"十四五"奋进新征程》）、成就宣传片（如《千村工程》）和传统文化宣传片（如"二十四节气"系列）都被媒体作为公益广告计入刊播总量。

最后，《暂行办法》指出"企业出资设计、制作、发布或者冠名的公益广告，可以标注企业名称和商标标识"，但又将公益广告界定为"非营利性广告"，规定"公益广告画面中出现的企业名称或者商标标识不得使社会公众在视觉程度上降低对公益广告内容的感受和认知"，"商业广告中涉及社会责任内容的，不属于公益广告"。由此导致在实践中公益广告与商业广告之间仍存在着模糊地带。

（2）在强调媒体刊播数量、时段（版面）的同时，对于公益广告作品质量的要求却比较笼统。

《暂行办法》提出，"公益广告应当保证质量，内容符合下列规定：（一）价值导向正确，符合国家法律法规和社会主义道德规范要求；（二）体现国家和社会公共利益；（三）语言文字使用规范；（四）艺术表现形式得当，文化品位良好"。这种表述不够明确的要求不易落到实处，也导致执法过程中存在的弹性空间较大。

目前，媒体刊播的部分公益广告形式单一，缺乏创意，难以"入耳、入脑、入心"，这与《暂行办法》片面强调刊播数量和时段（版面）不无关系，客观上造成了媒体公共资源的浪费。

（3）对于互联网公益广告的规定缺乏针对性。

《暂行办法》对于政府网站、新闻网站、经营性网站的规定也明显滞后。该法规要求，"应当每天在网站、客户端以及核心产品的显著位置宣

---

[1] 倪崛：《如何使企业自觉成为公益广告活动的主体？——试论我国公益广告的定义》，《中国广告》2020年第12期，第69页。

传展示公益广告。其中，刊播时间应当在 6:00 至 24:00 之间，数量不少于主管部门规定的条（次）"。实际上，互联网平台具有细分度高、内容海量、非线性播出等特点，"显著位置"是个模糊的提法，刊播时间也并非关键因素。此外，《暂行办法》对于原创和展示公益广告的要求也比较笼统——"鼓励网站结合自身特点原创公益广告，充分运用新技术新手段进行文字、图片、视频、游戏、动漫等多样化展示，论坛、博客、微博客、即时通讯工具等多渠道传播，网页、平板电脑、手机等多终端覆盖，长期宣传展示公益广告"，在实践中也难以落到实处。

2023 年 5 月 1 日起施行的《互联网广告管理办法》虽然提出"国家鼓励、支持开展互联网公益广告宣传活动，传播社会主义核心价值观和中华优秀传统文化，倡导文明风尚"，但并未在发布位置、原创作品、流量引导、专区设置等方面做出具体规定。

由此可见，在两部法律规定中，互联网公益广告尚未完全纳入行业监管范围，从而导致"网络平台对公益广告制播的主动性积极性不够，没有充分利用平台优势，真正打造出公益广告的网络舆论阵地，并未与传统媒体真正形成网下网上宣传合力"①。

（4）对于企业、广告公司参与公益广告活动的支持力度不足。

陈徐彬指出，我国由政府拨款、企业捐款与慈善机构捐款相结合的筹资方式，在实际操作中困难重重，融资力量有限这一问题尤为突出；应该立法制定优惠政策，鼓励企业、媒体积极投资、播放公益广告。②

目前，在税收方面，对于企业、广告公司参与公益广告活动，仍然没有减免方面的支持措施。2009 年，杨景越、杨同庆建议在《广告法》中明确将公益广告视同公益捐款，享受免税待遇。③ 2020 年，中央广播电视总台公益广告部主任王佐元仍在强调这一问题，"政府主导型的缺点在于其资金募集和管理机制不够灵活，难以真正调动社会力量对于公益广告事业的积极性"，由此导致"制作方和发布方都经常处于亏损的境地"。④

---

① 和群坡等：《2018 年中国广电公益广告发展研究报告》，中国传媒大学等编著：《中国公益广告年鉴（2014 年—2019 年）》，中国广播影视出版社 2020 年版，第 98—102 页。

② 陈徐彬：《中国没有"公益广告"？》，《广告大观（综合版）》2007 年第 5 期，第 22 页。

③ 杨景越、杨同庆：《广告法增加公益广告规定的建议》，《广告人》2009 年第 11 期，第 143—144 页。

④ 王佐元：《融媒体公益广告的国际交流——以政府主导型体制为例》，中国传媒大学等编著：《中国公益广告年鉴（2014 年—2019 年）》，中国广播影视出版社 2020 年版，第 107—108 页。

(三) 奖惩不够分明

这突出表现在对于支持公益广告事业的做法没有具体的鼓励政策，对于违反有关规定的做法缺乏明确的处罚措施；对责任的界定不够清晰，容易导致实施过程中出现推诿责任的情况。

例如，国家市场监督管理总局在关于 2020 年度公益广告发布情况的报告中，介绍了抽查概况，对抽查中存在的问题进行了分析，但最后只提出了"工作建议"，而不是具体的处罚和整改措施。[1]

---

[1] 《部分传统媒体和互联网媒介公益广告发布情况抽查报告（2020 年度）》，https://www.cqn.com.cn/zj/attachment/2020-12/31/c25f658d-e7fc-4e5e-a151-700891932228.pdf，2024 年 3 月 28 日访问。

第三章　公益广告运作机制

与商业广告一样，公益广告也是通过具体的活动实现其功能的，这种活动基于组织和策划，表现为一系列专业化运作流程。

在中国，由于没有与美国的广告委员会（AD Council）、日本公共广告机构（AC Japan）相类似的独立运作的公益广告机构，所以公益广告活动的组织和实施呈现出多元化的状况。

第一节　公益广告活动组织机制

中国公益广告活动的组织方大致可以分为五类：党和政府、媒体、非营利组织、行业协会，以及企业。

一、党和政府的公益广告活动组织机制

（一）活动类型

党和政府组织的公益广告活动一般包括综合性公益广告活动、专题性公益广告活动、创建文明城市宣传，以及公益广告大赛等。

1. 综合性公益广告活动

在国家层面，最早组织大规模公益广告活动的部门是国家工商行政管理局。这是因为新中国成立后，广告活动被视为商业活动的组成部分，因而一直由工商部门进行监管，1994年《中华人民共和国广告法》明确规定"县级以上人民政府工商行政管理部门是广告监督管理机关"。尽管公益广告和商业广告的运作方式不尽相同，但同属于广告大类，因而从中央到地方，工商行政管理部门成为公益广告活动的主要组织者之一。

1996年，国家工商行政管理局组织了"中华好风尚"主题公益广告月活动；1997年，组织了"自强创辉煌"主题公益广告月活动。此外，工商行政管理部门还经常与媒体、行业协会、政府有关部门共同组织公

益广告活动。

从 2000 年开始，中央文明办和国家工商行政管理局开始联合举办全国性公益广告活动，有时国家广电和新闻出版部门也参与进来。这些活动包括"树立新风尚、迈向新世纪""全国思想道德公益广告大赛""迎奥运讲文明树新风公益广告征集比赛""我们心连心、同呼吸、共命运，夺取抗震救灾的伟大胜利""讲文明树新风"等主题宣传活动。

2. 专题性公益广告活动

随着公益广告发挥的作用日益显著，党和政府越来越意识到公益广告可以成为一种推进政令实施、加强与人民群众沟通的手段，能够有效地配合其中心工作。因此，一些政府部门经常结合工作重点，组织公益广告活动。其中，影响较大的活动包括：2001 年 6 月，最高人民检察院主办的"预防职务犯罪"公益宣传广告作品征集活动；2003 年 4 月，国家环保总局等部委联合举办的"全国环境保护公益广告大赛"；2003 年 8 月，国家国防动员委员会等部门联合组织开展的"国防教育神州行"公益广告宣传活动；2004 年 6 月，中央纪委举办的全国首届反腐倡廉公益广告大赛；2007 年 4—7 月，国家税务总局举办的首届全国税收公益广告大赛；2007 年 11 月，公安部举办的全国消防电视公益广告评选；2008 年 5 月，全国普法办主办的"法制宣传公益广告征集活动"；以及 2009—2010 年全国"人口·家庭·健康"公益广告征集大赛；等等。

3. 创建文明城市宣传

地方政府的公益广告活动常常会和文明城市创建结合在一起。这是因为，中央文明办既是创建文明城市的评选机构，又是公益广告活动的管理机构，在文明城市创建的测评体系中有对于刊播公益广告的专门要求。

以 2021 年为例，全国文明城市（地级以上）测评体系由 9 个测评项目、72 项测评内容、140 条测评标准组成。其中，"制作刊播展示公益广告"部分的标准包括"传统媒体、网络媒体、新媒体平台持续刊播公益广告；设计制作与城市景观相融合、与城市历史文化相承接、与市民接受方式和欣赏习惯相契合的公益广告；在社会公共场所、公共交通工具、建筑工地围挡等显著位置刊播展示"。此外，在"深化文明村镇创建"部分，还将"因地制宜开展农村户外公益广告宣传"作为标准之一。具体到县级文明城市测评体系中，在"制作刊播展示公益广告"部分，又增加了"县级融媒体持续刊播公益广告"的条款。

从宏观层面上来看，公益广告是文明城市测评体系的重要指标之一，占到文明城市测评分数的 1/4 左右。①

4. 公益广告大赛

地方政府根据宣传领域和行政管理的需要，开展具有本地特色的公益广告活动，建立起一套具有本地特色的公益广告活动组织机制。延续了十八届的深圳市"设计之都"公益广告大赛就是一个代表性案例。

2005 年，深圳市开展了首届公益广告创意设计大赛。从此，深圳市政府相关部门牵头组织公益广告大赛成了例行工作。以"和谐社会、美好家园"为主题连续举办了前四届大赛。为进一步提升大赛的规模和档次，从第五届起，大赛更名为"设计之都（中国·深圳）公益广告大赛"，在全球范围内征集优秀公益广告作品。2023 年 9 月，第十八届设计之都（中国·深圳）公益广告大赛以"文明·进步·责任"为主题，征集平面类、视频类、音频类、互动类公益性质作品。目前，历届大赛征得的作品总数已超过 24 万件。②

（二）主题设置

党和政府组织的公益广告活动，一般都是根据每年的全国宣传部长会议精神，围绕其中心工作而开展。我们以 2024 年为例，具体分析公益广告主题的设置流程。

2024 年 1 月 3 日，全国宣传部长会议在京召开，强调"要以习近平新时代中国特色社会主义思想为指导，全面贯彻落实党的二十大和二十届二中全会精神，深入学习贯彻习近平文化思想，深刻领悟'两个确立'的决定性意义，增强'四个意识'、坚定'四个自信'、做到'两个维护'，紧紧围绕推进中国式现代化这个最大的政治，牢牢把握新时代新的文化使命，聚焦聚力用党的创新理论武装全党、教育人民的首要政治任务，发展壮大主流价值、主流舆论、主流文化，为全面推进强国建设、民族复兴伟业提供坚强思想保证、强大精神力量、有利文化条件"。

1 月 3 日至 4 日，全国网信办主任会议在京召开。会议强调，要不折不扣落实习近平总书记重要指示批示精神和党中央重大决策部署，持续用习近平新时代中国特色社会主义思想凝心铸魂，不断巩固壮大网上主

---

① 黄玉波、李梦瑶：《城市公益广告管理的运行模式、长效机制与评价体系——以深圳市为例》，张殿元主编：《公共话语建构：数字公益广告中的"国家叙事"》，上海交通大学出版社 2022 年版，第 125 页。

② 《第十八届设计之都（中国·深圳）公益广告大赛佳作选出》，https://gbdsj.gd.gov.cn/gkmlpt/content/4/4341/mpost_4341076.html#1862，2024 年 7 月 2 日访问。

流思想舆论,坚决防范化解网络意识形态风险挑战,持续提高网络综合治理效能,全面推进国家网络安全体系和能力现代化,以信息化发展新成效助力高质量发展,大力推进网络空间法治化,积极开展网络空间国际交流合作,提升网信系统党的建设和干部队伍建设能力水平,以网信事业高质量发展的实际行动和成效,为全面推进强国建设、民族复兴伟业作出应有贡献。

1月3日至4日,全国广播电视工作会议在京召开。会议强调,要以习近平文化思想为根本遵循,深刻把握广电工作的新形势新要求,落实全国宣传思想文化工作会议、全国宣传部长会议精神和党中央的重大决策部署,把握信息化浪潮和科技发展趋势,直面行业自身面临的问题挑战,迎难而上、开拓进取,努力谱写中国式现代化的广电崭新篇章。

1月20日,国家广播电视总局办公厅印发的《关于做好2023年度广播电视公益广告扶持项目评审工作和2024年公益广告宣传工作的通知》要求:要紧紧围绕主题主线,围绕重要时间节点,牢牢把握正确的政治方向、舆论导向和价值取向,统筹考虑,精心安排,切实把公益广告宣传纳入宣传工作总体部署。要实施重点选题计划,拓宽选题范围,加强创作指导,积极采取公益广告大赛、专题征集展播、主题作品定制等举措,推出更多题材多样、创意新颖、制作精良的优秀作品。要统筹大屏小屏,严格执行广播电视播出机构公益广告播出各项规定要求,加强全媒体传播,促进国际传播,提升传播效果。要强化政府引领扶持,促进交流合作,积极支持社会各界广泛参与公益广告创作播出,推动广播电视公益广告宣传取得更大成效。

(三)组织形式

一般来说,党和政府组织公益广告活动的形式为:中央或地方文明办、工商管理部门通过会议和文件布置工作,主流媒体(尤其是中央和省级广电媒体)积极响应,下级工商部门和地方广告协会负责活动组织和作品征集,最后是有关部门的领导和学界、业界专家评奖。在作品征集过程中和评奖结束之后,有时还会选择一些优秀作品进行刊登或展播。

在中国出现具有现代意义的公益广告之前,政治宣传在某种程度上承担着公益广告的一些社会功能。[①] 基于这样的渊源,中国公益广告活动

---

① 倪宁、雷蕾:《公益广告独立性发展及制约因素分析》,《现代传播》2013年第5期,第116页。

的组织还是主要依靠党和政府。在这类公益广告活动中，紧扣当年的宣传重点是其鲜明特色。

二、媒体的公益广告活动组织机制

在中国，传统的主流媒体，尤其是广播电视媒体，不仅为公益广告提供了刊播平台，也是公益广告活动的倡导者、组织者和实践者，成为公益广告事业发展的中坚力量。

具体来说，媒体主要通过创办公益广告栏目、举办公益广告大赛、日常制作和刊播公益广告等方式来组织公益广告活动。

（一）创办公益广告栏目

电视媒体在第一套节目的黄金时段，设置公益广告栏目，是公益广告事业发展初期的普遍做法。

电视媒体通过创办公益广告栏目，保证了公益广告播出时间，形成了稳定的创作团队，在"寓教于乐"的方针指引下，不仅完成了宣传任务，也提高了栏目的收视率，提升了电视台的形象，在一定程度上改变了社会大众对于电视广告的负面印象。

但是，这种模式有其局限性。首先，电视台用于播出公益广告的时段具有商业价值，设立公益广告栏目是以牺牲商业广告收入为代价的。其次，公益广告创作是一项专业性很强的工作，广告部门同时承担商业广告和公益广告两项业务，很难兼顾。最后，栏目的正常运转需要稳定的经费来源，商业广告的收入不能直接用于公益广告栏目运营，而财务部门划拨的公益广告栏目经费也不充裕。随着"事业单位，企业化管理"政策的推行，媒体机构开始自负盈亏，卫视"上星"、落地和频道扩张都需要巨额资金，电视广告成为媒体生存和发展的支柱，黄金时段的商业价值也不断攀升。在这样的背景下，公益广告栏目逐渐退出黄金时段和卫视频道，重播次数也难以保证。制播分离政策的实施，又使得电视台的广告部门不再承接制作业务，创作人员只能分流。

此外，传播环境也发生了显著变化。在媒体渠道单一、社会大众的文化娱乐方式有限的年代，公益广告栏目的"寓教于乐"形式，受到了观众的欢迎。然而，随着媒体渠道的不断增多、娱乐形式的日趋丰富，社会大众的选择面越来越宽，欣赏品位也在不断提高，对于栏目的艺术性提出了更高的要求。

在以上因素的综合影响下，到了20世纪90年代后期，电视媒体的公益广告栏目逐渐式微，有的停办，有的走上了商业化运作的道路。

（二）举办公益广告大赛

一些实力雄厚、影响力大的媒体，常常以举办大赛的形式征集优秀作品或创意，调动社会大众参与。举办公益广告大赛一般有自行举办、与党和政府有关部门合办以及与其他媒体机构联办等方式。

1. 自行举办

2013年4月，中央电视台启动了全国电视公益广告大赛项目，这是央视建台55年来首次自行组织全国性电视公益广告大赛，面向社会各界征集作品和创意脚本。针对非专业人群，特别设置了"广告创意脚本奖"和最佳网络人气奖，优秀的创意脚本央视将购买版权，并出资拍摄制作。此后，这个比赛每两年举办一次，又举办了两届。

2015年6—9月，中国国际广播电台举办了首届CRI环球公益广告创意大赛，以"中国立场、世界眼光、人类胸怀"为主题，面向全球征集公益广告创意作品。

2. 与党和政府有关部门合办

2001年3月，中央电视台与中宣部等部委联合举办了"全国思想道德公益广告大赛"。2002年2月1日，中央电视台与中央文明办等共同举办了"首届CCTV电视公益广告大赛"。人民日报社与中央文明办等部委联合主办的"全国公益广告大赛"，从2013年至2022年已经举办了6届。

3. 与其他媒体机构联办

2010年2—10月，黑龙江电视台、贵州电视台、甘肃广播电视总台三台联合举办首届中国电视"金鸽奖"公益广告大赛。这个赛事以"公益传播、播种公益"为宗旨，以"汇聚中国力量、共舞公益风尚"为主题，以推动公益实效化为最终目标。首届赛事共收到参赛作品560件，位居历年来同类赛事榜首，其间对优秀作品进行了两万余次展播，在全国范围内引起了强烈反响。从第二届开始，该赛事由黑龙江电视台和贵州电视台联合举办。截至2014年，"金鸽奖"共举办了四届。

（三）日常制作和刊播公益广告

根据党和政府关于公益广告管理的相关规定，各种媒体都有刊播公益广告的义务，要在播出量、时段、版面等方面达到相应标准。因此，公益广告的制作与刊播是媒体广告部门的日常工作内容之一。

以中央广播电视总台为例，2022年上半年推出了《美好中国年，建功新时代》《奋进新征程，建功新时代》《数字新时代，美好新未来》《"十四五"开启新征程》《民族要复兴，乡村必振兴》《让绿色低碳生活成为新时尚》《保护知识产权，就是保护创新》《保护生物多样性，共建生命共同体》《珍惜粮食，反对浪费》《在湖州，看见美丽中国》，以及家风家教系列、二十四节气系列、时代楷模系列等公益广告。

（四）整合公益广告、栏目和活动

2008 年，山东电视台推出了大型公益系列活动"公益总动员"，以"人文守望、情义传播"为宗旨，分为"公益风尚"和"公益行动"两部分。其中，"公益风尚"以引领社会风尚为目的，整合社会资源，征集公益广告作品；"公益行动"联合中国红十字会、中华慈善总会等机构，每月推出大型主题公益性活动。[①] 为此，山东电视台专门创办了《公益总动员》栏目，打造全年贯通的公益传播平台。据统计，该台当年共投入价值数千万元的播出资源，播出了 70 多个公益广告，吸引了众多品牌客户参与。这个栏目与企业的合作形式有两种：一是围绕企业形象、理念、需求，制作播出具有公益价值的商业广告，二是公益广告后带冠名企业标识。

三、非营利组织的公益广告活动组织机制

随着经济、社会的进步，非营利组织对公益广告发展的推动作用逐步显现出来。它们设立了许多与自身所在领域相关的公益项目，并将公益广告作为推广公益项目的重要方式之一。从合作营销的角度来看，非营利组织与政府、企业及其他公益组织的合作，能够达到优势互补、资源共享，最终营销绩效提高的目的。[②]

非营利组织的公益广告活动主题一般是根据其所在的公益领域的特点，结合当前重点实施的公益项目确定。野生救援的做法具有一定的代表性。

野生救援是在美国注册的非营利、非政府的国际环保组织，使命为终结濒危野生动物非法贸易和减缓气候变化，工作重点是通过公益宣传促进公众意识的提升，从而减少对野生动物制品的消费需求、减少碳排放行为，以达到保护野生动物和保护环境的目的。

---

① 封万超：《山东卫视"公益总动员"风行大江南北》，《中国广告》2007 年第 12 期，第 162 页。

② 董文琪：《非营利组织的合作营销研究》，中南大学出版社 2007 年版，第 4 页。

自 2004 年在中国开展工作以来，野生救援已经逐渐成长为中国最具影响力的公益组织之一。这一项目每年都能争取到价值数百万美元的免费广告空间、明星代言片和其他服务，因此成为野生动物保护方面世界上成本率最高的宣传项目。

在 2023 年出境旅游重启后的第一个长假到来之前，野生救援与中国野生动物保护协会（CWCA）携手多家企业、媒体和互联网平台共同发布了公益宣传片《让旅行只留美好，不留遗憾》。该公益宣传片共有三集，即个人游篇、亲子游篇和团队游篇，旨在呼吁公众在出境旅游时不要购买象牙等野生动物制品作为旅游纪念品，通过践行文明旅游为保护濒危野生动物出一份力。[①]

非营利组织普遍面临较大的筹款压力，用于传播方面的经费有限，加上主流媒体对作品的审查比较严格，它们策划、制作的公益广告很难在中央和省市级报纸、广播、电视媒体上刊播。因此，这些机构除了积极与传统媒体沟通，争取免费或优惠刊播之外，基于其官方网站以及社会化媒体平台（如微博、微信、音视频网站）的账号组织公益广告活动，就成为普遍的做法。

四、行业协会的公益广告活动组织机制

（一）广告行业协会

在社会力量组织公益广告活动方面，各级广告协会起到了引领作用。牵头组织公益广告活动也是中国广告协会及地方广告协会的重要工作内容之一。

中国广告协会创立于 1983 年 12 月 27 日，是中国广告界的行业组织，也是经民政部登记注册的非营利性社团组织。

2009 年，为了贯彻落实《关于深入开展民族团结宣传教育活动的意见》和 8 月 24 日中宣部、教育部、国家民委召开的有关电视电话会议精神，中国广告协会主办了"民族团结专题公益广告大赛"，通过优秀公益广告作品的联展联播和评比巡展，在全国范围内开展以"民族团结"为主题的公益广告传播活动。

一些地方性的广告协会也在组织公益广告活动方面进行了有益探索。

---

① 《我是@野生救援 WildAid 申报#2023 年度慈善盛典# 年度优秀传播案例》，https://weibo.com/u/1960155261?is_ori=1&is_text=1&is_pic=1&is_video=1&is_music=1&is_forward=1&start_time=1701360000&end_time=1701792000，2024 年 3 月 28 日访问。

2014年，无锡市广告协会会同无锡国家广告产业试点园、无锡市广播电视集团等，率先在国内发起设立首个公益广告基金——无锡太湖公益广告发展基金。该基金是地方性非公募基金，希望借此契机探索公益广告的激励机制，积极争取社会力量的支持。该公益广告发展基金的收入来源包括社会捐赠、政府资助、投资收益等，主要用于资助公益广告设计、创作和播放以及公益广告学术研究，开展与国内外公益广告界的交流合作。同时，无锡太湖公益广告发展基金会还建立了"公益广告人人网"。网民点击"公益广告人人网"上企业用户发布的商业广告后，相关企业根据流量支付费用，以此来募集公益广告资金。

1999年，由中国广告协会主办、厦门大学新闻传播系承办的中国广告协会学院奖（以下简称学院奖）评选活动启动，现已成为知名的全国性大学生广告专业奖项，每年分春、秋两季举办，活动覆盖全国23个省、4个直辖市、5个自治区、2个特别行政区以及海外共计1830所高校的5309个院系，每年有超过150万名师生直接参赛，收到来自各高校学子的40多万件创意作品。[①] 学院奖征集作品的类别中就包括公益广告。例如，2020年第18届"学院奖"特别企划"你好，中国就好"公益作品征集活动，合作伙伴为50多家企业，五大综合主题包括爱国、食品安全、健康、环保、爱心等。

（二）企业协会

随着机构实力的不断增强和社会责任意识的逐步提高，企业协会也开始成为公益广告活动的组织者。中国企业家俱乐部投资拍摄的中国绿色公司系列公益广告片就是一次有益的探索。

2008年4月6日，作为中国绿色公司项目的重要倡议环节，中国绿色公司系列公益广告片隆重开机。该系列公益广告片以"我们在其中，我们在行动"为主题，旨在通过公益广告的形式唤起低碳经济下的企业绿色竞争力、企业责任感和公众的低碳环保意识，倡议企业与公众参与实践行动。这是中国企业家群体应对全球气候变暖的第一次联手行动。4月22日地球日当天，中国绿色公司系列公益广告片在中国绿色公司首届年会上举行了隆重的首发式，随后在新浪网、电视台、院线、楼宇电视等平台播出，套拍的平面广告也同时在户外、纸媒亮相。

---

① 《赛事介绍：中国大学生广告艺术节学院奖》，https://www.5iidea.com/xyj，2024年3月28日访问。

但从整体来看，企业协会组织的公益广告活动为数不多。一方面，企业对公益广告的作用依然认识不足；另一方面，相当一部分企业协会的影响力、凝聚力和组织力也有待增强。

（三）高等教育学会

中国高等教育学会举办的全国大学生广告艺术大赛（以下简称大广赛）是与学院奖齐名的全国性大学生广告赛事。作为教育部大学生文科竞赛类项目，该赛事于2005年举办第一届，遵循"促进教改、启迪智慧、强化能力、提高素质、立德树人"的竞赛宗旨，以政府指导、学生为主、企业参与、专家评审、专业机构举办为形式。截至2024年4月，已经成功举办了15届共16次赛事，全国共有1857所高校参与其中，超过百万名学生提交作品。目前，参赛作品分为平面类、视频类、动画类、互动类、广播类、策划案类、文案类、UI类、科技类、营销创客类、公益类11个大类。[①]

五、企业的公益广告活动组织机制

20世纪90年代初期，一些企业只是将赞助公益广告活动视为一种政府公关和媒体公关手段。随着"企业社会责任"这一理念得到社会各界的认同，越来越多的企业开始将组织和参与公益广告活动作为一种平衡商业活动与社会责任的有效措施。

从1999年6月开始，哈药集团制药六厂的"盖中盖"广告在各大媒体上频繁刊播，社会大众耳熟能详，但也深受其扰。2000年7月，涉及"希望工程"主题的"巩俐阿姨"广告片也遭遇麻烦。为了改善社会形象，哈药集团制药六厂从2001年1月1日开始，在全国绝大多数省市级电视台全天候（包括黄金时段）播出系列公益广告，每月一个主题，全年共12个版本，每天播出2—5分钟，公益广告费用约占其全年广告费的一半。这次公益广告活动由该厂牵头，组织广告界专家进行探讨并确定主题，再联络广告公司据此制作广告（主要是电视广告），然后确定播出的媒体平台，对广告作品进行审定，支付制作和刊播的费用。[②] 这一活动在一定程度上减少了社会大众对该厂"狂轰滥炸"式商业广告投放行为的不满，改善了企业形象。

---

① http://www.sun-ada.net/，2024年4月10日访问。
② 倪宁、陈绚：《讲个"改善形象"的故事》，《中国建材》2005年第12期，第74页。

但是，这种以公益广告的名义实现商业目标的"打擦边球"的做法，也引发了社会大众的抵触情绪。此外，仅靠冠名的形式已经无法满足一些大型企业的品牌形象建设需求。为此，它们开始考虑将公益广告整合到企业社会责任项目之中。

例如，中国石化长城润滑油和北京交通广播联合主办了"畅行北京，润滑交通"文明出行大型公益宣传活动（2011）；哈药集团三精制药携手环境保护部宣传教育中心联合发起了"送三精蓝瓶回家"环保回收活动（2011）；山东临工与央视联合制播"中国好司机"系列公益广告，倡导安全驾驶（2014）。这些企业出资制播的公益广告都具有贴近企业所从事产业的特点，与企业的其他营销传播活动相呼应。

总体来看，中国企业的公益广告实践与中国的经济总量并不匹配，相当数量的企业组织公益广告活动的积极性尚有待提高。

六、特殊时期公益广告活动组织机制

在地震、水灾等特大自然灾害和大型公共卫生事件发生时，党和政府会通过主流媒体，及时组织公益广告活动，呼吁社会各界广泛参与，从而起到凝聚人心、鼓舞斗志、振奋精神的作用。

2003年，在全国人民顽强抗击非典型肺炎的战斗中，中央电视台推出了《生命永不言败》等近20支抗击"非典"公益广告片，在各频道播放。同时，央视与众多媒体联动，将公益广告放在网站、平面媒体上刊出。此外，央视还与新浪、央视国际等媒体一起开展了Flash有奖征集活动；与《北京青年报》一起为一线医护人员402医院的王艳琴所作的《承诺》征集作曲，并邀请歌手拍成MTV在中央电视台各套节目播出。在这个过程中，有众多企业怀着强烈的社会责任心参与到公益广告的行动中来。[①]

2008年5月12日，四川省汶川县发生了重大地震灾害，给人民群众的生命、财产造成了重大损失。为了激励广大干部群众万众一心、众志成城地投身抗震救灾工作，2008年5月底至6月底，中央宣传部、中央文明办、国家工商总局、国家广电总局和新闻出版总署联合组织开展了"我们心连心、同呼吸、共命运，夺取抗震救灾的伟大胜利"主题公益广告制作刊播活动。

---

① 《公益广告·赞誉声高》，http：//www.cctv.com/program/tongying/20030606/100617.shtml，2024年3月28日访问。

在此期间，国家新闻出版总署报纸期刊出版管理司发布了《关于组织刊发"我们心连心、同呼吸、共命运，夺取抗震救灾的伟大胜利"主题公益广告的通知》，要求人民日报、光明日报、经济日报、工人日报、中国青年报、中国妇女报等中央新闻单位组织有实力、有社会责任感的广告企业设计制作公益广告，6月初开始陆续在上述报纸开设专版集中刊发；各地新闻出版局及时通知省级、地市级党报及其所办晚报和其他都市类报纸，6月中旬开始至6月30日各自集中刊发"我们心连心、同呼吸、共命运，夺取抗震救灾的伟大胜利"主题公益广告平面作品。中央电视台与其他部门联合制作播出了"我们心连心、同呼吸、共命运，夺取抗震救灾的伟大胜利"主题公益广告，大力弘扬伟大的抗震救灾精神。人民网、新华网等重点新闻网站也刊播了经过审核遴选的平面作品。

第二节　公益广告活动实施机制

在实施机制方面，中国的公益广告活动既不同于商业广告活动，也有别于欧美、日韩的公共服务广告和公共广告活动，具有鲜明的本土特色。

一、公益广告经费来源

（一）党和政府部门公益广告的经费来源

党和政府部门组织的公益广告活动的经费主要来自财政预算，用于创意、制作，一般不包括播出费用（常常通过与宣传部门或媒体的沟通、协调解决）。

随着社会主义市场经济体制进一步完善，一些政府机构组织的公益广告活动也开始引入企业赞助，进行市场化运作，但活动主题的设定、活动的具体组织一般仍然由政府部门主导。这在一定程度上解决了开展公益广告活动所面临的经费问题，但也留下了公益广告商业化的隐患。

（二）媒体组织公益广告的经费来源

1. 自筹资金

目前，报纸、广播、电视媒体公益广告的制作与发布经费基本是自行解决。由于广告部门实施的是收支两条线政策，商业广告的收入必须全部上缴，再由财务部门下拨公益广告经费，因此预算比较紧张，这在一定程度上影响了公益广告创作的质量。

2. 企业赞助

企业赞助公益广告活动一般是有组织、有计划的，具有一定的营销公关性质。具体形式是企业与媒体机构合作，承担公益广告的制作费用，赢得展示企业或品牌名称、标识（Logo）的机会，借以树立良好的形象。一般来说，这种资助采用项目制的形式，具有短期性、不固定性等特征。

3. 商业招标

通常做法是，媒体将公益广告纳入每年的广告招标方案，与商业广告时段或版面一起招标。

例如，2009年7月，重庆电视台对公益广告栏目进行招标，根据不同的行业，有针对性地策划系列公益广告，结合各方面公益资源的优势，将公益广告与企业形象尽可能结合起来，以求给企业带来最佳的推广效果。[①] 山东电视台的《公益总动员》也采用了招标的方式。

4. 组织拍卖活动

以拍卖广播电视播出时段或报纸、户外广告版面（广告位）的形式进行。

1995年8月7日，国内首届公益广告拍卖活动由杭州日报等三家新闻单位主办，杭州市拍卖行承拍，杭州市公证处公证，76家企业参拍。4种媒体33件拍卖品中，有15件报纸平面广告，6则电视三维广告，8条电台广告，4块户外路牌广告。[②] 1996年2月28日，大连电视台将其制作的公益广告《欢呼生命辉煌》进行拍卖，开创中国电视公益广告公开拍卖的先河。

（三）非营利组织开展公益广告活动的经费来源

非营利组织开展公益广告活动的经费来自各种渠道的公益筹款。"慈善捐赠机制包括捐助行为具体的促发机制、利益驱动机制、组织动员机制、社会信任机制、媒体引导机制、筹资机制、管理机制、监督机制、激励机制等"[③]，流程比较复杂。一般来说，在非营利组织整体的传播活动预算之中，用于公益广告的额度相对较少。

---

① 中国传媒大学等编著：《中国公益广告年鉴（1986年—2010年）》，中国工商出版社2011年版，第96页。

② 袁亚平、金顺根、郑天行：《杭城呼唤公益心》，《人民日报》1995年9月9日，第5版。

③ 高鉴国等：《中国慈善捐赠机制研究》，社会科学文献出版社2015年版，第7页。

二、公益广告创作机制

（一）党和政府部门公益广告的创作机制

党和政府部门发布的公益广告有的由下设的宣教部门创作，有的则委托给媒体创作。个别地方会以政府采购的形式进行招标，将公益广告的创作业务外包，深圳市就采用了这种做法。

深圳市委、区委宣传部通常会在年初提出当年的公益广告项目规划，广告主题与内容的选择往往与政府部门的特性息息相关。随后政府通过采购的方式，交由官方媒体、企业或是社会组织进行制作呈现。深圳市委与深圳大学传播学院、深圳广播电影电视集团、名师工作室等十余家单位签署了深圳公益广告创作基地战略合作框架协议。以深圳大学为例，公益广告创作基地为公益广告项目提供课题调研、策划、创意等智力支持，深圳市委则为基地提供资金、政策支持，共享平台资源。[①]

（二）媒体公益广告的创作机制

1. 对外分包

将公益广告的创意、制作业务分包给直属的或外部的广告公司，也是广播电视媒体常用的方式，具体可以分为整体分包和项目委托两种合作形式。

北京电视台的《广角镜》、中央电视台的《广而告之》栏目曾经采用整体分包的运作模式。1995 年 4 月，桑夏广告公司与北京电视台签订承包《广角镜》栏目 10 年的合同，获得了《广角镜》栏目的独家代理权。按照合同规定，在北京电视台不提供资金的情况下，桑夏广告公司每年须向北京电视台提交 20 部可供播出的公益广告新片。[②] 1996 年，广而告之公司成立，专门设立了公益事业部，组织公益广告团队来运作，致力于将公益营销和公益广告联结，用营销活动的利润来支持《广而告之》栏目的运作和发展。[③]

[①] 黄玉波、李梦瑶：《城市公益广告管理的运行模式、长效机制与评价体系——以深圳市为例》，张殿元主编：《公共话语建构：数字公益广告中的"国家叙事"》，上海交通大学出版社 2022 年版，第 121、124 页。

[②] 杨慧：《张曦与桑夏：公益广告的广角镜》，中国传媒大学等编著：《中国公益广告年鉴（1986—2010 年）》，中国工商出版社 2011 年版，第 182—185 页。

[③] 马丽杰、韩琳：《王生成：中国公益广告的先行者》，中国传媒大学等编著：《中国公益广告年鉴（1986—2010 年）》，中国工商出版社 2011 年版，第 204—206 页。

近年来，项目委托开始成为一些主流媒体进行重大主题公益广告创作时所采取的做法之一。具体流程是：（1）媒体的广告部门根据当时的宣传重点，确定公益广告活动主题和经费来源；（2）通过创意比稿或直接委托的方式确定广告公司；（3）广告公司进行创意和制作；（4）经媒体审核通过后安排刊播。

目前，中央广播电视总台的电视公益广告创作，主要采用项目委托的方式。但是，由于电视台公益广告的制作成本相对较高，多数地方媒体难以负担，因而还是采用自行创作的方式。

2. 自行创作

目前，在报社、电台和绝大部分电视台，公益广告的创作任务还是由广告部门的员工承担。这些媒体一般都有自己的创作团队和制作部门，负责公益广告的创意、制作，以确保完成相关的政策和法规所要求的任务。

这种模式可以最大限度地降低成本，但与项目委托模式相比，作品的专业性和精良度难以保证。

3. 作品征集

公益广告文案和创意征集是媒体开展日常公益广告工作时常用的一种方式。

近年来，中央广播电视总台下的广播广告部门在解决公益广告作品来源问题方面，进行了有益的探索。具体做法是：将作品征集作为电台内部公益广告创意的补充；主题由广告部确定，征集对象为厦门大学、中国传媒大学等十余家高等院校的在校学生，征集到的优秀创意由广告部进行完善、制作、安排播出，并向入选者颁发奖金和证书。

目前，公益广告的征集范围已由高校拓展到全社会，作品类型也从广播广告拓展到电视广告。以2024年为例，中央广播电视总台在广播电视公益广告优秀文案有奖征集的启事中明确，主题设置包括重大主题（新中国成立75周年、澳门回归25周年、中华民族共同体意识等）、重要节日节气、文博主题、美丽中国、健康中国、乡村振兴、中国式现代化、社会主义核心价值观、中华优秀传统文化和其他主题（教育强国、粮食安全、碳达峰碳中和、社会文明、网络文明、食品安全、关爱女性、未成年人保护、无偿献血等社会关切问题）；创作要求为导向正确，创意具有原创性和冲击力，主题突出，语言鲜活，以小见大，情理交融，体现时代精神；入选文案奖金为3000元。①

---

① 《中央广播电视总台2024年广播电视公益广告优秀文案有奖征集启事》，https://baijiahao.baidu.com/s?id=1787229494920324884&wfr=spider&for=pc，2024年4月10日访问。

4. 集中创作

2013年,在中宣部、中央文明办、中央外宣办等七部委联合发文之后,中央媒体成立了以下几个全国性公益广告制作中心。

(1)"讲文明树新风"广播公益广告制作中心。

2013年初,"讲文明树新风"广播公益广告制作中心在中央人民广播电台成立。"讲文明树新风"广播公益广告制作中心的主要任务是:①根据中宣部、中央文明办的要求,承担设计制作供地方广播媒体刊播的公益广告通稿作品;②承担全国性的、旨在提高公益广告质量的重要征集活动的来稿集纳、组织登记,组织专家初评、筛选入围作品等基础性工作,以及遴选具备刊播水平的公益广告文案并进行制作的工作;③建立"讲文明树新风"广播公益广告作品库,实现全国广播媒体公益广告资源共享。由中央台公益广告制作中心提供的作品,在中国广播网"讲文明树新风"专栏设置广播公益广告作品库,供地方媒体免费下载、刊播。

(2)全国平面媒体公益广告制作中心。

2013年5月30日,由中宣部、中央文明办等六部委联合授权成立的全国平面媒体公益广告制作中心在人民日报社揭牌。全国平面媒体公益广告制作中心旨在提升平面媒体及其他公益广告创意策划的水平,加强创意、研究、策划、评奖,加强设计制作等人才队伍建设,为中国平面媒体公益广告发展提供人才储备、数据库、作品库,发布供全国各平面媒体刊用的公益广告通稿。①

(3)全国网络公益广告制作中心。

为更好地推动"讲文明树新风"公益广告宣传,中国网络电视台成立了"讲文明树新风"全国网络公益广告制作中心。制作中心牵头策划、制作网络公益广告,同时集纳其他媒体的优秀作品,搭建优秀公益广告作品的展示平台,形成公益广告作品通稿库,供全国各媒体无偿选用。同时,发动社会力量,联合全国的网络媒体同行、国内一流的制作团队、广告业界精英、全国高校、有社会责任感和爱心的企业和机构,共同制作和推出有社会影响力的网络公益广告精品,推动网络公益广告宣传常态化。该制作中心还与中央电视台公益广告部门形成深度合作,打通电视与新媒体两大平台的公益广告制作及刊播,放大了公益广告的传播价

---

① 《全国平面媒体公益广告制作中心在京成立》,《新闻战线》2013年第6期,第48页。

值和社会影响力。①

（三）政府的公益广告创作扶持机制

2014年，国家新闻出版广电总局设立了优秀广播电视公益广告作品扶持项目，旨在引导和鼓励社会各界参与广播电视公益广告创作和传播的积极性，提高广播电视公益广告创意水平和创作水准，扩大广播电视公益广告播出影响，提升宣传效果，促进形成广播电视公益广告持续发展的良性机制。《广播电视公益广告扶持项目评审办法（试行）》规定，广播电视公益广告扶持项目设广播类优秀作品、电视类优秀作品、优秀创意脚本、优秀传播机构等4项。每个扶持项目均设三个类别。扶持项目评审每年举办一次，对入选扶持项目的单位或个人颁发荣誉证书及专项扶持资金，并向社会公告。②

2019年，国家广电总局对评审办法进行了修订，修订后的《广播电视公益广告扶持项目评审办法》的指导思想是"要通过扶持项目评审工作，推出一大批导向正确、创意新颖、表现丰富，既继承传统文化，又体现时代精神、展现中华民族传统美德的优秀广播电视公益广告作品，不断提高公益广告质量"。扶持项目设广播类优秀作品、电视类优秀作品、优秀传播机构、优秀组织机构等4项，每年评审一次，对入选扶持项目的单位或个人颁发扶持资金和荣誉证书，对优秀组织机构颁发荣誉证书。新办法同时强调，专项扶持资金要严格按照有关规定专款专用，受资助的单位和个人应将专项扶持资金用于广播电视公益广告的创作、播出和再创作等。

近年来，一些省市的广播电视管理机构也参照国家广电总局的做法，因地制宜，推出了公益广告扶持项目。

三、公益广告发布机制

（一）传统媒体公益广告的发布机制

1. 自主决定

在1996年之前，媒体可以自主决定公益广告的发布日期、时段（版

---

① 《全国网络公益广告制作中心简介》，http://igongyi.cntv.cn/2013/04/22/ARTI1366613381503640.shtml，2024年3月28日访问。

② 《改革发展动态》第347期，https://www.mct.gov.cn/whzx/bnsj/zcfgs_bnsj/201503/t20150325_821928.htm，2024年3月28日访问。

面)、频次和发布量。当时,媒体尚未进行企业化转型,媒体市场的竞争还不激烈。广播电台、电视台没有实施频道化(频率化)运营,编播部门可以整体协调播出时间,除了在固定的时段外,还可利用空余的时段插播公益广告。

随着媒介产业化不断深化,广告时段(版面),尤其是黄金时段成了稀缺资源,在自主经营、自负盈亏的压力下,媒体不得不核算发布公益广告所占用时段的商业价值。这样一来,公益广告逐渐退出黄金时段,公益广告的发布就比较随意、零散,覆盖面、到达率和频次都难以保证。

户外媒体经营单位拥有公益广告刊播的自主权。以德高中国和雅仕维传媒集团为例,它们刊播公益广告的主要形式包括:(1)与公益组织长期合作、配合各类主题宣传、利用全国媒体矩阵扩大宣传;(2)自主创作和发布公益广告,如德高中国创意、制作动物保护和环境保护主题的互动式地铁广告,雅仕维传媒集团搭建平台、与乘客共创、增加互动等;(3)重大自然灾害和公共卫生事件发生后积极提供发布媒体进行应急宣传,如德高中国在汶川地震、雅安地震和新冠疫情发生后,在自身运营的机场、地铁和巴士媒体平台上统一发布公益广告,雅仕维传媒集团在新冠疫情期间,捐赠了价值近3亿元的媒体资源,在20余座城市全方位、多媒体、全天候刊播公益广告;(4)组织公益广告大赛,如上海申通地铁集团有限公司与上海申通德高地铁广告有限公司合作主办了上海地铁杯大学生公益广告创意设计大赛。[①]

2. 行政指令

1996年,国家工商行政管理局颁布了《关于开展"中华好风尚"主题公益广告月活动的通知》,强调广告发布者应积极为主题公益广告提供时间和版面,对省级以上电视、报纸的黄金时段、明显版位的公益广告发布量作了规定,指出由省级工商部门规定总发布数量。此后,中宣部、中央文明办、国家工商行政管理局、广播电影电视部、新闻出版署多次作了相关的规定。2015年修订的《中华人民共和国广告法》和2016年颁布的《公益广告促进和管理暂行办法》进一步强调和细化了这方面的规定。

2004年8月6日,国家广电总局公布了《〈全国优秀公益广告推荐

---

① 资料来源:德高中国提供的资料,2023年9月1日;雅仕维传媒集团提供的资料,2023年12月1日。

播放目录（第一批）〉的通知》，指出为满足有关播出机构的需求，《全国优秀公益广告推荐播放目录（第一批）》中的优秀公益广告已收入总局"广播电视公益广告备播节目库"并供免费播放（不含母带和邮寄费用）。

2018 年 6 月 13 日，国家广播电视总局发布《关于启用"全国优秀广播电视公益广告作品库"的通知》，指出"作品库将按要求汇集全国优秀广播电视公益广告作品，面向全系统、全社会宣传推广优秀作品，向全系统推荐播出并统计公益广告制播数据，对接'国家广播电视总局优秀公益广告'微信公众号和重点视听网站，为推动广播电视公益广告全方位、全媒体宣传提供有力保障"。

3. 成立联播网

2004 年 7 月，经国家工商行政管理总局批准，广而告之国际广告有限公司联合各地方市级以上电视台建立了"全国公益广告电视联播网"。[①]

2005 年 7 月，北京太合瑞视传媒广告公司与国内多家电视台合作，成立全国公益广告联播网。联播网以城市台为点，卫视台为线，点、线结合，为客户提供强势传播平台网。[②]

2009 年 10 月，黑龙江电视台、贵州电视台、甘肃广播电影电视总台设立中国公益广告联播平台。该平台旨在借助三省卫视覆盖叠加人口超过 15 亿的传播优势，通过中国电视"金鸽奖"公益广告大赛征集、筛选和展播优秀公益广告作品，在号召社会关注公益的同时，也为政府、企业构建一个传递爱心、回馈社会、宣传公益的媒体平台。

这种合作方式，在一定程度上扩大了公益广告的覆盖面，但由于其合作的松散性，合同条款对各方的约束性不强，在实践中并未达到理想的效果。

（二）互联网平台上的公益广告发布机制

互联网的发展突破了传统媒体刊播资源的局限，为公益广告的发布提供了新的平台。

目前，微博、微信、音频、视频网站已经成为非营利组织免费发布

---

① 中国传媒大学等编著：《中国公益广告年鉴（1986 年—2010 年）》，中国工商出版社 2011 年版，第 55 页。

② 王建雄：《全国公益广告联播网，打造公益广告传播平台》，《广告人》2005 年第 10 期，第 140 页。

公益信息的重要平台。例如，世界自然基金会（WWF）分别在微博、微信、抖音、贴吧、知乎、天猫、爱奇艺开设了官方账号，建立了官方网站，同时设计了富有趣味性的手机客户端，搭建了社会化媒体传播矩阵。① 而在网络音频方面，蜻蜓 FM 和喜马拉雅 FM 成为公益广告的主要发布平台。

党和政府机构、传统媒体积极拓展互联网传播业务。以中央广播电视总台为例，"央广公益"和"CCTV 公益传播"微信公众号正在逐渐成为公益广告发布的新渠道。

目前在互联网平台上，公益广告的来源主要为网民的自发性上传，发布时间、位置均比较随意，分布零散。整体而言，平台运营方对此积极性不高，提供的支持有限，系统、科学的发布机制尚未形成。非营利组织虽然积极发布公益广告，但是除了明星代言类之外，多数公益广告的浏览、播放、转发、评论量不超过两位数，影响力有限。

四、公益广告评估机制

目前，我国的公益广告活动评估主要采用刊播量监测和作品评奖两种方式。

（一）刊播量检测

《公益广告促进和管理暂行办法》要求，掌握各主要媒介履行公益广告发布义务情况，督促落实公益广告发布主体责任，提高公益广告创作和传播的社会参与度。

为此，国家市场监督管理总局和国家广播电视总局定期进行公益广告发布情况评估。例如，市场监管总局曾委托中央宣传部信息中心开展 2020 年度公益广告发布情况抽查，范围包括国家级和省级电视媒体共 288 个频道，国家级和省级广播共 255 个频率，中央级主要报纸、省级党报和其他报刊共 126 种，政府网站、门户网站、行业网站、论坛和娱乐网站等网站共 500 家。

（二）作品评奖

与商业广告的市场效果评估不同，中国的公益广告活动主要采用作品评奖的方式，评委由来自政府机构、企业、广告公司、学界等不同领

---

① 陈秋晔：《基于社会化媒体平台的公益组织营销传播研究——以"WWF 世界自然基金会"为例》，《广告大观（理论版）》2019 年第 4 期，第 86 页。

域的专家组成。评奖结果可以反映作品的导向性，以及创意、文案、制作水平，但缺点是无法对公益广告的触达、认知和态度改变等方面的实际传播效果进行评估。

近几年，卫生健康部门开始针对控烟公益广告活动进行效果评估，采用的评估方式相对比较科学，起到了较好的示范作用。①

第三节　公益广告运作机制评析

与管理机制类似，当前我国的公益广告运作机制既有其独特的优势，也存在着明显的局限，需要进一步发展和完善。

一、当前公益广告运作机制的优势

（一）充分发挥舆论导向作用

党和政府通过自上而下的方式，能够组织规模可观的公益广告活动，通过议程设置，在短期内形成宣传声势，进行有效的舆论引导。在重大突发事件发生时，这种优势表现得更为明显。

例如，2020年初新冠疫情发生后，国家广电总局聚焦主题主线，紧紧围绕大局，积极组织引导各级各类广播电视机构创作播出公益广告，为疫情防控、复工复产、决战决胜脱贫攻坚等营造氛围、凝聚力量。2020年7月，在中国广告论坛的发言中，国际广告协会全球副主席、中国广告协会会长张国华介绍说："这次抗击疫情我们组织了全国400家以上的广告公司，120万个广告点位，300位以上的明星，广告刊例价达20个亿以上。其中有些广告在中央电视台播放，全国几乎300个城市都有传播，起到了非常好的社会效果。这场公益广告行动，可能是世界上有史以来规模最大的一次。"②

（二）保证发布量和覆盖面

在我国，主流媒体的政治和公共属性决定了开展公益广告活动不仅

---

① 参见苏健等：《2012年南京市地铁站台/公交车控烟公益广告宣传效果评估》，《江苏预防医学》2014年第2期；罗新苗等：《重庆市"送烟=送危害"主题公益广告效果评价》，《保健医学研究与实践》2016年第6期；靳雪征等：《全国性控烟公益广告强化宣传效果调查分析》，《中国健康教育》2022年第2期。

② 张国华：《"抗击疫情"及后疫情时代公益广告的价值》，https://jg-static.eeo.com.cn/article/info?id=cc9810582cc708f9d7fbc827c160768b，2024年3月28日访问。

是一项宣传任务，也是践行社会责任的表现。有关部门对刊播数量、版面和时段的规定使得我国的公益广告覆盖面广，可见度高，这在西方发达国家是无法做到的。

根据一项报告，2008年整体来看，美国的广播公司和有线电视台平均每小时捐赠给公共服务广告的时间为17秒，占所有播出时间的0.5%；而在黄金时段平均每小时捐赠给公共服务广告的时间为10秒，大型广播公司的频道为6秒；46%的公共服务广告在深夜至早上6点播出；捐赠时段的长度为30秒的占69%，还有22%的时段不足30秒。[①] 这一问题，至今仍然没有得到解决。

（三）以激励措施提升作品质量

为引导和鼓励广播电视公益广告制作播出，提高公益广告质量，国家广电主管部门自2014年起开展年度广播电视公益广告扶持项目评审，对公益广告作品、传播机构和组织机构予以扶持和通报，迄今已累计扶持作品1124件，传播机构445家，组织机构117家。公益广告优秀作品不断脱颖而出，质量不断提高，数量不断增加，获各方好评。据了解，在广电总局引导带动下，全国20余家省级广电主管部门设立了公益广告专项扶持资金，每年省级扶持资金总金额超过4000万元，极大激发了全行业参与的热情，促进公益广告繁荣发展。[②]

（四）推动优秀作品的共享

全国优秀公益广告作品库的建立，在一定程度上解决了中小媒体创作力量不足、作品质量不高的问题，也扩大了优秀公益广告作品传播的范围。

例如，截至2024年7月，全国优秀广播电视公益广告作品库已累计收录优秀作品1114部，设立了乡村振兴、健康中国、安全教育、勤俭节约、传统文化等20余个主题专区，各级广播电视机构累计下载、播出超过140万次，逐步成为优秀公益广告作品汇聚传播的重要平台。同时，该作品库的服务范围也扩大到全国各地融媒体中心、有线电视网络公司、有线数字付费频道。

---

① Walter Gantz, et al., "Shouting to Be Heard (2): Public Service Advertising in Television World," https://www.kff.org/wp-content/uploads/2013/01/7715.pdf，2024年5月23日访问。

② 《公益广告展现新气象，呼唤新作为》，https://baijiahao.baidu.com/s?id=1781933766153627168&wfr=spider&for=pc，2024年4月10日访问。

二、当前公益广告运作机制的局限

（一）相关法规尚未完全落到实处

早在 2014 年 6 月 8 日，国家工商行政管理总局公布《公益广告促进和管理暂行办法（征求意见稿）》后，就有学者对齐抓共管如何落到实处提出了意见。陈绚认为，要保证上述条文的落实，有两点必须重视：一是工商、新闻出版广电、工业和信息化、互联网管理、交通运输管理、住房和城乡建设部门作为相关的管理职能部门，如何依本法进行有效的管理，是在目前已有的管理层面运行，还是设置新的管理部门增强管理。二是如何保障传播公益广告义务的实施。[①]

例如，《公益广告促进和管理暂行办法》第八条规定："单位和个人自行设计制作发布公益广告，公益广告主管部门应当无偿提供指导服务。"可是，行政主管部门如何在专业方面提供有针对性的指导？是否需要成立专门机构？对于这类问题，该文件并没有说明，也未提供实施细则。

2013 年 2 月 1 日，虽然相关部门规定成立五家公益广告制作中心，分别牵头设计制作平面类、广播类、影视类、网络类、手机类公益广告，但影视类、手机类公益广告制作中心并未设立，中国网络电视台设立的网络类公益广告制作中心也因机构调整不再承担原来的职责。这种状况使得社会上大量有潜在价值的创意得不到专业指点、完善、刊播，不仅导致人力、智力资源的浪费，也影响了单位和个人参与公益广告创作的积极性。

（二）企业和广告公司的参与动力不足

政府主导公益广告活动容易导致其他主体参与意识淡漠，"这往往被看成是一种负担，容易出现敷衍的现象"[②]，企业、广告公司等参与方的积极性和能动性难以被调动起来。

在 20 世纪末至 21 世纪初，传统媒体占主导地位，企业出资制作公益广告可以署名的政策曾经起到了一定的积极作用。互联网媒体飞速发展，不断分割着传统媒体的受众市场，电视、报纸的发展出现瓶颈，此前的

---

① 陈绚：《"公益广告促进和管理暂行办法"的几点专业思考》，《广告大观（理论版）》2014 年第 4 期，第 91 页。

② 倪宁：《试论公益广告及其传播》，《新闻界》2000 年第 3 期，第 27 页。

激励方式逐渐失去了对企业的吸引力。加上企业出资制作公益广告并不享受税收减免待遇，其积极性也在一定程度上受到了影响。当前，一些企业更倾向于采用形象广告的形式，在社会化媒体平台上阐明企业理念，彰显社会责任，与利益相关者沟通。

1996 年国家工商行政管理局在组织"中华好风尚"主题公益广告月活动时，要求专业广告公司应至少制作一件公益广告，其中有较强实力或有影视广告制作经营范围的，应制作一部电视广告。但是，这种行政指令性的方式并不具有可持续性。广告公司迫于生存的压力，在缺乏创意、制作经费和税收优惠的情况下，除了在地震、洪灾、突发性公共卫生事件（如"非典"、"新冠"疫情）等特殊时期，平时并没有创作公益广告的动力。

从国际范围来看，公共服务类广告的创作主体多为广告公司，其在广告创意、设计、制作等方面的专业能力是媒体内部的广告从业人员所难以具备的。在国内，广告公司参与度低，主要是由于缺乏激励机制。某广告公司董事长坦言，对于广告公司来说，做公益广告，或者不做，在经营上没有什么区别。有时候还会因为一些额外的事情，增加了成本，或者是降低自己的利润。[①]

由于仅靠广告公司的收入很难维持公司的生存和发展，除了少数实力较强的广告公司（如 4A 公司）偶尔承揽政府或媒体的外包创作业务外，多数广告公司很少参与公益广告的创意和制作，而更倾向于鼓励员工参与公益广告比赛，以此达到提升专业水平和参与公益事业的双重目的。

（三）创作经费短缺

资金不足，一直是困扰广播电视公益广告机制良性运作的问题。我国公益广告的资金来源有三：一是企业，为主要来源；二是媒介也会有一部分资金用于制作公益广告；三是政府部门有一部分资金用于公益广告宣传，比如交通部、卫健计委、生态环境部等部门。[②] "虽然，中国公益广告一直得到各方的资金和资源支持，但这种支持是极不稳定的。通常是政府相关部门统筹协调、媒体贡献一点、企业赞助一点、广告公司出

---

① 访谈时间：2015 年 1 月 27 日。访谈地点：广州。
② 和群坡、刘安琪：《"十二五"期间我国公益广告发展状况》，国家广告研究院编著：《2011—2015 年中国广告业发展报告》，中国工商出版社 2016 年版，第 180 页。

让一点,这种办法无法满足整个公益广告行业大繁荣、大发展的需求。"①

政府部门的公益广告资金一般用于阶段性主题活动的宣传,数额相对较少。而企业在投资公益广告制作时,常常会面临商业目标与公共利益的冲突。

由于资金不足,吸引企业赞助成为各类媒体和机构组织公益广告活动的主要方式。企业赞助虽然有效解决了活动的成本问题,但作为回报,出现在公益广告上的商业信息(包括赞助商名称、标识等)又使得受众质疑其公益性。

拍卖活动也有其局限性。一是公益广告的商业化现象;二是拍卖无法成为常态化活动;三是拍得的资金有限;四是拍卖后的广告创作、播出难以保证,常常有始无终。

2011年10月15日,国家工商行政管理总局广告司曾举办中国公益广告基金会(筹)座谈会,探讨如何运用基金会的力量推进中国公益广告事业发展和繁荣。②

2016年7月,国家工商行政管理总局印发《广告产业发展"十三五"规划》,提出"十三五"期间广告产业发展的目标之一是"完善公益广告发展体系",要"支持成立促进公益广告发展的专业机构,多渠道筹集公益广告发展资金,依法建立专门的公益广告基金以及在综合性公益基金下的公益广告专项基金,积极推进政府采购公益广告服务,研究制订企业投入公益广告费用税收鼓励政策"。

遗憾的是,迄今为止,只有个别地方开始探索公益广告的政府采购;中国公益广告基金会还未挂牌成立,作为地方试点的无锡太湖公益广告基金会也已经注销;而企业投入公益广告费用税收鼓励政策仍未出台。

(四)主题设置机制不够科学

我国公益广告活动的主题一般比较宽泛,呈现出多样性的特点。媒体可以根据具体情况,灵活设定主题;政府的一些公共服务部门(如税务、交通运输、生态环境、卫生健康、应急管理等)的公益广告宣传活动则自行设置主题。

但是,在主题设置过程中,各类主体普遍缺乏前期调研的环节,导

---

① 冯依民:《对公益广告未来前景的思考》,中国传媒大学等编著:《中国公益广告年鉴(2011年—2013年)》,中国工商出版社2014年版,第207—208页。
② 中国传媒大学等编著:《中国公益广告年鉴(2011年—2013年)》,中国工商出版社2014年版,第32页。

致一些公益广告的主题与社会大众所关注的热点关联较弱，针对性不强。正如倪宁等所指出的：中国公益广告的主题选择一般具有政府意志，这一特点在1996年以后尤为突出；主题选择的区域性特点并不明显，对于地区性的特有的社会公益问题并没有给予太多的关注。[1] 邬盛根等通过与日本公共广告主题的比较也发现，我国的公益广告在主题选择上基本处于一种无规划的状态，公益广告主题会随着政府政策导向和有影响或突发事件而启动，表现出主题的集中性、临时性、口号性[2]；此外，"民众没有成为公益广告的参与主体，公益广告作品的选题、制作和最终呈现没有形成和民众的互动沟通"[3]。

（五）作品质量亟待提升

在每年大量的公益广告作品中，精品广告占比还是偏低，很多广告同质化较为严重，"现象级"作品更是缺乏。[4] 互联网公益广告展现形式单一，表现力、感染力不够；互联网公益广告更新速度较慢，特定时间节点主题公益广告宣传不够，内容创新有待提升。[5]

当前，公益广告的创作任务一般是由媒体机构独自承担。现实情况是，"公益广告创作缺少专设机构和专业人才配置，精品制作的专业化程度不高，面对重大主题任务往往临时组建创作小组，缺少专业化团队和常态化机制"[6]，由此导致政策图解式、空洞说教式作品屡见不鲜，缺乏吸引力、感染力和说服力，达不到预期的宣传效果。

广播电视公益广告扶持项目的设立，在一定程度上解决了这个问题。但是，这种措施仍然存在着明显的不足：（1）仅对完成后的作品进行奖励，无法调动社会各界参与公益广告创作的积极性；（2）主要面向广播

---

[1] 倪宁等：《广告新天地——中日公益广告比较》，中国轻工业出版社2003年版，第168—169页。

[2] 邬盛根、钺敏、王丹：《1971—2010日本公益广告主题变迁及比较研究》，《广告大观（理论版）》2012年第3期，第66页。

[3] 陈丽娜：《公益广告的认知演化进程：从宣传、观念营销到公共传播——公益广告国内外研究综述》，《广告大观（理论版）》2013年第5期，第39页。

[4] 王斐、李晨、许旭：《关于做好民生公益广告宣传的研究思考》，http://www.nrta.gov.cn/art/2023/5/29/art_3895_64452.html，2024年3月28日访问。

[5] 《部分传统媒体和互联网媒介公益广告发布情况抽查报告（2020年度）》，https://www.cqn.com.cn/zj/content/2020-12/31/content_8657037.htm，2024年3月28日访问。

[6] 星亮等：《广东视听公益广告创意短板分析及创意规律研究报告》，2018年12月，未发表。

电视机构，社会影响力有限；（3）奖励基金数额有限，用于电视广告制作捉襟见肘；（4）获奖名额较少，可能导致地市级广电媒体参与动力不足。

笔者在调研中发现，当前政府的公益广告扶持政策虽有力度但较难落到实处，公益广告评选不属于政府奖项，也不适用于新闻序列职称评定。① 和群坡等也指出，很多电台、电视台没有明确公益广告创作、制作、播出方面的考核制度，制播奖惩并未纳入员工整体考核体系，创作者的劳动付出难以得到绩效激励。② 这些问题，都在很大程度上影响了创作者的积极性。

面向大学生的作品征集可以在一定程度上解决这个问题。但由于学生的时间、精力有限，专业能力尚待培养，对社会问题的洞察不深，容易导致创意思路狭窄，表现流于形式。

（六）创作与刊播环节沟通不畅

二十多年前就有学者指出，国内众多广告节、广告奖的获奖公益广告作品，除了在专业广告刊物上刊登一部分外，没有同时采取其他形式进行整合传播，许多优秀的公益广告作品仅成为专业人士观摩品评的圈内珍品，没有进入群众生活。③ 这个问题至今仍然没有得到解决。

此外，广告公司无偿创意、制作的公益广告也难以找到播出平台，因而其创作热情被抑制。一位高管坦言，（是否做公益广告）要看有没有投放的机会，如果只是为了公益而去做一个广告，还是比较少地这样去做。因为这样做，用行话来说就是"飞机稿"，其实意义不是很大。④

与此同时，媒体传播资源浪费的情况依然存在，户外媒体尤为突出。据某户外广告公司负责人介绍，在城市的大型户外电子液晶显示屏中，经常会有高达40%的空闲时段，完全可以用公益广告去填补。可是，由于公司本身并没有创意制作团队，也没有稳定、优质的公益广告作品来源，因而经常出现时段空置的情况。⑤

目前，各类全国性公益广告制作中心在其设立单位（如人民日报、

---

① 对某省级卫视公益广告业务负责人的线上访谈。访谈时间：2022年6月25日。
② 和群坡等：《2018年中国广电公益广告发展研究报告》，中国传媒大学等编著：《中国公益广告年鉴（2014年—2019年）》，中国广播影视出版社2020年版，第98—102页。
③ 郑文华：《公益广告的运行机制》，《当代传播》2003年第1期，第71页。
④ 访谈时间：2014年8月7日。访谈地点：深圳。
⑤ 访谈时间：2023年8月25日。访谈地点：北京。

中央人民广播电台)的公益广告创作和优秀作品展播等方面发挥了重要作用,但在全国范围内的公益广告作品征集、完善、制作、播出的衔接方面,仍未形成良性机制。

(七)缺乏系统规划与整合传播

1997年,赵晨妤曾指出,我国的公益广告相对于商业广告来说是滞后的,并且零打碎敲、不成系统,需要好好发展。① 近年来,中国公益广告运作的科学性、系统性、连续性虽然不断加强,但仍有很大的提升空间。

当前,日常的公益广告主题设置和创作工作,各类媒体、非营利组织一般都是各自完成的。在刊播方面,公益广告播出联盟比较松散,协作机制不够完备,对于公益广告播出量的增加和效果的提升影响有限。

2020年,和群坡等人在调研中也发现,各级广电机构、社会制作公司和相关国家部委围绕重大主题公益广告制播宣传,缺少整体策划和协同布局。②

(八)普遍缺乏效果评估环节

缺乏独立的评估机构、科学的评估体系和足够的评估资金是这一环节缺失的主要原因。这导致公益广告刊播之后,没有来自目标群体的反馈数据。这样既无法测定公益广告活动的投资回报,也不能客观地总结经验和教训,难以为以后的公益广告活动改进提供参考。

---

① 赵晨妤:《建立公益广告的良性循环机制》,《广告大观(综合版)》1997年第1期,第10页。

② 和群坡等:《2018年中国广电公益广告发展研究报告》,中国传媒大学等编著:《中国公益广告年鉴(2014年—2019年)》,中国广播影视出版社2020年版,第98—102页。

第四章　国外公共服务类广告机制

无论是中国的公益广告，还是国外的公共服务广告、公共广告，都是为了解决本国所面临的现实的、棘手的问题，维护公共利益而存在的。由于经济、政治、社会、文化环境的差异，不同国家的公共服务类广告呈现出鲜明的本土特色。但是，作为一种服务于公共利益的广告类别，这类广告的运作有其内在的规律性。公共服务广告发展得比较成熟的美国和英国，作为东亚近邻的日本和韩国，这些国家的经验与不足，可以为新时代中国公益广告事业的可持续发展提供参考。

第一节　美国公共服务广告机制

一、美国公共服务广告发展历程

早在美国南北战争期间，北方的林肯政府就通过免费报纸广告在整个北方地区销售战争债券，成功地筹集到了支援战争的资金。第一次世界大战期间，公共信息委员会（Committee on Public Information，CPI）组织了大量的战时广告宣传活动，为武装力量征募兵员，鼓励妇女在国内进行志愿服务，销售国债，还宣传在家中储备战争物资。① 严格意义上的公共服务广告诞生于第二次世界大战之后。

1941年11月，以詹姆斯·韦伯·扬（James Webb Young）为代表的广告界有识之士倡议，为了提升广告业的声誉，避免政府控制的进一步加强，应该成立广告委员会，合理运用商业广告的各种手法，投身公共服务。珍珠港事件爆发后，为了配合美国政府的战时宣传，这个新成立的机构被更名为战时广告委员会。第二次世界大战期间，战时广告委员

---

① 〔美〕朱丽安·西沃卡：《肥皂剧、性和香烟——美国广告二百年》，周向明、田力男译，光明日报出版社1999年版，第190页。

会无偿组织了100多项宣传活动,广告费累计达到10亿美元。①

战争尚未结束,1944年8月,由切斯特·拉罗什(Chester LaRoche)牵头组建了一个略显超前的机构——战后计划委员会(Post-War Planning Committee),筹划战时广告委员会未来的发展战略。他们开展了一系列成功的公关活动,向广告业、媒体、政府部门和社会大众说明战时广告委员会在战后继续存在的必要性,得到了包括时任美国总统罗斯福、继任总统杜鲁门在内的相关各方的广泛支持。1945年10月,战时广告委员会正式宣布将机构名称改为原来的"广告委员会"。②

1945年底,在名为《从战争到和平——商业和广告的新挑战》的宣传手册中,广告委员会陈述了它的使命,即"保护民主的战斗并不会在战争的最后一天结束。恰恰相反,一个危机结束了,另一个危机又开始了。在和平时期与在战争时期一样,人们之间的有见识的和有才智的合作是民主得以运行的无价要素"③,并首次提出了"公共服务广告"这一术语。

战后,美国广告委员会的公共服务广告活动涉及预防森林火灾、环境保护、抑制通货膨胀、种族平等、防止犯罪、反对酒驾、消灭艾滋病、拒绝毒品、促进交通安全、争取教育机会平等、关注精神疾病、维护妇女儿童权益、保卫自由等主题,其中的经典活动包括"冒烟熊""朋友不能让朋友酒驾""浪费思想是件可怕的事情""爱没有标签",以及应对"9·11"事件、卡利亚娜飓风和COVID-19疫情等重大危机的活动。

此外,政府机构和非营利组织也采取与广告委员会合作或独立发起活动的方式,开展公共服务广告活动。据日本学者植条则夫的估算,广告委员会与其他组织机构制作的公共服务广告的播出比是50%∶50%,或60%∶40%。④

二、美国公共服务广告运作机制

(一)广告委员会

广告委员会是一个非营利组织,运用自身的资源,代表政府和活动

---

① "From War to Peace: The New Challenge to Business and Advertising,"〔日〕植条则夫:《公共広告の研究》,日经广告研究所2005年版,第498、502页。
② 转引自 Inger L. Stole, *Selling Advertising: The U.S. Advertising Industry and Its Public Relations Activities, 1932-1945*, Ph. D. Dissertation, University of Wisconsin-Madison, 1998, pp. 425-439。
③ "From War to Peace: The New Challenge to Business and Advertising,"〔日〕植条则夫:《公共広告の研究》,日经广告研究所2005年版,第499—500页。
④ 〔日〕植条则夫:《公共広告の研究》,日经广告研究所2005年版,第99页。

赞助方从事和管理公共服务领域的广告活动。广告委员会还向那些与社会变迁相关的外部机构提供咨询服务，包括培训、研究、战略发展等。来自公众和私营部门的贡献是广告委员会日常运行的依托和保障。

根据广告委员会网站的介绍，它是唯一的通过传播来大规模解决社会问题的机构，其使命是聚合最好的故事讲述者，通过敞开心扉、激励行动和推动变迁的方式，教育、团结和鼓舞大众，直到人们可以生活在一个人人都能蓬勃发展的社会。①

1. 组织机构

广告委员会既有管理全国性公共服务广告的中心部门，也在各个地区设有分部。其总部分别位于纽约和华盛顿——美国的经济中心与政治中心，负责指导整体工作开展；分部负责与本区域内的企业、政府、媒体、广告公司进行沟通，聚合本地的公益力量，搜集本地区突出的社会问题，提供给总部作为主题设置参考。

该委员会由公共议题咨询委员会、活动审查委员会、多元领导者小组、用户体验委员会、媒介咨询委员会、调研委员会、新兴媒体与技术委员会组成。②

公共议题咨询委员会（Advisory Committee on Public Issues）就美国国内平时面临的、最迫切需要解决的社会议题为广告委员会提供咨询，成员由媒体、非营利组织、研究机构、学术机构、慈善机构，以及公共政策领域的负责人组成，是广告委员会未来活动的孵化器。

活动审查委员会（Campaign Review Committees）是一个具有高度策划性的群体（highly curated group），由创意、策略方面的资深人士和创新领导者组成，他们自愿奉献自己的时间帮助广告委员会解决国内最棘手的社会问题。

多元领导者小组（Diverse Leaders Group）的职责是吸引多元化行业领导者共同从事公共服务广告工作。

用户体验委员会（User Experience Committee）的任务是推出最优的数字产品来支持广告委员会开展活动。

媒介咨询委员会（The Media Advisory Committee）确保广告委员会的所有活动都能在战略层面达到最高标准。该委员会由来自不同媒介领域的领导者和专家组成，致力于保证每个广告活动的媒体投放模型都能通

---

① https://www.adcouncil.org/，2024 年 4 月 14 日访问。
② https://www.adcouncil.org/our-advisors/our-committees，2024 年 3 月 28 日访问。

过运用创新方法、整合媒体资源以及合作者的资产驱动受众的行动。

调研委员会（The Research Committee）的职能是通过有效的调研、洞察和咨询，提高广告委员会活动的社会影响力，成员为来自市场研究、广告研究、学界和非营利机构的高级领导者。

新兴媒体与技术委员会（The Emerging Media & Technology Committee）由在媒体创新和技术领域前沿的行业领导者组成，致力于帮助广告委员会继续保持媒体和营销前沿的地位，运用如生成式 AI（Generative AI）、Web3/Blockchain、沉浸式虚拟现实 3D 空间（Immersive 3D Spaces）、空间计算（Spatial Computing）等新的方式触达受众。[1]

2. 经费来源

根据广告委员会 2021 年 12 月 10 日发布的审计报告，2021 财年的收入为 1.17 亿美元，主要来自政府和私人部门的赞助。此外，还有广告行业精英提供的志愿服务和媒体捐赠的免费刊播时间或版面。所有的赞助，除了出资方提出特殊的要求（如指定的公益议题）外，都用于一般的公共服务广告活动。[2]

3. 合作伙伴

广告委员会的合作伙伴包括媒体、技术、广告、营销和议题等多领域的精英，主要来自广告行业。

美国顶尖的代理公司志愿提供公共服务广告的创作服务。这些志愿机构包括奥美、麦肯、DDB、FCB、李奥贝纳、扬·罗比凯等 50 多家广告公司，以及阳狮、实力媒体、OMD 等 20 多家媒体公司。这些公司内部的策划、创意和策略方面的精英，通过捐赠他们的创意、专长和时间，创作出能够激发行动的、具有影响力的内容。

4. 活动流程

广告委员会的广告活动主题涉及对美国社会最为急迫、人们最为关注的问题。每次活动主题的选送都必须先由广告委员会的董事会批准，然后经公共政策委员会投票，获得至少四分之三的票数才能通过。

在每一个公益广告活动前期，委员会都会开展广泛的调查研究，以

---

[1] "The Ad Council Launches Emerging Media & Technology Committee to Accelerate Impact on America's Most Pressing Social Issues," https：//www.adcouncil.org/learn-with-us/press-releases/ad-council-launches-emerging-media-technology-committee，2024 年 3 月 28 日访问。

[2] "As of and for the Years Ended June 30, 2021 and 2020," https：//ad-council.brightspotcdn.com/ec/40/c80163e44722a0037e90e2d2e248/06-30-21-audited-financials.pdf，2024 年 3 月 28 日访问。

便制定出有效的传播策略。具体包括以下几个步骤：

第一步：活动赞助商对议题做简单阐述，之后重点围绕该议题的性质和范围，进行大量、广泛的文献搜集，并开展对其他与议题相关传播项目的实证研究和舆论调查。近年来，委员会日渐频繁地使用口碑测量（buzz measurement）方法，对脸书（Facebook）、推特（Twitter）、博客和在线论坛等社交平台进行搜索，以便更好地理解目标受众是如何参与网上议题的。

第二步：与志愿服务代理商一道，在目标群体中开展初步定性研究，以便确定他们是如何理解和定义该议题的，并且找到群体中最有可能受广告传播影响并采取行动的那部分人。具体研究方法包括传统的焦点小组、一对一访谈、室内讨论小组、民族志方法等。通常会调查2—3个市场地区，以便确保地域多样性。有时，会在定量样本中检查和测试最初的假设和可能的策略方向，对定性研究进行补充。

第三步：传播策略检查。在创意概念提出并得到确认后，委员会便把注意力转向消费者，评测他们对广告的反应，借以了解广告是否能有效地获得目标受众的注意、传播主要信息并说服目标受众采取行动。所采用的典型方式是在几个市场开展一系列焦点小组调查，本质上是定性研究。

第四步：活动开始后的评估。为了把握广告活动前后的趋势变化情况，广告委员会针对全国范围内的目标受众，进行追踪调查。这项调查在每项广告活动开始前进行，并在活动开始后一直持续，调查内容包括是否知道广告活动所关注的议题、广告的认知度、相关态度和行为等。许多研究项目都会使用互联网络，持续开展目标群体月度调查。对于那些目标群体难以触及的广告活动，委员会还使用网络或者电话采访方式，每隔6—12个月进行时间点追踪调查。

每个公共服务广告活动结束之后，广告委员会还要根据曝光度、认知度、参与度、影响力等四个维度进行效果评估。

（1）曝光度：由于广告委员会并不购买任何媒体时间或空间，所以它们会提供每个广告活动在每季度所获得的捐献媒体支持的估算数据。具体方式是，使用一些监测类服务，对电视、广播、网页、报纸、杂志、户外媒体和其他可替代的媒体所提供的支持进行跟踪。根据监测报告和来自部分媒体公司的报告，就能够估算出某个广告活动获得了多少捐献的广告位置和每个广告位置的货币价值。同样，也能计算出由公关倡导和活动带来的新媒体报道覆盖面。

（2）认知度：估算人们对于某一特定广告活动议题的认知度和目标群体对于公共服务广告的认知度。利用追踪调查中的反馈数据，广告委员会就能估计和监测人们的认知度变化，从而对公共服务广告的可记忆性和目标群体对广告议题的认知度进行估算，以补充曝光度数据。

（3）参与度：广告委员会的大多数广告活动都会提供网站或者热线电话，便于受众获取更多信息或者参与进来。组织者还会对网站访问量、热线电话拨打次数、资料申请数量和下载量以及邮箱注册量等指标进行测量。对于重度依赖数字媒体的广告活动，他们还会格外注意那些复杂的网络衡量标准，包括详细的网页分析、社交媒体参与度和网络热度。

（4）影响力：广告委员会所有的公共服务广告活动的目标都是影响某一特定行为，比如寻求教育支持或养成更健康的饮食习惯。他们通过跟踪调查数据了解目标群体在广告投放期间的行为转变情况，同时也关注来自政府机构和非营利组织的与该议题相关的调查报告（如关于儿童肥胖率或中学辍学率的报告）。尽管无法直接将这些大的数据趋势与广告活动联系起来，但是监测这些数据为广告委员会的运行创造了一个有利环境。

5. 近年的活动

2020年3月，美国广告委员会与白宫、疾控中心（CDC）、卫生部（HHS）以及主要的媒体公司联合发起了应对新冠疫情的公共服务广告活动，及时而持续地提供社会大众所需的疫情防控信息。2021年，该机构与300多个跨行业合作伙伴发起了COVID-19疫苗教育计划，参与者包括美国流行病学家安东尼·福奇（Anthony Fauci）、4位美国总统、13个体育联盟和1250名关键意见领袖，以及健康专家、药剂师、信仰团体等。从2022年开始，活动主题由疫情防控转为心理健康、健康公平、种族平等与多样性、平等与包容等，创新了公共服务广告的活动形式，推出了"善行创造者大使项目"，积极利用数字技术增强广告效果，不断拓宽合作伙伴范围。[①]

（二）政府机构和非营利组织

除了广告委员会以外，美国的政府机构和非营利组织也经常独立组织公共服务类广告活动。美国著名导演、编剧大卫·林奇（David Lynch）创办的大卫·林奇基金会就曾发起过有广泛影响力的公共服务广告活动。

---

① https://www.adcouncil.org/our-story/our-history，2024年4月14日访问。

大卫·林奇基金会（David Lynch Foundation）通过倡导超觉静坐（Transcendental Meditation，TM），帮助预防和杜绝高危人群中普遍存在的精神创伤疾病（epidemic of trauma）和毒性压力（toxic stress），提升他们的健康水平、认知能力和生活质量。这些高危人群包括：内陆城市的学生、患有创伤后压力症（Post-Traumatic Stress）的老兵及其家庭，以及遭受过家暴和虐待的妇女与儿童。这个机构采用各种方式，向政府官员和社会大众普及冥想（meditation）的益处。①

据统计，从 2001 年算起，超过 50 万美国军人被创伤后压力症困扰，但是只有不到五分之一的人得到了足够的关注。②

林奇曾向福布斯新闻的记者介绍说：许多老兵遭受着创伤后压力症的折磨，他们的生活如同地狱一般，夜晚做噩梦，白天没有任何改善。这种疾病不仅困扰着患者自己，也影响到他们的亲朋好友。为此，该基金会号召这些老兵通过超绝静坐进行康复治疗。③ 公共服务广告《创伤的声音》（Sounds of Trauma）就是传播手段之一。这支电视广告旨在帮助退伍军人的家人和朋友了解日常声音引发的记忆是怎样的。像气球爆炸这种突然的噪声，普通人听到后就是吓一跳，但对于一个退伍老兵来说，却能让他们的眼前立即浮现战场上的危机情境。《创伤的声音》向人们呈现了这些老兵想要摆脱疾病的困扰和无序的生活有多困难，对他们的支持有多必要，大卫·林奇基金会的工作有多重要。该广告获得了包括 2017 年戛纳国际创意节银奖、2018 年 One Show 在内的多项国际大奖。

（三）公共服务广告刊播模式

广告委员会的刊播模式是典型的媒体捐赠模式。而美国的政府机构和非营利组织要与广告委员会争夺免费刊播的媒体资源，有时也要向媒体支付刊播费用。

除此之外，还曾出现过一种混合模式，代表性的案例是国家毒品控制政策办公室（The Office of National Drug Control Policy，ONDCP）的公共服务广告活动。运用国会拨付的资金，这个机构采取了以"媒介匹配"（media match）为特色的运作方式来开展活动。具体来说，ONDCP 每购

---

① https://www.davidlynchfoundation.org/about-us.html，2024 年 7 月 8 日访问。
② https://www.dandad.org/awards/professional/2018/film-advertising-crafts/26849/sounds-of-trauma/，2024 年 7 月 8 日访问。
③ https://davidlynchfoundation.org.uk/component/content/category/10-default.html，2024 年 7 月 8 日访问。

买一个广播电视网的广告位，广播电视网就必须提供一个同等的免费广告位。据统计，1998 年至 2000 年，这个项目产出了 10.22 亿美元的额外媒体价值。① 但是，在 2011 年，国会叫停了对这项活动的资助。

据密歇根大学一项名为"跟踪未来"的关于反毒品努力的研究和一系列发表在《公共健康杂志》上关于美国禁烟广告活动的论文，付费的公共服务广告活动是有效的，但是也会减少广播电视运营商提供给其他非营利组织的播出时间数量。②

三、美国公共服务广告管理机制

美国公共服务广告活动由联邦通信委员会（The Federal Communications Commission，FCC）管理。

FCC 通过对广播电视运营商进行公共传播情况的审核，决定是否更换广播电视运营许可证。FCC 规定："在更新广播、电视台的执照之前，必须首先确认在此前的有效期内，该执照是否服务于公共利益，并且不能有任何严重违背《通信法》（The Communications Act）和 FCC 规则的情况。"③

根据 FCC 的界定，公共服务广告是"促进联邦、州或地方政府的项目、活动或服务或非营利组织（如联合劝募协会、红十字献血机构等）的项目、活动或服务的任何一种免费的宣告（announcement），以及服务于社区利益的宣告，不包括报时信号、天气预报以及促销性宣告"④。

直到 20 世纪 80 年代初，商业运营执照更换都要求广播电视运营商确定特定领域的播出时间长度，这些领域包括"新闻""公共事务"和"其他"类别。在为申请商业电视执照而提供的年度节目播出报告中，以及商业广播和电视执照更换申请表中，公共服务广告位居"其他"类别。每年申请执照的公文中都列有"问题—节目清单"（The Problems-Programs List）。FCC 认为，广播电视运营商将公共服务广告归于这个清单是恰当的举措，它们可以自主选择 30 秒、60 秒、90 秒甚至更长的广告播出时

---

① https://www.whitehouse.gov/ondcp/，2024 年 3 月 28 日访问。

② Wendy Melillo, *How McGruff and the Crying Indian Changed America: A History of Iconic Ad Council Campaigns*, Smithsonian Books, 2013, p.136.

③ "The Public and Broadcasting," https://docs.fcc.gov/public/attachments/DA-99-1099A2.pdf，2024 年 3 月 28 日访问。

④ Bill Goodwill, "Public Service Advertising—Background and Future," https://web.archive.org/web/20190527222021/http://www.psaresearch.com/bib9830.html，2024 年 3 月 28 日访问。

长，因此没有必要对播出时段（如驾车时段和黄金时段）与传播力度做具体的规定，也没有必要对广播、电视媒体采用不同的标准。FCC 指出，将这些规制量化可能会在行业确立最低标准，反而会产生负面影响，即限制了公共服务广告播出的数量。①

1984 年，FCC 降低了对于广播电台、电视台证明其节目内容有利于本地社区的要求。从那时起，批评的声音日益增大。批评者指出，这些播出机构可以自行设定什么类型的内容最有利于公共利益的标准，而 FCC 对公共服务广告播出的数量、位置、时间都不予规定会影响美国境内为得到至关重要的播出时间而抗争的广告委员会和每个非营利组织。一些公共健康团体和其他组织的研究表明，自从 1984 年 FCC 放松规制后，电视台播放公共服务广告的数量有所下降。②

2008 年，FCC 又发布规定，要求广播电视公司基于"公共利益、方便和必要性"而运营。③ 由于许多节目类型都可以满足这一要求，而非必须播出公共服务广告，其被替代的可能性明显增加。

2020 年 4 月 3 日，在新冠疫情暴发初期，FCC 发布了一项临时性法令，规定已经购买广播电视广告时段的广告主暂时可以不必遵循此前的《通信法》和 FCC 规制中相关条款的规定，在把因疫情不能使用的播出时间捐赠给与应对新冠疫情相关的公共服务广告活动时，可以不标明出资方的身份。

四、经验与不足

（一）经验

1. 专门的组织和协调机构

美国广告委员会作为一个专门组织和开展公共服务广告活动的机构，从诞生之日起就发挥着广告的专业优势，对美国的社会进步起到了重要的推动作用，也奠定了美国公共服务广告运作机制的基础，并为日本、韩国等其他国家所效仿。作为一个独立的非营利组织，广告委员会发挥了整合政府、企业、媒体和社会资源的优势，保证了公共服务广告事业

---

① "Report and Order," https://www.fcc.gov/documents/report-and-order, 2024 年 3 月 28 日访问。

② Wendy Melillo, *How McGruff and the Crying Indian Changed America: A History of Iconic Ad Council Campaigns*, Smithsonian Books, 2013, p. 132.

③ "The Public and Broadcasting," http://www.fcc.gov/guides/public-and-broadcasting-july-2008, 2024 年 3 月 28 日访问。

的可持续发展。

2. 成熟的活动实施机制

美国的公共服务广告运作已经形成了比较完善的资金筹措机制和科学的活动实施机制。具体来说，从主题设置到创意、设计、制作、效果测定，都有着比较规范的流程，从而保证了公共服务广告活动的传播效果。

值得一提的是，这种机制保证了公益广告活动的延续性。广告委员会可以持续关注一直存在的重要社会问题。以森林防火为例，"冒烟熊"活动从1944年至今持续了80年，已经成为一个里程碑式的品牌活动。[①]

3. 广泛的社会参与

首先是政府相关机构的积极参与。例如，美国健康与人权服务部、美国林务局、美国疾病控制与预防中心、美国高速公路交通安全机构、联邦应急管理机构、联邦交通部等二十多个部门都为广告委员会提供资金支持。

其次是私人机构（包括企业）的主动捐赠。例如，广告委员会在2023年11月30日的第69届年度公共服务奖颁奖晚宴上，共筹集到820万美元用于支持该机构的运营及其具有全国性社会影响的活动。[②]

最后是专业精英的无私奉献。广告委员会与世界级的媒体、技术、广告、营销和议题专家合作，发起公共服务广告活动。"我们的伙伴相信，使命驱动的营销是他们商业、价值和成功的核心。当我们一起工作的时候，一切皆有可能。"[③]

（二）不足

美国的公共服务广告机制也存在不足，主要表现为法律约束比较宽松，对商业广播电视机构的监管规定存在着一定的模糊地带。

FCC没有专门制定针对公共服务广告的法规，相关要求包含在对广播电视运营商所播放的节目在多大程度上符合"公共利益"的规定中，

[①] "Smokey Bear Celebrates 80th Birthday with New PSA Honoring His Legacy of Wildfire Prevention," https://www.adcouncil.org/learn-with-us/press-releases/smokey-bear-celebrates-80th-birthday-with-new-psa-honoring-his-legacy-of-wildfire-prevention，2024年4月14日访问。

[②] "The Ad Council's 69th Annual Public Service Award Dinner Celebrates Extraordinary Progress of Social Impact Efforts and Inspires the Media and Marketing Industries to Come Together for Tomorrow," https://www.adcouncil.org/learn-with-us/press-releases/the-ad-councils-69th-annual-public-service-award-dinner-celebrates-extraordinary-progress-of-social-impact-efforts，2024年4月14日访问。

[③] https://www.adcouncil.org/our-story/our-partners，2024年4月14日访问。

因而公共服务广告对于电台、电视台来说，并非必选项。此外，对于播出时间、频次、总量也没有具体要求，而是交由运营商自主决定，这样很难保证公共服务广告的到达率、针对性和足够的频次。在媒体类别方面，对于广播、电视之外的其他媒体，如报纸、杂志、户外媒体、互联网的公共服务广告发布，也没有相关的监管措施。

20世纪80年代初，一些有识之士曾建议对公共服务广告概念中的"免费"和"服务社区利益"进行更为明确的界定。FCC认为，任何更为细化的规定都会限制公共服务广告所获得的曝光量，因而可能被认为是一种不当的节目侵扰（programming intrusion），因而拒绝了这项提议。[①]

2008年1月24日，凯瑟家庭基金会（Kaiser Family Foundation）发布的报告显示，电视台播出的公共服务广告状况不容乐观，广播电视网络公司每小时仅捐赠17秒给公共服务广告，公共服务广告只占所有播出时间的0.5%。哥伦比亚广播公司（CBS）的政策、策划与政府关系资深副总裁马丁·弗兰克斯（Martin Franks）在质疑这个报告的研究方法的科学性（如没有测量毛评点、到达率等）的同时，以2007年超级碗比赛节目中播出的一条30秒公共服务广告达到了9300万次的播放量并获得了大量媒体报道为例，来证明该媒体机构在公共服务广告方面所做的贡献。对此，广告委员会在报告中指出，超级碗比赛每年只举办一次，电视网络也没有承诺每届超级碗都播放公共服务广告。[②] 此外，解释权在广播电视运营商手中，有的电视台还将节目宣传片作为公共服务广告，纳入统计范围。

奥本大学营销学教授赫伯特·杰克·罗特费尔德（Herbert Jack Rotfeld）尖锐地指出，广播电视运营商所宣称的捐赠时段的价值是虚假的，因为这些时段或者是低价的，或者是卖不出去的，"插播"的方式也使得公共服务广告不可能如同商业广告那样，在正确的时间触达目标对象。他强调，即使是广告委员会的一些活动，直到结束也很少有人知道，能看到这个广告的目标受众就更少了。[③] 全球著名的非营利研究与教育机构公共议程（Public Agenda）的负责人露丝·伍登（Ruth Wooden）也认

---

① "Report and Order," https://www.fcc.gov/documents/report-and-order, 2024年3月28日访问。

② Wendy Melillo, *How McGruff and the Crying Indian Changed America: A History of Iconic Ad Council Campaigns*, Smithsonian Books, 2013, pp. 132-133.

③ Herbert Jack Rotfeld, "Misplaced Marketing the Social Harm of Public Service Advertising," *Journal of Consumer Marketing*, Vol. 19, No. 6, 2002, pp. 465-467.

为，美国的公共服务广告活动即使有了出色的创意方案，由于无法实施相应的媒体投放计划，也不可能精确地触达目标受众。①

正因为如此，在2007年由凯瑟家庭基金会主办的"公共服务广告在英国和美国"论坛上，该基金会的副总裁维基·里德奥特（Vicky Rideout）指出，与英国的情况不同，在美国并没有一个部门来组织和协调政府的公共教育活动，许多政府资助的公共服务广告活动是与非政府组织——广告委员会合作的，还有一些是直接与广告公司合作的。她认为，在美国面向大众传播公共服务信息的方式正在逐渐变得缺少计划性，可以借鉴英国的模式，由获得政府授权的机构统一运作。②

第二节　英国公共服务广告机制

一、英国公共传播发展历程

在英国，公共服务广告这一术语并未得到普遍使用。这是因为，这类活动属于政府公共传播工作的一部分，政府是最大的组织和实施公共服务广告的主体。因此，非营利组织发布的公共服务广告一般被称为公共服务广告，而政府部门举办的这类广告活动则经常使用公共信息影片（public information film，PIF）、政府传播（government communication）、公共传播活动（public communication campaign）、公共信息活动（public information campaign）、电视插入短片（fillers）等术语。

英国最早的公共信息影片可以追溯到1919年。当时流感的暴发引发了公共卫生危机，地方政府委员会（后来的卫生部）委托制作了一部名为《怀斯医生在流感中》（*Dr. Wise on Influenza*）的影片在电影院放映，希望人们按照片中提供的建议采取预防措施。

在电影发明之前，英国的政府传播主要使用海报、报纸、杂志、传单和广播，也发布了许多出色的平面广告。电影进入英国后，成为当时的新媒体，影像形式的广告和新闻片是在电影院放映的，当时有大量观众通过观影来满足信息需求并缓解战争带来的焦虑、恐惧等情绪。在20

---

① Ruth Wooden, "How Public Service Advertising Works," *Journal of Advertising Research*, Vol. 48, No. 4, 2008, p. 591.

② "Public Service Advertising in the U.S. and Great Britain," https://www.kff.org/other/event/public-service-advertising-in-great-britain-lessons/，2024年3月28日访问。

世纪30年代，英国有4967家电影院，1934年卖出了创纪录的9.03亿张电影票。① 电影艺术还影响了公共信息影片的创作，早期很多这类作品都是由著名电影导演拍摄完成的。英国政府的第一个沟通部门——信息部（Department of Information，DOI）② 就邀请了当时好莱坞炙手可热的电影导演大卫·格里菲斯（D. W. Griffith）执导，还有一些知名导演的职业生涯就开始于政府委托的电影。③ 此外，战时政府与公众沟通的需求大幅增加，宣传活动高度依赖电影媒介。《纪实新闻信》杂志（Documentary News Letter）曾评论道：二战期间英国政府对电影的参与规模与依赖程度，夸张地说是在世界范围内任何公共机构都没有尝试过的。④

公共信息影片在很长的一段时间里承载了公共服务广告的功能。公共信息影片与公共服务广告是一个交叉概念，是指向观众传达一则信息，期望他们按照特定的方式思考或行动，以实现影片的传播目标。⑤ 这类影片既包含政府及其他机构发布的公共服务广告，也包含政府发布的其他类型的影片，如纪录片、宣传片等。

在第二次世界大战中，英国涌现出一大批优秀的战争宣传广告，对于战时的士气鼓舞及民众动员，都起到了巨大的作用。这些广告主要是以海报和宣传片的形式出现的。

到了20世纪50年代，电视成为政府向公众传递信息的重要媒介，制作完成的公共服务广告会免费提供给广播公司，用来填补未售出的广告时段。这类广告被称为"电视插入短片"⑥，在20世纪60—80年代被广泛使用。近年来，广播公司未售出的广播时段大为减少，即使有也多数是夜间时段。

---

① John M. Mackenzie, *Propaganda and Empire: The Manipulation of British Public Opinion, 1880-1960*, Manchester University Press, 1986, p. 88.

② 1918年更名为Ministry of Information。

③ "Government Film-Making and the Film Industry," https://www.nationalarchives.gov.uk/help-with-your-research/research-guides/government-film-making-and-the-film-industry/，2024年3月28日访问。

④ James Chapman, *The British at War: Cinema, State, and Propaganda, 1939-1945*, I. B. Tauris, 2001, p. 249.

⑤ John M. Mackenzie, *Propaganda and Empire: The Manipulation of British Public Opinion, 1880-1960*, Manchester University Press, 1986, p. 66.

⑥ 即"fillers"，是媒体创造的名词，意指"填补"节目之间空闲时间的内容。媒体所有者提供的空闲时间通常较短，一般用于播出政府公共服务广告、媒体自制短片，以及慈善广告等。相比付费广告，这类广告的效果依赖于媒体提供的捐赠时间，广告主缺乏对播出时段的控制。

1946 年，负责宣传的战时信息部解散，相关的对外宣传权力移交至英国内阁办公室，成立了中央信息署（Central Office of Information，COI）。COI 的主要业务是政府传播项目采购及为政府部门提供优质且性价比高的公共宣传服务。本质上来说，COI 是连接中央政府和私营部门供应商的中介。英国政府成立 COI 的初衷是利用它集中采购的优势，避免多个政府部门重复购买所造成的财政资金的浪费。[1]

2012 年 3 月，由于政府缩减开支，COI 正式退出了历史舞台，由英国内阁办公室下设的公民服务部门（Civil Service Department）接替。然而，随着实际工作的开展，政府发现，完全由公民服务部门负责政府公共服务广告传播无法满足现实工作的需求。

2014 年 1 月 1 日，政府传播服务（Government Communication Service，GCS）机构正式成立，取代了原有的政府传播网络（Government Communication Network，GCN）。GCS 是一个将政府各部门的传播活动统一起来的专门机构，设立在英国内阁办公室，以便更好地与各相关部门协作。这个机构的职责是建立一个专业、统一、高效的政府传播团体，旨在通过开拓和分享最佳实践经验、加强合作、消除低效与不必要的开支来帮助政府实现政策目标。GCS 的设立也是基于政府缩减运营资金的需要。经过评估各种改革方案[2]，关闭 COI 并设立 GCS 成为公务员改革体系的一部分[3]。

二、英国公共服务广告运作机制

英国公共服务广告运作主体包括政府、媒体、企业、个人以及其他组织，各方的参与使英国公共服务广告运作呈现出多元化倾向。而在这些参与者之中，政府占据着绝对主导地位，这与以第三方机构为主导的美国和日本有着显著差异。

GCS 的成立实现了沟通部门的去政治化，这是一个非部级的、政治

---

[1] 徐金灿、万安凤、杨雪萍：《英国公益广告及公益广告机构——中央新闻署 COI 研究综述与分析》，《广告大观（理论版）》2012 年第 4 期，第 65 页。

[2] Matt Tee, "Review of Government Direct Communication and the Role of COI," https://assets.publishing.service.gov.uk/media/5a79880040f0b642860d8d94/coi-comms-review-march2011_0.pdf, 2024 年 3 月 28 日访问。

[3] AZ McKenna, "100 Years of Government Communication," https://gcs.civilservice.gov.uk/wp-content/uploads/2020/06/100-years-of-Government-Communications-History.pdf, 2024 年 3 月 28 日访问。

中立的行政机构，由7000多名专业人员组成，为25个部级政府机构、21个非部级政府机构及超过300个部门和其他公共机构的工作提供传播功能支持。

GCS实行三级管理模式，这些层级由高至低分别为董事会、传播总监和各个传播小组负责人。

GCS由董事会监督，该董事会由内阁办公室的私人秘书和司法部长主持。政府各部门决定自己的传播优先事项，并拥有自己的传播总监。传播总监负责具体的管理和决策制定，包括制定政府传播活动的整体方向、领导政府传播行业、执行和完成政府年度传播计划、确保政府传播资源的有效利用、向GCS董事会提出建议、为GCS的其他部门提供反馈等。

GCS董事会和传播总监每月在白厅（White Hall）召开一次会议。每个季度这些总监都要汇报列入政府年度传播计划的活动进展情况，具体事项包括：（1）营销预算与花销，多元化战略；（2）人才管理；（3）人员招聘；（4）年度职业—员工技能普查；等等。传播小组则专注于特定的领域，强化专业技能，提升策略制定和执行的成效，保证政府传播计划完成，提升政府传播能力。

2022年5月，GCS对核心管理团队进行了重组。新团队的核心功能包括：（1）协调不同政府部门的战略和活动；（2）对GCS进行现代化改造；（3）通过洞察提升传播效率，优化传播效果；（4）通过全球范围的培训服务提升盟友的传播能力。新的团队架构为：第一层级为总裁；第二层级为首席运营官、跨政府部门活动总监、执行副总裁、国内外安全和内阁办公室传播总监、英国项目总监（Director-GREAT），以及国内安全传播总监；第三层级为功能标准（functional standard）经理、数据与洞察运营经理、新闻和对外事务经理、私营和政府部门运营经理、战略和活动经理、英国和北爱尔兰项目经理、国际传播经理和人事经理。[①]

GCS有一套涵盖不同级别的职业框架[②]，为个人提供清晰的职业发展路径。信息官员（Information Officer, AIOs/IOs）为入门级职位，对应一级、二级公务员；高级信息官员（Senior Information Officer, SIOs）为中

---

① https://gcs.civilservice.gov.uk/news/the-central-gcs-team-here-to-support-you/，2024年7月6日访问。

② https://gcs.civilservice.gov.uk/publications/competency-framework/，2024年7月6日访问。

级职位，对应三级公务员；7/6 级官员（Grade 7/6s）为高级职位，对应四级公务员。不同职级对技能和经验有不同的要求。这套完整的职业培养框架也是 GCS 传播职能专业化的体现，有助于适应不断变化的媒介环境。

GCS 目前的运行资金主要来自内阁办公室的预算，其次是政府对市场营销活动的征税收入，此外还有服务方面的收费。

政府是公共服务广告的重要推动者和参与者，通过制定政策、提供资金和平台、传播、监督和评估等方式，促进公益事业发展和社会问题解决。传播议题主要涉及卫生健康、公共安全、环境、教育、平等、就业等方面。虽然 GCS 成立仅十年，但是其政府传播的工作效率显著提升，也实施了一些成效显著的公共服务广告活动。

2020 年，由于新冠疫情期间大规模的公共服务广告投放，英国政府超过了联合利华和天空集团，成为英国最大的广告主。[①]

2023—2024 年，英国政府年度传播计划中的优先事项包括：（1）以创新驱动经济增长；（2）加强社会治理；（3）世界级的教育；（4）以患者为中心的国民健康服务体系（NHS）建设；（5）为父母和家庭提供支持。GCS 表示，"人民的优先事项就是我们的优先事项"[②]。

英国政府公共传播运作的特色主要表现在以下几个方面：

第一，战略先行。

近几年，英国政府专门制定了《公共传播发展战略（2022—2025 年）》。根据这一战略，GCS 的使命是为部长优先事项提供支持、高效的公共服务运作和改善人民生活的世界级公共服务传播。传播是英国政府实现变革的主要手段之一，与立法、监管、税收和支出并列。这份战略文件确定了 GCS 2022—2025 年的愿景和目标，包括提高传播质量、增强传播影响力、培养传播人才、推动传播创新等方面。与此同时，GCS 还发布了地方化战略，拟设立地方化的分部以更好地与地方受众沟通。

第二，确立传播活动标准并与时俱进。

GCS 建立了一套职业标准指南，以保证政府传播达到世界级公共传

---

① John Glenday, "UK Government Beats Unilever and Sky as Biggest UK Advertiser of 2020," https://www.thedrum.com/news/2021/03/23/uk-government-beats-unilever-and-sky-biggest-uk-advertiser-2020，2024 年 3 月 28 日访问。

② "Halve Inflation, Grow the Economy, Reduce Debt, Cut Waiting Lists, Stop the Boats: UK Government Communication Plan 2023/24," https://communication-plan.gcs.civilservice.gov.uk/wp-content/uploads/2023/04/Government-Communication-Plan-23-24.pdf，2024 年 4 月 14 日访问。

播专业水准。其中，对专业实践指导性较强的标准包括：

（1）质量保证框架（Quality Assurance Framework，QAF）。这个框架包括治理、活动、实践和人力资源四个部分，展示了如何开展公共服务传播工作，以及如何保障和促进活动水准的不断提升。

（2）现代传播运营模型 3.0（Modern Communication Operating Model 3.0）。这是一套简单、清晰的指导性框架，涵盖了与建立和领导一个团队相关的所有政策和指南。这个模型由"必须"（must）、"应该"（should）、"可以"（could）三类内容组成，即团队必须遵守的政策、建议它们遵守的政策，以及在需要的时候可以采取的措施。这个模型覆盖了外部事务、营销、内部传播、媒体、战略传播、数字传播和洞察（insight）等领域。

（3）OASIS 活动策划指南。这是一系列步骤，旨在让活动规划过程更加有序和清晰，具体包括目标（objective）、受众洞察（audience insight）、战略/点子（strategy/idea）、执行（implementation）、评分/评估（scoring/evaluation）等。

（4）行为规范指南（Propriety Guidance）。在此，"行为规范"意味着在日常宣传政府的政策和项目时，要做到得体和高效。为此，政府传播应该与政府责任相关；应该是客观的、阐释性的；应该以一种经济有效的方式运作；应能证明投入的公共资金所带来的回报；不应歪曲事实或持有政党立场。

在传播实践方面，还为危机传播、权力下放、接近性和包容性、学习与发展等方面提供了指南。①

除了 GCS，一些媒体、企业、民间慈善机构也积极参与公共服务广告活动。英国企业通常以赞助的形式参与，但是关于企业、产品的信息均不能出现在广告中。英国有着悠久的民间慈善传统，以 BBC 媒体行动（BBC Media Action）、媒体信任（Media Trust）、惠康基金（Welcome Trust）、巴纳多基金会（Barnardos）、乐施会（Oxfam）、英国红十字会（British Red Cross）、帮助老年人（Help the Age）等为代表的非政府组织和社会企业以贡献慈善资源的方式参与公益广告事业，筹集资金，策划制作公益广告作品，帮助人们理解事件、参与对话并采取行动改变自己的生活。②

---

① https://gcs.civilservice.gov.uk/guidance/professional-standards/，2024 年 7 月 6 日访问。
② 陈丽娜：《公益广告的认知演化进程：从宣传、观念营销到公共传播——公益广告国内外研究综述》，《广告大观（理论版）》2013 年第 5 期，第 38—39 页。

近年来,除了新冠疫情防控之外,在英国最有影响的全国性公共服务广告活动是"足够了"(Enough)。这是政府为了解决对妇女和女孩施暴的问题所开展的运动。2022年3月1日,英国政府发起了这个运动,通过电视、广播、户外媒体和社交媒体传播,并专门设立了一个网站,告诉人们可以采取哪些措施来安全地抵制针对妇女和女孩的暴力行为,为受害者提供指导,并为认识到自己的行为需要改变的肇事者提供建议。这个运动在社交媒体上引起了广泛的关注和讨论,超过200万人参与了在线互动,并得到了说唱歌手史提芬·保罗·曼德尔森(Stephen Paul Manderson)、足球运动员马库斯·拉什福德(Marcus Rashford)等名人和"年轻头脑"(Young Minds)等慈善团体的支持,促进了相关政策和法律如《家庭暴力法案》(Domestic Abuse Act)和《性骚扰预防法案》(Sexual Harassment Prevention Bill)的改革或实施,也使一些针对妇女和女童保护的资金数额和服务类别有所增加。目前,这个运动仍在持续。[1]

三、英国公共服务广告管理机制

目前,英国设有两个公共服务广告监管机构,分别是对内容具有裁决权的英国广告标准局(ASA),以及隶属于英国电信管理机构、负责英国整体电信实业(包括信息内容及信息传播领域)的英国通信管理局(Ofcom)。这两个机构均独立于政府,不涉及广告行业内部利益,仅以"第三方"的身份对公共服务广告与社会契合度进行评估。其中,英国通信管理局监管范围更大,其监管内容包括对公共服务广告规则的监控和管理政策的制定。

英国广播公司(British Broadcasting Corporation,BBC)每年都会专门留出一定的频道空间播放公共服务广告,英国广播电视协会(National Association of Broadcasters)每年会监督旗下各个电视广播台,确保一定的公共服务广告播出量,其中每个电台每周必须播出总计不少于6小时的公共服务信息。

政府可以通过税收优惠来鼓励广告公司参与公共服务广告的命题策划和制作过程,甚至出台专门的税法,对参与公共服务广告制作的公司予以一定的税费减免。[2]

行业协会定期评选优秀公共服务广告作品及广告机构,将其作为一

---

[1] https://enough.campaign.gov.uk/,2024年4月14日访问。
[2] 吴剑:《英国公益广告运作机制及启示》,《传媒》2018年第5期,第61页。

种直接、有效的表彰形式，促进了公共服务广告创作水平的提升。在 COI 关闭之前，英国广告从业者机构（Institute of Practitioners in Advertising, IPA）与其保持着密切的合作，每年的"IPA 实效奖"获奖作品中，都有一部分公共服务广告。COI 和 IPA 曾共同出版了《公共服务广告如何运作》（*How Public Service Advertising Works*）一书，涵盖了多个话题，并探讨了十几个跨越广泛政策层面的社会议题，分析了英国、苏格兰、北爱尔兰等地的公共部门所实施的成功的公共服务广告活动。该书作者朱迪·兰农（Judie Lannon）指出了未来英国公共服务广告所面临的挑战：(1) 对于传播活动的赞助者和执行者来说，至关重要的是知晓每一种媒体对整体传播效果的贡献，以便设计一个有效的传播方案，尤其是政府部门应该了解新媒体如何运作；(2) 精细的技术和方法，关注商业广告领域的最新进展；(3) 更接近人们，了解他们的行为方式而不仅仅是提出基于动机的解决方案，以便更好地影响他们；(4) 相比输出来说，更聚焦于效果，尤其是广告做出的独特贡献。①

四、经验与不足

（一）经验

1. 政府部门整合资源的优势

首先，将公共服务广告活动置于政府的整体公共传播框架之中，便于协调政府各部门之间的关系，以及这类广告活动与其他公共传播活动之间的关系。"从整合营销传播的角度看，英国政府成立专门机构，将政府的传播活动统一在一个机构下执行，能够高效整合各种传播资源，真正做到'多种手段，一个声音'，使广告运动的传播效果得到了最大化。"②

其次，赋予了公共服务广告活动权威性。著名作家和广播从业者马休·帕瑞斯（Matthew Parris）认为："与商业广告这个对手相比，公共部门的广告具有形象更为显著的优势。官方的建议和信息在呈现时会显得有点枯燥，但是受众仍会在无意识中对其产生尊重之情，因为它的公正

---

① Judie Lannon, *How Public Service Advertising Works*, World Advertising Research Center, 2008, pp. 234-235.

② 刘念：《英国公益广告机构政府传播服务（GCS）研究与启示》，《广告大观（理论版）》2015 年第 6 期，第 99 页。

和非营利宗旨是被广泛承认的。在一个人们对信息背后的动机日益怀疑的社会中,这是一个非常好的资源。"①

安·格利高里(Anne Gregory)回顾了 2010—2016 年卡梅隆执政期间英国政府的公共传播活动,认为 GCS 无疑更有效率,在开展工作时更井然有序,更有体系,更注重方式,能以更少的钱进行更多的"传播"。②

2. 专业化与科学化运作

GCS 对于传播的科学性和专业性非常重视,认为这是其工作效能的体现。为了保证持续产出不落俗套的传播及营销策略,GCS 搭建了研究、培训、实践的全方位架构,跟踪知识和技术的最新进展,持续发布政府沟通的框架和新的研究报告,以期更好地完成沟通目标。

3. 积极运用数字媒体和技术

例如,GCS 在应对 COVID-19 的公共服务广告活动中,努力开发新媒体资源,通过 TikTok 和 Reddit 与公众沟通;利用 Nextdoor 的社区属性,通过地理定位消息实现对全国范围内 1200 万人次的覆盖;与 Snapchat 的滤镜 APP 合作,开发了 AR 口罩;创建 WhatsApp Chatbot 工具,自动响应和回复市民有关 COVID-19 的常见问题。

(二)不足

1. 政治因素的制约

执政党变更后对政府沟通预算的削减或者调整政府沟通工作的重心,都会影响公共服务广告的数量。COI 的关闭就是新一届政府精简机构和削减开支的举措之一。

公共服务广告议程也受到机构设置及监管的影响。传播部门的项目计划取决于政府各部门的需求,而不是基于对社会公益的洞察。公共服务广告议程是相对被动的,且缺乏全局规划。部门级别也会影响其工作的开展,且传播部门经常面临维持预算的挑战。政府还通过监管来影响公共服务广告的发展进程,因而传播者立场的中立性也经常被社会各界所质疑。

近年来,政府部门的权威性也在逐渐减弱。据 IPA 主席朱利安·道格拉斯(Julian Douglas)介绍,如今政府因预算缩减而承担的压力和政

---

① Matthew Parris, "From a Political and Social Perspective," in Judie Lannon, *How Public Service Advertising Works*, World Advertising Research Center, 2008, pp. 1–10.

② Anne Gregory, "UK Government Communication: The Cameron Years and Their Ongoing Legacy," *Public Relations Review*, Vol. 45, No. 2, 2019, p. 214.

府机构受到的限制，导致公共服务广告投放规模不断缩小，国家为公共变革而实施强有力的传播活动日益困难。"简而言之，权威不再在英国占据统治地位了"，"在新的格局中，政府主导的模式已经让位于更多样化的格局"，"不管是政府和慈善机构，还是公司和个人，都需要有足够水准的分析和论据来证明其活动的有效性"。①

2. 政府传播的效率问题

英国政府传播部门的设置一直在中心化和分散化之间摇摆，即应该单独设置沟通部门为其他政府部门的传播需求服务，还是由每个部门配置自己的传播团队。②

部门内部也存在资源分配问题。当其他传播目标（如战时宣传、政策变革沟通、塑造国家海外形象等）被置于改善社会问题这一目标之前时，公共服务广告活动的数量和规模也会受到限制。政府关于如何有效地和公众沟通的理念，也会影响到公共服务广告的质量。同时，"由于其政府办公机构的身份，需要花费大量的资金养活工作人员"③，运营成本居高不下。

安·格利高里指出，显而易见，政府部门与公众，特别是与伦敦之外的公众沟通不畅，没有倾听公民的声音，关注对他们来说至关重要的议题，了解他们的生活状况。这个问题只能通过对话而不是政府议程的单向推广来解决。为此，政府传播工作者应该把更多的时间用于针对伦敦以外地区公众的传播，用于更多的参与性活动。④

3. 社会各界的参与度不高

政府主导的模式容易抑制社会各界参与公共服务广告的积极性。朱利安·道格拉斯认为，现在媒体的格局已经扁平化，改变了信息消费的方式，更具影响力的网络要求公共服务广告采取不同的方式。他预言：私营企业将发挥更为重要的作用；第三方机构和个人在自主开展公益活

---

① 〔英〕朱利安·道格拉斯：《意想不到的联手：英国公益广告的面貌变迁》，2021年第三届北京国际公益广告大会高峰论坛上的演讲，2021年12月8日。

② Matt Tee, "Review of Government Direct Communication and the Role of COI," https://assets.publishing.service.gov.uk/media/5a79880040f0b642860d8d94/coi-comms-review-march2011_0.pdf, 2024年3月28日访问。

③ 王佐元：《融媒体公益广告的国际交流——以政府主导型体制为例》，中国传媒大学等编著：《中国公益广告年鉴（2014年—2019年）》，中国广播影视出版社2020年版，第107—108页。

④ Anne Gregory, "UK Government Communication: The Cameron Years and Their Ongoing Legacy," *Public Relations Review*, Vol. 45, No. 2, 2019, p. 215.

动方面将会拥有更多的空间；社交媒体的力量、全球品牌的规模、名人的影响力都将推动未来社会的进步；政府主导的模式将让位于更多样化的格局。①

因此，在数字技术不断进步、媒体渠道日益增加的背景下，如何鼓励企业、非营利组织、个人以不同的方式参与公共服务广告或公共传播，是一个不容回避的现实课题。

第三节　日本公共广告机制

在亚洲，日本公共广告的发展也达到了较高水平，并形成了比较规范的组织和运作机制。本节以日本公共广告机构（AC Japan）为对象进行分析。

一、日本公共广告发展历程

日本公共广告是在企业和广告公司的倡议和推动下，借鉴美国经验的产物。

1959年，时任日本电通第四任社长的吉田秀雄倡议成立类似于美国广告委员会的"全日本广告协会"，负责日本的公共服务广告活动。经过三年筹备，成立会终于召开，但是因为吉田秀雄去世，工作没有开展。

1969年，三得利株式会社兼日本广告主协会理事长佐治敬三赴美访问，了解到美国广告协会积极推动公共服务广告活动受到公众欢迎等情况。返回日本之后，他努力推动成立类似组织，提议在大阪广告协会设立公共广告实施机构，得到了关西地区的企业、媒体和广告行业的支持。

1970年，日本召开万国博览会。佐治敬三以此为契机，呼吁日本企业深刻认识到其社会责任，并将其明确地向社会大众表现出来。②

1971年7月7日，关西公共广告机构（Kansai Advertising Council）成立，该机构以关西为中心，主要通过电视、报纸、杂志等媒体，开展有关"公共心"的宣传活动。机构成立后，以"环境保护"和"公共道德"为主题，制作了一系列公共广告作品，其中影响较大的有《唤起公

---

①〔英〕朱利安·道格拉斯：《意想不到的联手：英国公益广告的面貌变迁》，2021年第三届北京国际公益广告大会高峰论坛上的演讲，2021年12月8日。

② 倪宁等：《广告新天地——中日公益广告比较》，中国轻工业出版社2003年版，第24页。

益心》《让我们一起去思考》等。

1974 年，关西公共广告机构正式登记为社团法人"日本公共广告机构"，佐治敬三为首任会长。该机构的成立，标志着日本公共广告进入了一个新的发展阶段。

1975 年，日本公共广告机构在东京设立本部，并决定将该机构的英文名称译为 Japan Advertising Council，简称 AC。2009 年 7 月，该机构名称由"公共广告机构"改为"ACジャパン"，英文译为 Advertising Council Japan，简称 AC Japan。2011 年 4 月 1 日，AC Japan 得到了日本内阁的许可，以公益社团法人的身份开展活动，事业内容包括与公共事项有关的广告、公共广告相关的调研、公共广告相关的公关活动，以及与相关机构或团体的联系、协作等。

AC Japan 的运营经费主要来自会员费和赞助。截至 2024 年 3 月底，AC Japan 的正式会员、赞助会员和个人会员共有 1159 个，来源包括一般企业、团体、传媒机构、广告公司和个人，会员费为平均每个会员一年 12 万日元。2023 年的会员费总额达到了 1.55 亿日元。[①]

2022 年，AC Japan 实施了"关于公共广告的生活者调查"和"会员问卷调查"。调查发现，人们对 AC Japan 名称的认知度达到了 86.3%，较 2021 年下降 2.5%。其中，既知晓 AC Japan 的名称也了解其活动内容的人占比为 12.4%，较 2021 年提升了 0.2%。相比 AC Japan 成立 40 周年时的统计，2022 年组织名称的认知度有所下降，但活动内容的认知度逐年上升。[②]

二、日本公共广告运作机制

（一）组织结构

AC Japan 在全国设有 8 个事务局，每个事务局设有运营委员会。来自运营委员会的提案，被全国运营委员会采纳后，要得到理事会的认可，并在 6 月的全体会员大会通过后才能实施。图 4-1 为 AC Japan 的组织结构。

[①] "About AC Japan," https://www.ad-c.or.jp/about_ac/english/about_ac.html，2024 年 5 月 22 日访问。

[②]《2023（令和 5）年度事业计划及び収支予算報告の件》，https://www.ad-c.or.jp/outline/pdf/2023/report_22.pdf，2024 年 5 月 22 日访问。

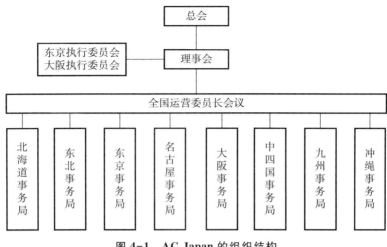

图 4-1　AC Japan 的组织结构

资料来源：https://www.ad-c.or.jp/outline/organi.html，2024 年 5 月 22 日访问。

（二）机制概述

在 AC Japan 的组织下，日本公共广告活动的一般组织流程是，由企业负责广告制作、流通、服务的资金和信息，会员广告公司和制作公司承担广告创意和制作费用，由会员媒体免费提供版面和时段刊播。

这一机制最显著的特色是大众媒体提供免费时间或版面。会员媒体除了电视、广播、报纸、杂志四大类媒体机构外，还有与网络广告、交通广告和户外数字看板业务相关的公司。另一个特色是广告公司创意部门在策划和制作过程中的合作。截至 2024 年 3 月底，全国范围内有 49 家广告公司参与了提案的策划，被选中公司的制作成本由 AC Japan 支付。

虽然得到企业的大力支持，但日本的公共广告中不会出现企业名称，而是统一署以 AC Japan。由于 AC Japan 以关注民生、回馈社会为宗旨，因此诉求主题总是与社会热点问题息息相关，与时俱进。每个自然年，AC Japan 会首先调查研究该年度民众最关心的问题，同时向公司及个人会员征集公益广告活动的主题，经专业公司进行相关数据分析后，确定主题并制作播出。因此，AC Japan 组织的公益广告活动是从平民化的视角出发，面向目标受众，传播效果较好。

（三）活动类型

AC Japan 的工作年与自然年不同，是从每年 7 月 1 日开始，到次年 6 月 30 日结束。具体来说，其开展的活动可以分为全国性、地区性、支持性和特殊的活动等四种类型。

1. 全国性活动

基于社会公众广为关注的社会问题，AC Japan 制作公共广告并通过大众媒体在全国范围内传播。广告主题必须是非政治性、非种族性、非部门性（non-sectoral）和非商业性的，必须为日本人民关注的首要问题。近年来，这个机构每年发起两至三个全国性活动，涉及公共道德提升、环境问题等议题。

2. 地区性活动

每个地区办公室选出自己的主题，以此为基础制作公共广告，经由地区大众媒体向社会发布。

3. 支持性活动

AC Japan 支持参与公益慈善活动的非营利组织，这些组织可以使用 AC Japan 的广告体系。在过去几年中，每年得到支持的组织为 7—10 家。

例如，2023 年，有 7 家机构得到了支持，包括日本骨髓银行、国联 WFP 协会、あしなが育英会（Ashinaga Foundation）、日本眼科医生协会、国际计划组织、日本心脏财团、全国餐厅支援中心。这些获得支持的机构由 AC Japan 支付材料、文件传输、广告制作的费用。

4. 特殊的活动（基于非常规情况）

当灾难发生时，AC Japan 会发起紧急的广告活动，呼吁广泛的支持。

例如，2011 年 3 月 11 日东日本大地震发生后，电视台和广播电台中断了日常播出的节目，代之以关于灾难的新闻和信息。3 月 14 日，日本全国商业广播协会允许广告继续播出，但绝大多数广告主保持克制，因而电视和广播的大量空置时段开始播出公共广告。

AC Japan 还通过与美国、韩国等国的公共服务广告机构合作，将公共广告活动范围延展到国外。1993—1997 年，AC Japan 与美国合作开展了保护水质的联合公共广告活动；2005 年，与韩国合作开展了促进父母和孩子沟通的联合公共广告活动；2008 年，与韩国合作开展了保护地球环境联合公共广告活动。

此外，AC Japan 与日本广播协会（NHK）合作，通过举办学生广告奖评选活动的方式，为学生提供创作公共广告的机会。

（四）活动流程

每年 6 月，AC Japan 进行面向公众的网络问卷调查。调查选取 3000 人作为样本，评估上一年度公共广告活动的效果，并就下一年度公共广告的主题征集建议。9 月，基于调查结果选择下一年度的主题以及将要予以支持的组织。10月，在全国范围内确立目标，宣布全国和地区的公共广告活动主题，结合AC Japan所支持机构的要求，宣布定向说明。从12月至次年2月，通过下列步骤选择方案。

第一步，收到本土广告公司的提案后，每个地区执委会进行初选。全国大约有针对20个活动的800个方案。在这一阶段，地区委员会成员是评审者。

第二步，在2月和3月，在东京由各地代表组成的全国委员会进行两次遴选，选出全国性、地区性和支持性活动的方案。

第三步，在6月举行的例行会议上，现场确定将要推出的广告。在7月开始下一年度的广告活动筹备工作。[①]

AC Japan现任理事长鸟井信宏指出，AC Japan创立至今，秉承"公共""共情""互助"理念，开展传播活动。当今时代，人类社会普遍的价值观没有改变，而且愈加重要。因此，直面地球环境、家庭教育、防灾、网络道德等社会问题，促进这些问题的解决，是AC Japan奋斗的方向。

2021年，在创立50周年之际，AC Japan推出了新的口号——"洞察，行动"。2022年度，该机构回到其创立初衷，以"提高广告制作及传播质量"为指导方针，创作与人类社会动向相关且有价值的广告，推进对社会有益的信息传递。2023年，全国性的广告活动是以AI、机器人与儿童未来为主题的《白纸的未来》和以男女平等为主题的《听到的声音》传播活动。

三、日本公共广告管理机制

日本的传媒体制是公共传媒机构和民营传媒机构并存。公营的NHK拥有的广播、电视媒体禁止刊播商业广告，民营传媒机构所属媒体在法律许可范围内自主运营广告业务。

与美国、英国不同，日本并没有以立法的形式规定报纸、杂志、广播电台、电视台刊播公共广告或公共信息的数量和位置。是否刊播公共广告，如何刊播，都由媒体自主决定。"除了主题的确定外，其他公益广告活动主体（包括媒介、广告公司等）的行为，都不受政府硬性规定的影响"，"各活动主体完全是自觉地履行作为AC会员应该承担的制作、播

[①] http://www.ad-c.or.jp/about_ac/english/about_ac.html，2024年3月28日访问。

出公益广告的义务"。① 政府对于 AC Japan 的管理，也与一般的公益社团法人并无差别。

四、经验与不足

（一）经验

（1）由专门的机构负责公共广告活动的组织和实施工作，可以整合企业、团体、个人、媒体、广告公司等各方的资源。

（2）以会员费为资金来源的模式，使得 AC Japan 的运营有了稳定的经费支持，可以保持公共广告活动的计划性和延续性。

（3）全国性、地区性、专题性广告活动相互配合，既针对普遍存在的社会问题，又考虑不同地区的具体情况，以及特定的议题，做到了广泛性与针对性的统一。

（4）AC Japan 的公共广告活动从主题设定，到创意、设计、制作、效果评估，形成了一套比较规范的运作流程，在很大程度上保证了公共广告活动的效果。

（二）不足

（1）缺乏法律规制。由于没有专门的法律条款对公共广告刊播做出规定，媒体对于公共广告的发布完全是出于作为 AC Japan 会员的义务，这就对这个机构的权威性和凝聚力提出了很高的要求，同时也存在难以保障公共广告投放达到应有的力度的问题。

（2）缺乏政府资源的支持。由于 AC Japan 的机构宗旨要求其具有独立性、公共性，所以在运营中它尽量避免来自政府方面的干预。但是，这也导致在公共广告活动中，AC Japan 难以与政府的公共服务部门紧密配合，共同致力于社会问题的解决。

（3）广告主题不够多元。每年 AC Japan 的全国性广告活动只能针对少数几个主题。例如，2022 年度的全国性广告作品只有两件，其中《宽容说唱》的主题为"现代社会的公共礼仪"，《站在击球区的 87 岁》的主题为"超越年龄和性别限制的生活方式"。而在日本，还有大量的社会问题需要获得社会大众的关注。

（4）非营利组织的参与不足。除了 AC Japan 以外，日本还有大量的

---

① 倪宁等：《广告新天地——中日公益广告比较》，中国轻工业出版社 2003 年版，第 93 页。

非营利组织，也围绕特定的社会议题发布公共广告。但是由于缺乏媒体的支持（如免费或优惠刊播），这些组织的公共广告只能与其他类型的意见广告、政治广告一样付费刊播，客观上影响了非营利组织参与公共广告事业的积极性。

第四节 韩国公益广告机制

一、韩国公益广告发展历程

韩国公益广告机制的建立，参考了日本的模式。在韩国，"公共广告"和"公益广告"两个词经常交叉使用，英文均译为 Public Service Advertising。①

韩国的公益广告起源于20世纪80年代初。从经济的角度看，这一时期的韩国开始由国家主导的计划经济向市场主导的自由经济转变，从第二产业向第三产业转变。但在经济快速发展的同时，也出现环境恶化和资源浪费、过度消费、信誉度下降、公民意识下降、法律意识淡薄、传统文化逐渐消失等许多社会问题。在这样的社会背景下，改善和治理这些社会病态现象就显得十分迫切。②

1980年，韩国政府制定了《舆论基本法》，同年韩国放送广告振兴公社（Korea Broadcast Advertising Corp，KOBACO）成立。1981年10月，公益广告委员会成立；12月，韩国第一支公益广告《储蓄带来美好明天》在电视上播出。1983年，公益广告振兴咨询委员会成立，公益广告第一次出现在报纸上，此后又陆续出现在地铁站、剧场、户外看板、车票、海报等媒介上。

目前，KOBACO 的使命之一就是"通过公益广告，构建光明、健康的社会"③。凭借其优秀的创意，韩国公益广告多次获得国内外大奖。此

---

① 鉴于韩国公共广告机构的名称为"公益广告委员会"，在这部分内容中我们统一使用"公益广告"这一术语。

② 吴易霏：《社会结构变革与公益广告意识形态变化的互动关系——以韩国政府公益广告为对象的实证研究》，中国传媒大学博士学位论文，2012年6月，第68页。

③ "Public Service Ads," https://www.kobaco.co.kr/site/eng/content/public_service_ads，2024年4月18日访问。

外，为了提升人们对公益广告的兴趣，KOBACO 从 2009 年开始举办年度"首尔国际公益广告节"（Seoul International Public Service Advertising Festival，IPAFS）。2023 年 11 月 23 日，韩国通信委员会（Korea Communications Commission，KCC）主办了第 15 届广告节，活动内容丰富，包括韩国公益广告委员会 YouTube 在线颁奖盛典、入围作品展览、国内外杰出公益广告特别展以及在线主题展等。在这届广告节上，共有 1882 件作品入围，包括电视、平面、视频和表情符（emoticon）四类，奖项分为普通类、高校学生类和青年类。获得全场大奖的作品是《韩国濒临危机》（*Critically Endangered: The Republic of Korea*），关注的是低出生率问题。KCC 副总裁李相映（Lee Sang-in）在贺词中指出，公益广告在凝聚全社会共识、提升人们对于各种社会问题的意识方面扮演着重要的角色，KCC 将全力支持与人们相关的公益广告的制作和传播。①

二、韩国公益广告运作机制

由于韩国实行的是电视媒体垄断经营的模式，电视台在韩国传媒领域拥有绝对的强势地位。KOBACO 负责韩国所有广播电视媒体的广告经营，为韩国媒体提供稳定的资金来源，引领和保障韩国公益广告事业的发展。

如图 4-2 所示，KOBACO 下设公益广告部，负责公益广告活动的组织和管理。具体活动的决策则是由民间专业人士组成的公益广告协议会做出的，这样既能保持独立性，又能保证活动稳定地开展。

整个公益广告制作过程的费用都来自 KOBACO 的营业利润，主要是 KOBACO 替电视台销售广告时段得到的委托手续费（为广告费的 14%）。其中，平均 10.8% 的委托手续费要给广告公司。KOBACO 从剩下的盈利当中，每年拿出一定的额度用于支持公益广告，一律不收政府或企业等的赞助资金。②

① "The Foundation for Building a Better Society: Hosting the 2023 Korea Public Service Advertising Contest," https://www.kcc.go.kr/user.do?mode=view&page=E04010000&dc=E04010000&boardId=1058&cp=3&boardSeq=58366，2024 年 4 月 14 日访问。
② 金揲美：《韩国公益广告运作机制的现状及其借鉴：以韩国 KOBACO 为例》，《广告大观（理论版）》2013 年第 2 期，第 72 页。

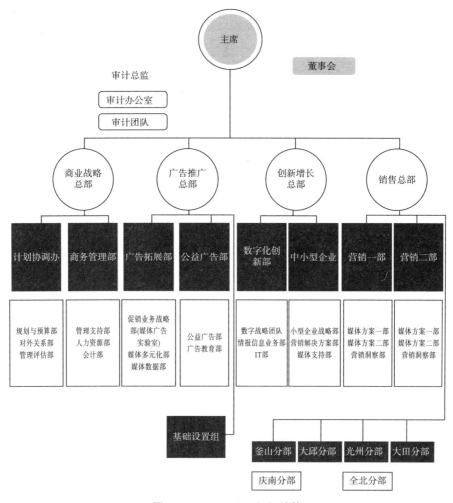

图 4-2 KOBACO 组织结构

资料来源：https://www.kobaco.co.kr/site/eng/content/organization，2024 年 7 月 6 日访问。

都是以价格折扣的形式收费刊播的。韩国公益广告协议会根据每年实施的公益广告主题国民民意调查（线上/线下）的结果，确定年度主题。然后，通过公开征集及比稿等方式选择广告制作公司制作广告片，经过试映后再进行发布（图 4-3）。这样的流程保证了所选主题紧扣国民关注的问题，聚焦当下的社会热点问题，通过多样化的诉求方式传递正确的道德规范、行为规范和价值取向。另外，该协议会还每年开展两次"公益广告效果评价调查"，以便获得公益广告的效果反馈，总结经验，指导之后的公益广告活动。

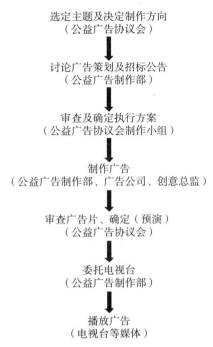

图4-3　KOBACO 组织公益广告活动的流程

资料来源：金㵴美：《韩国公益广告运作机制的现状及其借鉴：以韩国 KOBACO 为例》，《广告大观（理论版）》2013年第2期，第72页。

三、韩国公益广告管理机制

韩国政府对于公益广告采用法制化管理的方式，由 KCC 负责监管。2019年6月12日，KCC 公布了一项《放送法实施令》的修正案。首先，这一修正案明确地界定了公益广告的概念。其次，KCC 计划对于经营收益低于一定数额的广播电视运营商，免除其强制性播放公益广告的义务。最后，KCC 为确立节目时段加权体系制定了法律依据，以便扩大非商业性公益广告的覆盖面。

委员会的李孝盛（Lee Hyo-Sung）总裁指出："非商业的公益广告基于人道主义、公共利益和公民权利准则，对于提升社会价值起着显著的作用。这个修正案将有助于促进非商业性的公益广告的发展，强化广播电视机构的公共责任意识。"[①]

[①] "KCC Draws Up Amendments to Broadcasting Act," https://www.kcc.go.kr/user.do?mode=view&page=E02170000&dc=E02170000&boardId=1139&cp=1&boardSeq=47528，2024年3月28日访问。

2020 年 3 月 11 日，修订后的《放送法实施令》正式生效，规定：（1）任何广播电视运营实体和利用电信牌照经营广播电视业务的实体必须播出一定比例的非商业利性公共广告（Non-profit public commercials）；（2）每个频道的播出量不少于每月节目总播出时间的 1%；（3）电信牌照运营实体的播出比例按照《户外广告管理实施令》（the Enforcement Decree of the Act on the Management of Outdoor Advertisements）的规定执行。①

《放送法实施令》明确了"非商业性公益广告"的适用范围，具体包括：（1）由国家、地方政府、公共机构或非营利机构制作的，致力于公共目标，由广播电视实体或电信牌照实体免费播出的广告；（2）广播电视实体致力于实现公共目标的，由自己出资制作的广告。该法令还指出，具体评估方式由 KCC 根据每个频道的特点，基于节目播出时间来计算这类广告的刊播比例。②

2020 年 6 月 9 日修订的《放送法》（Broadcasting Act）第 73 条第 4 项重申，广播电视运营机构和利用电信牌照经营广播电视业务的机构必须按照总统令规定的最低比例要求，播出为促进公共利益而制作的非商业性的公共利益广告（public interest advertisements）。③

四、经验与不足

韩国的公益广告运作机制虽然不像英国那样直接由政府所属机构负责，但是由国营广播电视机构——KOBACO 统一组织和实施，也属于政府主导型机制。

（一）经验

政府通过立法的方式，明确了公益广告的类别，在一定程度上保证了广播、电视和户外公益广告的刊播量；由专门机构负责活动的组织和

---

① 《放送法实施令》规定：户外广告的展示区域为 30 平方米及以上的或展示其他公司广告的，应按照国家和地方政府的要求，每小时以不少于 20% 的时间刊播用于公共目的的广告。参见 "Enforcement Decree of the Act on the Management of Outdoor Advertisements and Promotion of Outdoor Advertisement Industry," https://elaw.klri.re.kr/eng_mobile/viewer.do? hseq = 42291&type = sogan&key = 15，2024 年 3 月 28 日访问。

② "Enforcement Decree of the Broadcasting Act," https://www.law.go.kr/LSW/eng/engLsSc.do? query = ENFORCEMENT+DECREE+OF+THE+BROADCASTING+ACT#liBgcolor0，2024 年 3 月 28 日访问。

③ "Broadcasting Act," https://www.law.go.kr/LSW/eng/engLsSc.do? query = BROADCASTING+ACT#liBgcolor0，2024 年 3 月 28 日访问。

协调工作,具有比较稳定的资金来源;通过调查研究确定年度活动主题,由专业公司负责策划、创意、制作、效果评估。

(二)不足

韩国的协议会一般带有政府背景,其行业影响力甚微,韩国公益广告协议会也是如此。以媒体为主导的模式使得媒体在商业运作与公益活动两者之间难以对自己所扮演的角色进行准确定位,最终结果是让受众对这些媒体所发布的公益广告信息本身产生怀疑,从而影响公益广告的实际传播效果。①

媒体自主性有限,致使韩国公益广告只能在有限的题材范围内产生影响,不能违背政治利益集团与大企业的利益诉求。这导致韩国公益广告只关注小事以及社会浅层问题,而很少关注深层次的社会问题和国际上发生的事件。②

此外,由于相关法律没有对报纸、杂志、互联网等媒体的公益广告发布进行约束,客观上也影响了同一主题公益广告的整体传播效果。

---

① 吴易霏:《韩国公益广告运营管理体制及其借鉴》,《中国行政管理》2011年第12期,第96页。

② 同上文,第97页。

第五章　公益广告的社会影响力

社会影响（social influence）是指一个人的情绪、意见或者行为被他人影响的现象。① 社会影响力包括规模、时间、内容、方式和效果五个要素，它受到多种因素和条件的制约。②

目前，国内的公益广告研究主要集中在公益广告的地位和作用、公益广告的运作机制、公益广告的创作等方面，对公益广告在公众中的影响力及传播效果的关注不够。此前的公众广告素养和广告态度研究也基本上都聚焦于商业广告，对于公益广告鲜有涉及。③

为此，有必要从公益广告传播对象的角度，来探析公益广告的社会影响力，这也关系到公益广告如何有效地发挥作用，以及能否实现可持续发展。

第一节　公益广告在公众中的影响力

公益广告的社会影响力主要体现为公众对公益广告的印象，以及他们对于公益广告在态度和行为改变方面的作用的整体评价。

2014年和2016年，笔者两次带领团队在全国部分省市进行了公益广告影响力调查。鉴于问卷调查方法难以深入洞察受众的认知和态度，笔者采用了深度访谈与现场实验相结合的方式，了解公众对公益广告的认

---

①　毛佳昕等：《基于用户行为的微博用户社会影响力分析》，《计算机学报》2014年第4期，第791页。

②　刘江船：《社会影响力——传播学的新视角》，《河南社会科学》2010年第1期，第180页。

③　代表性成果有：张金海、周丽玲：《广告素养的概念框架与影响因素》，《新闻与传播研究》2008年第4期，第59—66页；舒咏平、饶立安：《基于受众评价的广告社会效果研究》，《新闻大学》2009年第1期，第110—117页；黄升民、陈素白、康瑾主编：《中国城市居民广告观研究》，中国传媒大学出版社2014年版。

知和接触途径、公益广告的说服效果，以及改进建议。具体分为三个步骤。

步骤一，先请受访者回答 3 个问题。

（1）您知道公益广告吗？您印象中的公益广告是什么样的？

（2）您能说出几个看过或者听过的公益广告吗？

（3）您是在哪儿看到或听到的？

步骤二，现场为受访者播放 5 条电视公益广告。

步骤三，请受访者回答以下 5 个问题：

（1）您觉得这些公益广告说得有道理吗？

（2）您觉得这些公益广告说的事情与您相关吗？

（3）您看了以后有没有觉得自己应该做点什么？

（4）您觉得这些公益广告能号召人们采取行动去改变现状吗？

（5）您觉得公益广告应该怎么做才更有效果？

现场测试所播放的 5 条公益广告都是电视公益广告，分别为《雾霾篇》《志愿者——留守儿童篇》《反腐倡廉——李雪健篇》《垃圾分类——厨房篇》《老爸的谎言》。这 5 条广告基本覆盖了当前人们普遍关注的环境、教育、反腐倡廉、养老等社会问题，均为在中央电视台播出频率较高的公益广告。

《雾霾篇》表现了一对青年男女戴着口罩在雾霾中跳舞却看不到对方的情景，突出雾霾对人们生活的影响。片尾广告语是："你的行动决定你的环境，让我们一起把天空变蓝。"

《志愿者——留守儿童篇》以一个志愿者的视角，通过山里世界与外面世界的对比，反映了 5800 万留守儿童的孤独和无助，指出志愿者是连接两个世界、点燃爱心、分享幸福的纽带。片尾广告语是："学习雷锋、奉献他人、提升自己。"

《反腐倡廉——李雪健篇》展现的是著名演员李雪健谈自己扮演焦裕禄、杨善洲的体会。他说，这些好干部身上有一种神奇的力量，感动了自己和广大观众，这就是榜样的力量。片尾广告语是："清廉一生平安，实干造福百姓。"

《垃圾分类——厨房篇》夸张地表现了一个日常生活中的情节。有个年轻妈妈未经分类就把厨余垃圾倒进了垃圾箱，垃圾箱不停地震动、提示，并抛出包装盒。孩子见状，过来教妈妈如何正确地进行垃圾分类。片尾广告语是："一千公斤厨余垃圾回收利用可产生三百公斤优质化肥。分类产生价值，垃圾变成资源。"

《老爸的谎言》表现了一位独居老人的生活场景和身心状态。为了不影响孩子们的工作,即使老伴已住院,他也不对孩子说出实情,仍说自己吃得饱、睡得香、生活充实、一点都不闷。片尾广告语是:"老爸的谎言,你听得出来吗?别爱得太迟,多回家看看。"

我们2014年在上海进行调研时,还与总部设在上海的M公司的部分员工进行了座谈。

一、2014年调查

我们以随机接触的方式,对10位上海居民进行了深度访谈,并与某著名服装企业M公司的6位员工进行了小组座谈。深度访谈和座谈之前,调查者对关于访谈问题、地点和对象的方案进行了反复推敲,并进行了前测。其中,对上海居民的访谈时间为2014年8月3日,地点为上海市桂林公园,受访者年龄范围为46—70岁;与M公司员工的座谈时间为2014年8月4日,地点为该公司会议室,受访者年龄范围为25—40岁。

(一)对上海居民的深度访谈结果分析

1. 传统媒体仍然是受访者接触公益广告的主要渠道

受访者主要是通过电视、户外媒体和公交媒体接触公益广告的,有时也在上网时看到过公益广告。值得注意的是,受访者均未提及报纸。鉴于中老年人是报纸的主要受众群体之一,这说明报纸公益广告的触达效果不佳。

2. 公益广告的认知度不高

一些人知道公益广告,但是了解得比较片面:

> 关于群众的、公共的宣传和公共事业有利的东西……做好事做善事,弘扬传统道德、和谐、健康、环保(理念的)……宣传好的、正能量的、好人好事的。

也有人表示,并不清楚什么是"公益广告":

> 知道,电视里天天放,药啊保健品啊都是。

多数受访者平时会看到一些公益广告,但是没有留意过,也想不起来具体的作品;只有个别人能说出一些公益广告"比如教育类的、文明型的、保护环境的、献血的""基金会的广告"。他们能够回忆起来的公益广告包括《Family——爱的表达式》《祖孙三代》《反腐倡廉——李雪健篇》和《筷子篇》。

值得注意的是,有人对公益广告还持有偏见:

> 广告这种东西本身就是虚假的,公益广告也属于广告,所以不可信。

3. 公益广告的相关性较强

多数受访者认为公益广告的主题和自己有关系:

> 交通驾驶类的,过马路、交通行驶路灯等。
>
> 比如雾霾啊,那平时就不要放鞭炮,少开汽车。反腐倡廉和我联系没那么紧,不过最近不是在搞反腐嘛。

也有人认为:

> 有点教育意义的就相关。现在像焦裕禄这种(人)能有几个?

4. 赞同公益广告提出的倡议

调查者现场播放了5条电视公益广告,受访者看过后的反应如下:多数人认为,公益广告说的有道理,尤其是《反腐倡廉——李雪健篇》:

> 有道理的,给人很多力量、朝气,很好的,给人正气。
>
> 觉得李雪健是名人,应该相信。该广告没有高调,比较实在。
>
> 我觉得焦裕禄(精神)现在弘扬得还不够。环保类的也太少了,环保影响生活,需要去做。

也有人认为:

> (这些广告)太无聊了,有教育意义的(还)可以,没有教育意义的没有意思。

5. 公益广告对个人行为的影响有限

多数受访者认为,像环保、禁烟等行为靠个人自觉,即使没有公益广告,有公德的人也会去做;但是公益广告还需要多提倡,解决问题还需要多方共同努力:

> 垃圾分类我们也开始做了。这也简单啊,我们也自觉在做。垃圾分类这种环保的(事)需要有人组织有人管,糊里糊涂的我们也没办法。开始需要一个引导,比如什么垃圾分为哪种类别。在公共场所不要吸烟、不要吐痰、不要破坏绿化,也会教

育小孩子（这样做）。我们自身的话有很多时候也无能为力……但是还是要多提倡，多宣传。

其中，一位修理行业的老师傅表示：

> 对于公益广告中宣传的像保护环境的主题，即使没看公益广告，自己平时也在做着，例如不乱丢垃圾。看后能受启发，（觉得自己）更得做好。有的公益广告和自己关联不大，但是也要了解情况。

另一位教育行业的中年男子谈道：

> 自己平时也为小区做些事情，或者带着孩子、家人做些好事。公益广告有一定的号召力，但是每个人看完后会有不同的考虑。人在不同年龄阶段会关注不同的公益广告，我以前就关注教育类的。

6. 对公益广告的作用表示谨慎乐观

受访者认为，公益广告发挥了一定的作用，但是对此不能高估。有代表性的回答如下：

> 有效果的。多报道多宣传会好一些。
>
> 像焦裕禄这样的有精彩镜头的有人看，其他的没什么效果，总体来说效果不大。
>
> 有效果，但是不明显。
>
> 作为个人，不应该抽烟，要过低碳生活。看完环保蓝天篇，觉得提醒自己出门要戴口罩。
>
> 多少有些教育作用。（通过）提醒，引起人们重视。
>
> 公益广告对人们没有影响力，因为大家一看就过去了。

7. 对于改进公益广告宣传提出了建设性意见

（1）应该贴近生活，贴近现实：

> 公益广告中出现普通老百姓比较好。

（2）应该有故事，感染人：

> 有故事的公益广告比较好，感人。像现在打工的人在外面，挤火车回家团聚是很感人的，还有那个主持人主张献血、献骨髓的，挺感人的。

公益广告应该动人、有感染力才有效果，比如肺坏掉了，或者地球破碎之类的。

（3）不要太夸张，太假：

现在的公益广告要是做得太夸张，人们看完后很可能一看而过，没有印象。关注教育类的广告，最好在广告中出现教育方法，不要太假。

（4）名人广告要有实质内容：

关于名人广告，名人可以吸引眼球，但是应该更重视实质内容。很多时候觉得，名人说的话并不可信。

（5）加大宣传力度：

觉得国家对公益广告的宣传力度还不够。

要加大宣传，也要实际去倡导去执行。习惯了大家就会自觉了。

（6）从国家层面促进问题解决：

对于雾霾之类的公益广告议题，觉得国家需要管理，不能只图经济利益，牺牲空气和环境。

（二）与 M 公司员工座谈结果分析

参加座谈的人接触公益广告的主要渠道为互联网（包括微博、微信）和电视，印象深刻的公益广告包括《反腐倡廉——李雪健篇》《筷子篇》《妈妈，洗脚》。

大家普遍认为，公益广告还是必要的，令人印象深刻的会有一定效果：

那种感人的公益广告，印象还是蛮深刻的。（男 D）

像妈妈洗脚那个，会感动啊。孩子看完后会潜移默化地受影响，对父母的传承的爱。（男 A）

有的（孩子）看完真的会去做。比如我表弟，看完那个广告后，就真的端来水，给他妈妈洗脚。（女 A）

会产生这样的作用。但是像吸烟，在国外，（人们）会群起而攻之。在国内，还没形成这样的环境。（男 B）

对于应该如何增强公益广告的效果，主要有以下建议：

第一,加强倡导性。

　　我觉得应该是倡导一种精神,应该做的行为啊,还有向好的方向去做一些事情,或者道德上给大家一些教育。或者就是对中国传统的文化,像《筷子篇》就是对中国传统文化进行宣导。(女 A)

　　应该传播有价值的,那种真善美。什么叫真、善?把那种东西进行正面引导。或者从负面鞭策也可以,产生一种震动,达到效果。(男 D)

第二,加强针对性。

　　贴近生活的一种,更(令人)感动。大家更关心的可能是和自己实实在在感受到的(相关)。比如说聋哑孩子,很多父母可能会面临这样的情况;再比如说,健康这一块,大家也都可能会面临的。太遥远的,大家接触不到的,看过也就看过了,不会有过多的感觉。(男 C)

　　(《反腐倡廉——李雪健篇》)这是拍给老百姓看的吗?应该给当官的看……(对于)这个70后的人可能会有更多的感触,90后的可能就不会。(女 B)

　　我个人认为拍公益广告要更贴近我们内心的深处……我觉得这个《筷子篇》是挺好的。不过从我个人来讲,不会去二次传播这样的信息。我觉得这个片子的传播对象不是小孩,而是经历过世事的人。(男 A)

　　其实也希望公益广告突出一些需要帮助的人,大家有心去做善事,但是不能付诸实践。(男 C)

第三,加强艺术性。

　　我还是希望看到更多的创意,更多的内容。还有,比如说我,不需要公益广告站在多高的道德高度上,或者多么高大上。形式可以很多样。(男 A)

　　我觉得公益广告可以分类,比如有的是你要做的事情,有的是在讲你不要做的事情。在创意或画面上,我希望能有更多的对比和冲击。(男 C)

　　我觉得每个公益广告最好是一个小故事,比如说环保,可以拿一个主线贯穿,例如因为什么导致。《雾霾篇》只是告诉我

们要环保,但是深入不到我的心,应该让我们看到后能反思。(男 D)

《筷子篇》我可能会给妈妈发,但不会发朋友圈。我会发一是有趣,二是可执行的(信息)。(女 A)

第四,加强针对性和指导性。

环保之类的广告,个人看来,比如说我知道雾霾不好,但是这不是个人的事情,就是你真的是没办法,因为影响它的因素太多了。比如说你可以做到的,例如对那些聋哑人能够多一些理解。(公益广告)最好是大家看完之后,多少能做到点,才能起到一定的作用。(男 B)

我们内心都是向善的,但是我们的环境让我们没办法去做。怎么去把每个人心中这种好的可以做公益的心(激发)实践到真实的社会中?我觉得这个社会不需要去倡导,需要你带着大家去做。(男 C)

二、2016 年调查

2016 年寒假期间(1—2 月),中国传媒大学的 9 位本科生和研究生,以随机接触的方式,对 45 位城乡居民进行了深入访谈。访谈之前,研究者对提纲所涉及的问题进行了反复推敲,并进行了前测。

(一)调查范围及调查对象

调查范围覆盖河北、河南、四川、江苏、浙江、安徽、广西等省区。

受访者具体包括:退休人员(7 人)、政府工作人员(6 人)、个体工商户(4 人)、在职工人(4 人)、农民(4 人)、公司职员(12 人)、教师(2 人)、医护人员(2 人)、私企老板(1 人)、下岗工人(2 人)、学生(1 人)。

45 位受访者中,男性 27 人,女性 18 人。

受访者年龄范围为 14—89 岁,多数年龄在 21—60 岁之间。其中,21—30 岁的为 8 人,31—40 岁的为 5 人,41—50 岁的为 16 人,51—60 岁的为 6 人。

受访者的学历包括小学、初中、高中、专科、本科、硕士等 6 个层次。其中,学历为本科的人数最多(14 人),以下依次为专科(9 人)、初中(9 人)、高中(7 人)、小学(3 人)、硕士(3 人)。

(二) 调查结果分析

1. 公众对公益广告的认知比较模糊

45 位受访者中,有 40 位表示自己知道公益广告;4 人表示"没听说过";另有 1 人表示"不知道、不关心"。

通过文本分析发现,即使在表示自己"知道"公益广告的受访者中,也有一部分人对公益广告的概念和内涵不大清楚,甚至区分不了公益广告和商业广告。例如:

> 知道,免费的,电视上的不收广告费的广告。(公司职员,32 岁,本科)

> 知道的,我觉得公益广告就是能够让别人一看就懂,就明白、喜闻乐见的,采用各种方式方法的,声光电,来加深别人印象的。(公司职员,49 岁,专科)

> 知道。公益广告就是电视上宣传让人们买东西的。(农民,42 岁,小学)

大约 1/3 的受访者对公益广告的定义或内涵不甚清楚。例如:

> 印象中公益广告啊……就是跟你讲道理的,告诉你什么该做什么不该做的那种广告咯。(政府工作人员,48 岁,大专)

> 知道。指导人们生活各方面的知识。(退休人员,75 岁,高中)

其余的受访者则大多以具体的公益主题来解释公益广告。例如:

> 知道啊。电视台里面的那些啊,敬老的那些啊,孝顺老人家什么东西的那些。(农民,48 岁,初中)

> 知道。主要是宣传亲情,还有就是观察一些留守儿童,关注留守的年老父亲的广告。(政府工作人员,25 岁,本科)

45 位受访者中,只有 23 人能够回忆起具体的公益广告名称、主题或内容,刚刚过半。而表示"都没怎么看到过"的有 1 人,表示"印象不深刻"的有 1 人,表示"想不起具体的"的有 3 人,未回答的有 1 人,没有提及具体内容的有 16 人。这一数据表明,虽然媒体投放了大量公益广告,给公众留下深刻印象的却不多。

受访者提及的印象深刻的公益广告是:《妈妈,洗脚》(11 次);《没有买卖就没有杀害》(4 次);《老爸的谎言》(3 次);彭丽媛参与摄制的反对歧视艾滋病毒感染者的公益广告（2次）；《Family——爱的表达式》（2次）；《回家才是给父母最好的礼物》（1次）；《留一盏灯温暖他人》（1次）；《垃圾分类》（1次）；《珍爱生命，远离毒品》（1次）；《为了您和家人的健康，请不要吸烟》（1次）；《保护环境，人人有责》（1次）；《高高兴兴出门去，平平安安回家来》（1次）。其他提及的主题包括扶老人过马路、防火、保护环境、遵守公共秩序等。

由此可见，家庭美德、环境保护主题的公益广告被提到的次数最多，大众记得的也多为电视公益广告。

2. 公众的公益广告接触渠道有限

45位受访者中，有22位只提到了一种媒体，11位提到了两种媒体，8位提到了三种及以上的媒体，另有4人表示不清楚。

受访者提及的媒体，按次数多少排列依次为电视、户外媒体、手机和互联网、广播、报纸。

值得注意的是，在回答"电视"的38位受访者中，有11人明确提到了中央电视台，其余的27人则未提及电视台名称。

由此可见，以中央电视台为代表的电视媒体，在我国的公益广告传播中发挥了重要作用，并在公众心目中留下了深刻的印象。

3. 公众认同公益广告所说的道理，但认为表现方式存在问题

42个受访者明确表示公益广告的内容是有道理的；有2人只记得杨善洲植树的公益广告，且未对广告所倡导的主张进行评论；还有1人认为大部分公益广告看不懂、没共鸣。

与此同时，一些受访者也指出了刚刚看到的公益广告中存在的问题。这些问题主要是"看不懂""说服力弱""指导性不足"等，集中于《雾霾篇》《志愿者——留守儿童篇》和《垃圾分类——厨房篇》。

对《雾霾篇》的意见包括：

> 雾霾那个的（创意手法）出发点不是很好。它讲的一对男女相爱，说服力不强。如果能从小孩的角度出发，表达雾霾对孩子的危害，就我自己来讲，作为一个妈妈，会更有说服力。（公司职员，32岁，本科）

> 如果不先看到题目，都不知道是反映环境污染的。感觉有一男一女跳舞没什么说服力，而且并没有直接体现出雾霾给人们带来的严重危害，也没说要怎么能改变污染的现状。（个体工商户，51岁，高中）

要爱护环境，拍得不好。用两个人看不看得到来表达不要污染环境，没表现出来，还不如直接放环境污染的视频。（在职工人，53岁，初中）

这个有点模糊了，到底我们应该怎么做不清楚。（教师，49岁，本科）

对《志愿者——留守儿童篇》的意见包括：

我觉得它里面的内容那些事例还不够直接地触动人心，只是把那些话，那些有对比性的话说出来，就是还不够发人深省。（高中生，14岁）

都知道留守儿童这个问题，看完没留下什么印象，不容易看懂中心思想。（在职工人，53岁，初中）

它只是给了一个场景，但是没有让人深刻地去体会，到底留守儿童有什么不好的地方，我觉得应该去挖掘更深层次的东西。（公司职员，28岁，硕士）

对《垃圾分类——厨房篇》的意见包括：

知道了垃圾不能随意投放。电池的回收没有提到，平常丢废电池的时候就总是想着这个事，没人宣传没人管的样子，危害又大。（公司职员，53岁，初中）

在生活中应该分类垃圾，可是很多垃圾应该属于可回收还是不可回收的，并不是很清楚，而且真去做很麻烦，所以看了广告也不太知道该怎么做。（个体工商户，51岁，高中）

4. 公众觉得公益广告的相关性较强

42人直接或间接地表示这几支公益广告与自己具有相关性，3人未回答这一问题。

文本分析发现，提到"相关"的这些受访者并不认为所看到的5个电视公益广告的主题都与自己相关。其中，《老爸的谎言》被普遍认为与自己具有相关性，其次是《垃圾分类——厨房篇》。相对而言，《反腐倡廉——李雪健篇》《雾霾篇》《志愿者——留守儿童篇》被认为关联度不大。以下是两个有代表性的回答。

有关。都是生活中常见的问题，雾霾啦，孝敬父母，垃圾分类，这些都比较贴近（生活）。而反腐倡廉这些，我感觉跟我没什么关系。（公司职员，32岁，本科）

> 孝敬父母类的公益广告跟自己关联性较大。这些公益广告对自己的行为举止起到提示作用。至于象牙、皮草、鱼翅这些物品，有个人喜好因素在里面——不喜欢，更买不起啊。（公司职员，26岁，硕士）

5. 公众认为公益广告可以产生一定效果

大部分受访者表示，可以从力所能及的小事做起，来响应公益广告的倡导。也有一部分人表示，虽然自己认同公益广告所说的道理，但在具体行动中，有时个体是力不可及的。

> 雾霾这个，虽然我们知道它危害很大，想去做些什么，但又能做些什么呢？我觉得它主要与汽车尾气、工业排放相关，我不开车，别的其实也做不了什么。……对于一些国家层面的，人们做不到的事情，号召也是没有用的。（公司职员，32岁，本科）

> 还拿反腐来说吧，现在这个情况，一般的人，小职员也好，农民也好，很气愤贪腐，但反腐到谁的头上，谁也不愿意。也就是说，对于有些现象我们无能为力，具体到人身上，思想上会支持，但不一定有实际行动。（退休人员，86岁，初中）

受访者充分肯定了公益广告在树立正确的舆论导向和推动社会进步方面的作用。与此同时，多数人认为，公益广告的效果不能高估。

(1) 公益广告的效果因人而异，只能引发一部分人的行动。

> 对一些人来说有改变，一些人不会改变，这个还是要因人而异的，毕竟不是所有的人都会去看公益广告，而且一些人看了也是白看。（退休人员，60岁，专科）

> 接受能力好的人应该会有，对那些没有什么社会公德心的人就是没有。（公司职员，46岁，专科）

(2) 不同类型的公益广告，效果有所不同。

> 有一些是跟实际生活联系紧密，能直接（影响）我们的行为，另一些可能只能改变我们的态度，让我们更好地理解某种理念，不一定能够产生行动。（在职工人，34岁，专科）

(3) 公益广告的效果是长期的、潜移默化的。

> 我觉得公益广告或多或少能在潜移默化之中影响人们对于

很多事情的看法。比如对待亲情、对待环境的看法等等。(私企老板,28岁,本科)

是会影响一部分人,但是具体要在短时间内改变不太现实。比如像文化的普及,有些人还是达不到这种。(在职工人,40岁,专科)

(4) 公益广告可以发挥舆论导向作用。

改变现状其实挺难。但是公益广告中对舆论风向的引导作用还是很重要的。(公司职员,26岁,硕士)

我认为公益广告是一种社会姿态……至少说明社会在关注这些事情。(政府工作人员,23岁,本科)

(5) 社会整体道德状况影响着公益广告作用的发挥。

实际效果还比较勉强。目前,很多人的自觉性和公益心不够,这就造成公益广告的播放很难促使人们真正采取行动去改变。同时,也不能否认(公益广告)确实号召了一部分的人行动起来。(教师,23岁,专科)

我相信大部分人都愿意去做,但是做这些事情害怕受到某些人的误解。因为现在整个中国社会……假如你去助人为乐,发生车祸,你如果在没有第三方的情况下贸然去做,它的后果有可能就是你来承担这些责任。所以说它就造成了整个社会上很多人那种事不关己高高挂起(的态度)。(在职工人,40岁,专科)

(6) 只靠公益广告难以解决社会问题。

目前来说,光靠广告达不到(解决问题的目的)。第一个,没有基层单位组织,全靠志愿者。志愿者也需要有人领头。要帮助留守儿童,有人要组织这些志愿者去发挥积极性。(退休人员,76岁,初中)

小部分是可以的。比如像刚才的那个《老爸的谎言》,其他的人们听了之后只是会有那个印象,但是行为方面并不会去真正地落实,因为我觉得这些东西不是靠一些广告就能够去实施的,我觉得应该还要政府去颁布一些政策。(高中生,14岁)

我觉得这些广告播出后会引发一部分人的行动,但是无法引发全体社会成员采取行动改变现状。毕竟公益广告归根结底

也只是广告，要结合政策法规，才能够对社会起到更大的约束作用。（公司职员，49岁，本科）

6. 建议公益广告在主题、表现、推广等方面继续完善
（1）拓宽宣传渠道，加大宣传力度。

  公益广告由于时间限制，无法全面揭示问题本质，建议结合纪录片、专题报道等形式，更有深度、有态度地揭示问题、弘扬主流价值观。（公司职员，26岁，硕士）

  公益广告应该在社会上进行普及，以走入群众的形式，由专人以真实事例对社会公益进行讲解，通过切身实践，才能加强群众的公益意识。（政府工作人员，45岁，专科）

  不能光靠电视。家里也有网线，我们在工地没事拿手机上网，看小说，年轻的爱去网吧。……就刚才那几个（公益广告），给小年轻们多在手机上放放，就更好了。（农民，42岁，小学）

（2）主题贴近生活，利用真人真事。
公益广告的主题应当源于生活。只有贴近生活才能贴近公众，才能引起公众的共鸣。要利用真人真事，用他们的行动来传递公益理念，让公益具体化、真实化。

  公益广告应该更注重现实生活，不要天马行空，不要去模拟出来一个不贴合实际、过于完美的社会环境。要通过我们现实生活中的例子，或者模仿我们的现实生活，来展现主题，这样的公益广告才更加深入人心，更加接地气。（私企老板，28岁，本科）

  联系到洗脚的广告，还是说得按着这种方式，贴近生活，讲大家身边发生的事，这样教育会更好。广告选例子的时候，身教重于言教，用实际宣传最有效。（退休人员，86岁，初中）

（3）要简短易懂，突出主题。
公益广告所面对的社会大众在年龄、职业、受教育程度、理解能力等方面存在着一定的差异，在创作时不能忽视这一点。

  一些公益广告过于深奥、抽象，老百姓看不懂就起不到应有的教育作用。让大家看得明白，容易理解，才是公益广告的传播目标。……拍摄广告的手法（叙事方法、镜头画面等）也

不要过于复杂。(公司职员,49岁,本科)

具体来说,就是老弱妇孺各个阶层和年龄的人都能看明白,不能抽象。作为有一定文化基础的人,我们能懂,但对其他群体来讲,要更通俗一点。(公司职员,32岁,本科)

做得让人能看得下去吧,最好主题突出一点,一开始就讲出来,别放很长时间最后字幕出来才知道在讲点什么东西,这样可能愿意看的人就多一点吧。(政府工作人员,48岁,专科)

(4)公益广告要有配套制度,才能真正推动社会进步。

公益广告只是让公益停留在媒体宣传层面,而公益真正需要的是落实在行动上。只靠公益广告是远远不够的。

留守儿童对我们现实来说也是没办法的,他老爸老妈也不想跑出去,一家人在一起还是幸福的。但是现在我们达到的条件是这样:不出去打工就是没有发展、没有温饱,所以说这个东西还是依靠我们的制度啊。(农民,48岁,初中)

像爱护环境、垃圾分类,我们也只能保证自身做好就行了,因为这个还是要有一定的监管执法才行。(在职工人,40岁,专科)

广告这种东西有一定的效果,但是要真正提高全民素质的话,应该是一个文化教育的问题。农民老百姓假如说没有文化的话,你叫他看这个公益广告,其实不是很理解,还要加强文化教育。(医护人员,46岁,专科)

三、小结

从整体来看,公众对公益广告的作用给予了充分的肯定,也对公益广告有较深的印象,认为公益广告引发了人们对社会问题的关注,倡导了正面的价值观,并在一定程度上激发了做公益相关事情的动机。

与此同时,部分公众对于什么是公益广告、公益广告有什么作用的认知还比较模糊。他们认为公益广告活动中仍存在很多问题,具体包括:在表现方面,片面追求形式、感染力不强、相关性差、说服力弱、难以引发受众共鸣、行动指导性不够等;在传播方面,受众群体细分不够、针对性差、传播渠道有限、不符合受众的媒体接触习惯等。

值得注意的是,虽然公众普遍对公益广告的主张表示认同,但是对其社会影响力仍持保留的态度。其原因是多方面的，既有创作本身的问题，也有受众个体差异的影响，还有整体社会环境的制约。正如罗杰斯在谈到扩散研究中的个体指责偏见时所强调的："很多社会问题可能本质上确实是由个人因素引起，有效的解决办法可能是需要改变这些个人因素。但在很多个案中，造成社会问题的根源可能是由个体组成的广阔的背景和社会体系。针对改变个体的改良政策可能对解决体系层面的问题无效。"①

相关政策、法规和社会保障体系的不完善，以及执行层面的问题，也在一定程度上制约了公益广告的效果。一些受访者谈道，目前国内尚无严格的垃圾分类处理体系，也没有相关的政策、法律规定，即使垃圾分类投放也很难得到分类处理。况且，许多人并不知道哪些垃圾是可回收利用的，哪些是不可回收的，垃圾箱的分类也不够细化。这就使得公益广告的倡导流于形式。又如，留守儿童问题是一个复杂的社会问题，既涉及边远地区脱贫致富，也涉及农民工子女在城市的入托、入学，还涉及农村的教学环境和教师待遇等问题。因此，单纯呼吁农民工陪伴孩子和志愿者的奉献，并不能从根本上解决问题。类似的情况也出现在防治大气污染类公益广告方面。

有趣的是，在对公益广告的作用进行评价时，受访者普遍认为公益广告对自身的影响要比对其他人的影响更大，其原因还需要从社会学、心理学角度进行深入的探究。

综上所述，在我们肯定公益广告的地位和作用，并致力于优化公益广告的主题和表现形式、扩大其覆盖范围的同时，也应该认识到公益广告本身作为一种宣传形式的局限性。

第二节 公益广告在大学生中的影响力

鉴于大学生群体是公益广告传播的主要目标受众群体之一，也是未来社会的中坚力量，研究者专门调研了公益广告对于大学生群体的影响。
2015年10月至11月，调查在沈阳、西安、北京、上海、成都、广州和台北进行，这些城市分别代表了东北、西北、华北、东南、西南、

---

① 〔美〕E.M.罗杰斯：《创新的扩散（第5版）》，唐兴通、郑常青、张延臣译，电子工业出版社2016年版，第121页。

华南及台湾地区。具体抽样方式是，每个城市选取一所高校，并综合考虑调查对象的性别、专业、年级、生源地等因素。选择台北进行调研，旨在比较公益广告在两岸大学生群体中的影响力。

这次调查通过发放纸质问卷的方式进行，共发放问卷超过 1000 份，剔除不符合作答要求的无效问卷后，有效问卷数为 975 份（其中，大陆地区为 855 份）。①

问卷共分为四部分：第一部分为公益广告认知，共 7 题，主要调查公益广告对受访者个人态度及行为的影响；第二部分为公益态度和行为，共 5 题，主要调查受访者平时的公益态度和行为；第三部分为公益广告效果，共 3 题，调查受访者认知中公益广告对整个社会的影响；第四部分为受访者个人信息，共 6 题。此外，我们还从受访者中选择了 15 名学生进行了访谈。

一、问卷调查结果分析

（一）公益广告接触与认知

（1）大学生偶尔接触到公益广告，频率基本上是每周最多 1 次。超过六成（64.7%）的受访者表示，自己是偶尔接触公益广告，还有 1.4% 的受访者表示从未看到过或听过公益广告。

（2）各类新媒体是大学生接触公益广告的主要媒介。除此以外，在传播公益信息方面，电视和交通（地铁、公交站台或车厢）媒体也具有很大的优势。

（3）大学生很少主动搜索公益广告。一般情况下，他们都是在无意中看到或听到公益广告，属于被动接触而非主动寻求。

（4）令人印象深刻的公益广告一般都通过感性诉求的方式产生令人感动、引人思考的效果。但是，整体来说，我国的公益广告在创意水平、批评力度和号召力方面仍有进一步提升的空间。

（5）大部分给人深刻印象的公益广告能够让大学生开始关注广告中所说的现象，并产生行动意愿。

（6）给人深刻印象的公益广告未必能引发行动。约四成的人会和周围的人谈论这个话题并自觉响应广告的倡导，但也有超过两成的人表示什么也没有做。

---

① 有几份问卷中的一两个问题（如性别、专业、年级、生源地等问题），受访者没有回答，因而表格中呈现的人数有时会少于 975 人。

（二）公益态度和行为

大部分受访者表示平时会关注公益方面的事情。环保是最受关注的公益主题，其他主题还包括孝敬老人、食品安全、扶贫帮困、传统文化保护和边远地区的教育问题等。

媒体发布的公益报道、公益广告和广播电视上的公益节目是获知公益信息的主要渠道。此外，明星或网络名人的社交媒体平台也是重要的公益信息传播渠道。

尽管大多数人关心公益事务，但是只有两成多（23.5%）的受访者明确表示参加过公益社团并注明了社团名称，大陆学生参加公益社团的比例高于平均值。

捐款捐物是大学生参与公益活动的主要形式，其余依次是关爱福利院的老人或儿童、组织或参加义卖活动等。

（三）公益广告的效果

在对当前公益广告的总体效果进行评价时，受访者认为公益广告在一定程度上引发了人们对社会问题的关注，但对人们的公益行为的影响还有待加强。感染力差、说服力弱和说教味浓是当前公益广告存在的主要问题。

二、深度访谈结果分析

研究者从问卷调查对象中，选取了15名中国传媒大学的学生进行深度访谈，其中男生8人，女生7人。访谈方式为：首先向受访者提出一些问题，以了解他们对公益广告影响力的整体印象；然后再播放5条电视公益广告，让他们对具体的公益广告进行评价。

（一）公益广告的认知度

多数受访者倾向于提及公益广告的主题、个人感受和接触公益广告的媒介，出现频次较高的词语包括：央视、道德（《妈妈，洗脚》）、环保、正能量等。

但是，仍有一名受访者混淆了公益广告和商业广告，认为公益广告"是电视上宣传让人们买东西的"；另有一名受访者提出了对"公益广告"认定的困惑——"一旦加入了企业信息、LOGO什么的，就不知道还算不算真正意义上的公益广告"。

相对来说，以感性诉求为主的、以道德为主题的公益广告更容易被访谈对象记住，包括《妈妈，洗脚》《保护环境》《禁烟运动》《打包篇》等。另有一名受访者表示"想不到什么"。

（二）对具体公益广告作品的评价

受访者对于要求观看的 5 条不同主题的公益广告的评价差异较大，其中《老爸的谎言》得到的正面评价较多，《反腐倡廉——李雪健篇》得到的负面评价较多。

1. 《反腐倡廉——李雪健篇》

由于该题材与大学生的日常生活距离较远，受访者对该广告的评价以负面为主，仅有一名受访者认为该广告能够"给老百姓信心"。

2. 《志愿者——留守儿童篇》

一部分受访者喜欢该广告，认为它感人，但缺乏"如何帮助留守儿童"的具体指导。大部分受访者对该广告感触不深，或认为其与自己的生活较远，没有具体可操作的办法。

3. 《雾霾篇》

这个主题与学生们的日常生活息息相关，该广告的艺术性也得到了受访者普遍认同，但他们大都认为"没有告诉我们要有什么行动"，还有受访者觉得该广告无用，内容和呼吁脱节。

4. 《垃圾分类》

作为环保主题的公益广告，该广告对现实问题的关注得到了认可，得到的正面评价较多，如"有新意/吸引眼球/搞笑/最好/轻松直白"，受访者对该广告的印象也较为深刻。但与对《雾霾篇》的反馈相同，受访者认为除了传达理念，公益广告更应该提供垃圾分类方面的知识，以便于实际操作。

5. 《老爸的谎言》

在现场播放的 5 个广告中，该广告得到的正面评价最多。受访者普遍喜欢该广告，认为其与自己的生活很近，很有感触，表示自己要行动起来，更多地关爱父母。

综合来说，与受访者生活接近、采用感性诉求方式的公益广告，往往更容易得到好评。但也有受访者批评这一类公益广告"传统套路太多，看多了没有感触"，这值得创作人员警醒。

多位受访者（12 人）觉得这几个公益广告"有道理"，但也有受访者对此提出不同的看法，认为：引发共鸣比讲道理更重要；不通过广告也能懂得相关道理（已有的经验）；有些情节过于夸张（如《父亲的谎言》），与现实不相符。

多位受访者（13人）认为这几个公益广告"与我相关"，看过与自己实际生活近的会立刻采取行动，包括给家人打电话、常回家看看、尝试进行垃圾分类等。但有些主题因为与受访者的实际生活距离远（留守儿童），或相关性弱（反腐倡廉），所以无法引发什么后续行动，受访者也不知道该做什么。除了主题的相关性、感染力之外，社会信任度和知识储备也会影响学生们观看广告后的行动。值得注意的是，尽管多数受访者认为自己在观看广告后会有所行动，但对于这些广告"能否号召他人采取行动"这一问题，中性或负面看法较多。可见，仅靠公益广告很难真正促成社会问题的解决，对于其功能不能夸大。

三、公益广告在两岸大学生中的影响力比较

作为改变人们观念、推动社会进步的一种传播手段，公共服务类广告在全球范围内得到了广泛运用，大陆和台湾地区也不例外。两岸民众虽然身处不同的政治、社会环境之中，但都深受中国传统文化的影响，在价值观和生活方式上有诸多相同之处。对于公益广告影响力的比较研究，不仅具有一定的学术价值，对于提升两岸的公益广告传播效果也具有重要的现实意义。

在全国性的问卷调查数据中，研究者抽取中国传媒大学（北京）和政治大学（台北）两所学校的大学生数据进行了比较研究，有如下发现。

超过15%的台北受访学生说不出印象最深的公益广告，而北京受访学生仅为7%，原因可能是大陆的公益广告发布频率更高、媒体覆盖范围更广。中国传媒大学的学生印象最深的三则公益广告依次是《妈妈，洗脚》《关爱老人——打包篇》和《没有买卖就没有杀害》，主题分别为孝敬老人和保护珍稀动物；台北的大学生印象最深的三则公益广告则依次是《戒烟救健康，远离COPD》《随手捐发票》和《捷运文化节》，主题分别为戒烟禁烟、扶贫帮困和文明出行。

中国传媒大学的学生印象最深刻的三则公益广告当中，《妈妈，洗脚》《关爱老人——打包篇》风格相似，都采用讲故事的形式，用生活中的片段来打动受众，选取的场景是普通大众的日常生活，出场人物也都是普通百姓，给人以亲民、真实的感觉。《没有买卖就没有杀害》则采取了恐惧诉求的方式，通过展示被捕杀野生动物的惨状，号召大家保护野

生动物。广告还充分利用了名人效应，姚明、成龙等明星的出演，大大增强了广告片的感染力和号召力。

台北的大学生印象最深刻的三则公益广告的风格与大陆的大学生印象最深刻的公益广告基本类似，既包括亲民的故事类叙事，又包括在利用明星倡导的同时适当采取恐惧诉求的方式。《捷运文化节》的出场人物为普通市民，描述的故事都发生在捷运站内。《戒烟救健康，远离COPD》则邀请金马影帝孙越现身说法，用其亲身的经历鼓励大家戒烟。唯一特殊的是《随手捐发票》。该系列公益广告只是贴在捐款箱上的一个平面广告，广告的主要内容是广告标语、慈善机构的名称及其联系方式。这种直白简单的广告风格依然可以成为台北大学生印象深刻的公益广告，首先是因为其出现在便利店这样的高频生活场景中，占据了理想的传播渠道，其次是台湾社会已经形成了随手捐发票的社会风尚，所以这则广告才能在表现形式并不突出的情况下脱颖而出。

"令人感动""引人思考"和"有号召力"同为两岸大学生对公益广告印象深刻的原因，而"针砭时弊"和"创意新颖"则位居其后。所不同的是，北京的大学生将"令人感动"排在首位，台北的大学生则认为"有号召力"这一原因最为重要。

两岸大学生群体印象深刻的公益广告的表现风格基本相似，包括亲民、真实，利用明星的号召力辅之以恐惧诉求等。同时，他们也都认为，从整体来说，普遍存在说教味浓、感染力差、说服力弱、形式死板的问题，其中北京的学生认为"说教味浓"是公益广告存在的首要问题（见图5-1），而台北的学生则认为"感染力差"的问题最为突出（见图5-2）。

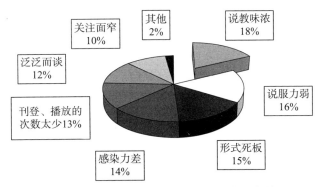

图5-1 北京的大学生认为当前公益广告存在的问题

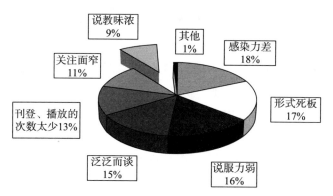

图 5-2　台北的大学生认为当前公益广告存在的问题

两岸受访学生均肯定了公益广告的社会作用，也表明公益广告对其态度和行为产生了一定的影响。相对来说，中国大陆学生认为公益广告对个人的认知、态度方面的影响更大，台湾地区学生则认为公益广告在改变人们的态度、激发行动欲望方面的社会作用更为显著。

四、小结

公益广告的内容和形式对传播活动是否成功起着至关重要的作用，它直接影响人们对公益广告的印象和是否采取相应的行动。数字媒体时代的大学生不是广告信息的被动接收者，而是拥有选择和评估权的用户。因此，只有选取贴近其实际生活的公益主题，将感性与理性诉求有机结合，并给予明确的行动指引，公益广告传播才能达到预期的效果。

在对两岸大学生印象最深的公益广告进行比较时还发现，这些广告并无交集。究其原因，除了公益广告的地域针对性之外，也与两岸之间公益广告的交流机制不够通畅有关。笔者在 2015 年进行的全国性调查中发现，中国大陆学生印象最深的公益广告中，泰国公益广告名列第 5 位，这表明语言并非影响公益广告在不同国家或地区传播的首要因素。

中国大陆的公益广告活动主要由政府主导，主流媒体的积极参与在一定程度上保证了公益广告的制作质量，而对媒体刊播量的政策规定又在一定程度上保证了公益广告的到达率。当然，政府主导的公益广告运作机制也存在一些局限，如社会力量参与不够，还存在说教味浓、说服力弱等问题。

台湾地区的公益广告活动则主要由企业和社会团体发起和实施。由于缺乏政策支持和宏观层面的组织协调，针对具体社会问题进行公益行为倡导就成为现实的选择。这种机制的优点是主题具体、针对性强、效果易测，缺点是覆盖面小、影响力有限。由于资金和专业力量不足，也容易出现感染力差、形式单一等问题。

两岸的行业主管部门、媒体、广告公司应该加强交流与合作，取长补短、互相促进。而增强公益广告的针对性、说服力和号召力，则应成为海峡两岸相关机构共同努力的方向。

第三节　公益广告在互联网上的影响力

目前，随着数字化技术的不断进步，互联网已经成为与传统的报纸、广播、电视、杂志等并驾齐驱的媒体平台，并呈现出后来居上之势。传统媒体的受众也在不断地向网络媒体迁移，这种现象在社会化媒体平台上表现得尤为明显。微博，作为具有广泛影响力的国际性社交媒体平台之一，已经成为公益广告传播的重要渠道。

微博是人们在线创作、分享和发现内容的领先社交媒体平台，它将公开、实时的自我表达方式与平台强大的社交互动、内容整合与分发功能相结合。任何用户都可以创作并发布微博，并附加多媒体或长博文内容。用户之间的关系可能是不对称的，每个用户都可以关注任何其他用户，对任何一条微博发表评论并转发。这种简单、不对称和分发式的特点，使原创微博能演化为快速传播、多方参与并实时更新的话题流。

新浪微博 2009 年 8 月上线；2010 年 10 月底注册用户数就已超过 5000 万；2014 年 3 月 27 日正式更名为微博；2014 年 4 月 17 日晚正式登陆纳斯达克；2021 年 12 月 8 日，正式挂牌香港联交所。截至 2024 年 3 月底，月活跃用户为 5.98 亿，日活跃用户达到 2.57 亿。[①]

一、微博平台上的中国公益广告影响力

笔者于 2023 年 11 月 2 日，以"公益广告"为关键词，以"视频"为检索条件，整理出播放量排名前 20 位的公益广告（见表 5-1）。

---

① 《微博四季度营收 4.6 亿美元，月活用户 5.98 亿》，https://baijiahao.baidu.com/s？id=1793564706880079505&wfr=spider&for=pc，2024 年 3 月 28 日访问。

表 5-1 微博平台上播放量最多的 20 条公益广告视频

序号	主题	广告标题	发布者	广告主	来源	播放量	点赞	转发	评论
1	环境保护	出门做个自带派	人民网	野生救援	美国	28 290 000	170 000	52 000	4812
2	环境保护	应对气候变化	人民网	野生救援	美国	11 610 000	32 000	6125	1068
3	家庭教育	态度改变，孩子的人生也会改变	环球时报	台湾公益广告协会	中国	701 000	989	266	56
4	交通安全	不酒驾，赢虎年	公安部交通管理局	公安部交通管理局	中国	509 000	8216	5351	116
5	环境保护	人类，你为什么不吃塑料袋	毛孩儿	泰国环境质量保护部	泰国	479 000	1	0	1
6	全民健身	全民健身动起来	新华社	国家体育总局	中国	258 000	1353	114	117
7	警惕电信诈骗	明枪易躲，电诈难防	澎湃新闻	公安部刑侦局	中国	216 000	198	45	12
8	爱党爱国	普通话颂百年伟业	人民网	全国推广普通话宣传周领导小组	中国	204 000	456	197	102
9	地区形象	长安有礼	陕西省文化和旅游厅	文化和旅游部	中国	196 000	0	0	8
10	环境保护	有生命的国家宝藏	人民网	国家林业和草原局	中国	121 000	190	97	24
11	地区形象	长安依旧	陕西省文化和旅游厅	文化和旅游部	中国	69 000	0	1	2
12	地区形象	遇见红色榆林	陕西省文化和旅游厅	文化和旅游部	中国	66 000	1	0	0
13	家庭教育	卖凤梨的女孩	毛孩儿	AIS（移动运营商）	泰国	56 000	1	0	1

（续表）

序号	主题	广告标题	发布者	广告主	来源	播放量	点赞	转发	评论
14	爱党爱国	您的声音	新京报	北京市委	中国	39 000	17	9	10
15	爱护文物	文物无言，吾等发声	陕西省文化和旅游厅	陕西广播电视台	中国	20 000	5	1	4
16	交通安全	开车时请勿分心驾驶	北京交警	湖南高速警察	中国	19 000	2	0	2
17	爱党爱国	这就是中国	陕西省文化和旅游厅	中央电视台	中国	9 139	3	1	1
18	全民阅读	全民阅读十二时辰	北京交通广播	北京广播电视台	中国	6702	1	0	0
19	宪法教育	尊崇宪法、学习宪法	北京交通广播	司法部、全国普法办	中国	4802	4	4	0
20	爱党爱国	信仰的力量	新京报	新京报	中国	3952	20	4	2

（一）来源地区

由表5-1可见，在这20条公益广告中，有16条来自中国。来自其他国家的分别是美国2条，泰国2条。

（二）播放量排名

占据前两位的广告均来自国际性非营利组织——野生救援，位居第三位的广告来自我国台湾地区的公益广告协会，名列第五位的来自泰国。野生救援的两条广告遥遥领先，其中排名第二位的《应对气候变化》播放量达到了1161万次，远远超过来自中国大陆的15条公益广告的播放量总和（约174万次）。此外，排名第17—20位的来自中国大陆的公益广告播放量均未达到1万次。

（三）互动情况

在点赞、转发和评论方面，来自中国大陆的公益广告的表现情况也不容乐观。在15条公益广告中，点赞量超过100的仅有5条，点赞量不到10的有8条；转发量超过两位数的仅有5条，另有5条为零；评论量超过两位数的仅有6条，另有3条为零。

（四）广告主身份

多数发布者的身份为政府或公共机构、媒体，具有权威性。20条公益广告中有5条的发布者是陕西省文化和旅游厅，占比25%；4条的发布者是人民网，占比20%；4条广告的发布者是交通部门。

（五）广告主题

爱党爱国和环境保护类公益广告各为4条，地区形象类3条，家庭教育和交通安全类各2条，警惕电信诈骗、全民健身、全民阅读、爱护文物、宪法教育类各1条。

综上所述，从播放量排名前20位的公益广告的广告主来源构成来看，中国的公益广告在微博平台上的影响力值得肯定。但是，从单支公益广告的播放量，以及点赞、转发、评论量来看，来自中国大陆的公益广告还有很大的提升空间。

二、YouTube平台上的中国公益广告影响力

YouTube自创建以来，积极拓展全球市场，目前已经在超过100个国家和地区推出了当地版本，用户可以在其网站上浏览视频或者发布自己的内容。因此，在YouTube平台上发布内容，实际上就是跨国传播。

2023年11月12日，笔者在YouTube平台以"public service advertisement""public service announcement""PSA"等为关键词进行检索，按照播放量排序，整理出排名前20位的公共服务类广告（表5-2）。[①]

表5-2 YouTube平台上播放量最多的20条公共服务类广告视频

序号	主题	广告标题	发布者	广告主	来源	播放量	点赞	评论
1	反对战争/保护儿童	拯救叙利亚儿童	救助儿童会	救助儿童会	英国	74 594 562	1 030 000	关闭
2	反对毒品/关注青少年健康	青年人不要吸食毒品	Eighties-TV	麦当劳	美国	20 051 145	910 000	38 928
3	维护交通安全	留意骑行的人	做测试	做测试	英国	13 953 751	190 000	4727

---

① 目前中国的公益广告英文译名为"public service advertisement""public service announcement""PSA"，因此用这三个关键词搜索，显示结果应该包括中国的公益广告。

（续表）

序号	主题	广告标题	发布者	广告主	来源	播放量	点赞	评论
4	控制枪支	埃文	桑迪胡克的承诺	桑迪胡克的承诺	美国	13 865 541	0	关闭
5	控制枪支	返校生活必需品	桑迪胡克的承诺	桑迪胡克的承诺	美国	10 165 813	0	1154
6	关注青少年抑郁	我很好	Kobena	不明	不明	7 821 303	320 000	14 555
7	助人为乐	相信善良	VinAyKrishNan	泰国人寿保险公司	泰国	7 694 361	79 000	2812
8	维护交通安全	不要开车发短信	Tony Gentry	WJBF新闻第6频道	美国	7 449 326	5914	507
9	反对盗版	盗版是一种犯罪	Haxorcat	不明	不明	3 718 342	86 000	14 776
10	反对性侵	反对性侵犯	It's On Us	It's On Us	美国	3 207 375	11 000	4690
11	控制枪支	观点	WFSB第3频道	桑迪胡克的承诺	美国	1 997 052	42 000	3942
12	保护儿童	孩子的榜样	Living The Dream AUS to USA	防止虐待和忽视儿童协会	澳大利亚	1 277 258	6312	关闭
13	军人职责	忠于国家	海军陆战队招募	美国海军陆战队	美国	1 165 154	35 000	3297
14	反对家庭暴力	反对家庭暴力	Desus	家园防线	加拿大	801 987	2605	1692
15	维护工作场所安全	主厨	The Hall of Advertising	安大略省工伤保险	加拿大	749 375	9316	1486
16	反对毒品	不要吸食大麻	Ryan Schaddelee	美国酒精、烟草、火器和爆炸物管理局	美国	746 667	5675	2090

（续表）

序号	主题	广告标题	发布者	广告主	来源	播放量	点赞	评论
17	维护交通安全	玻璃男孩	Disdukcapil Pesisir Barat	不明	不明	635 397	2348	31
18	军人职责	承诺	海军陆战队招募	美国海军陆战队	美国	556 554	12 000	591
19	保护儿童	心愿	Broadcom 基础信息软件	组合国际	美国	555 250	2021	109
20	公共卫生	清理纽约	Bachelor-machines	不明	美国	533 565	1609	206

（一）来源地区

在播放量排名前 20 位的公共服务类广告中，没有 1 条来自中国，绝大部分广告来自美国和其他西方国家，排名第 7 位的泰国公共服务广告是亚洲国家唯一入围的作品。其中，来源国别为美国的 11 条，加拿大和英国各 2 条，澳大利亚和泰国各 1 条。另外，还有 3 条无法分辨广告主的身份和国别。这些广告所使用的语言主要为英语。

（二）广告主身份

分析发现，这 20 条公共服务类广告的广告主身份呈现出多元化特征。在 17 条可以明确识别广告主来源国的广告中，有 7 条的广告主为公益组织，3 条为企业，2 条为军方，其余的为政府机构和媒体。从发布者构成来看，机构和个人各占一半。

（三）广告主题

儿童和青少年相关主题的公共服务类广告较多，其中有 8 条的主题与儿童或青少年直接相关（包括控制枪支、保护儿童、青少年抑郁、青少年健康）；另有 4 条公益广告由儿童或青少年担任主角，主题分别是反对毒品、反对家庭暴力、维护交通安全。

三、小结

从以上的数据分析可以发现，在以 YouTube 为代表的国际互联网平台上，仍然呈现出"西强东弱"的局面，整个亚洲的公共服务广告（公共广告、公益广告）都处于弱势地位，影响力有限。

就中国的公益广告来看，在微博和 YouTube 这两个国际平台上的影响力均不尽如人意。即便在微博这个以中国用户为主的平台上，来自中国大陆的公益广告的播放量也没有进入前三名，其原因值得政府有关部门、学界和业界深思。

公益广告不仅是一种宣传形式，也具有文化产品的审美价值。优秀的公益广告具有强烈的吸引力和感染力，可以潜移默化地让受众理解并认同其所倡导的价值观和生活方式。社会化媒体的"去中心化"特征和公益广告的文化产品属性，使得这种传播更为自由、开放。专门提供义务翻译服务的"字幕组"的出现，又为用户欣赏异国的公益广告扫清了语言障碍。公益广告可以成为中国的"文化品牌"，通过讲述中国故事，展现可信、可亲、可敬的中国形象。

习近平总书记指出，必须加强顶层设计和研究布局，构建具有鲜明中国特色的战略传播体系，着力提高国际传播影响力、中华文化感召力、中国形象亲和力、中国话语说服力、国际舆论引导力。因此，要使我国的公益广告在国际互联网平台上的影响力与我国的大国身份相匹配，有关各方还需做出更大的努力。

第六章　公益广告的传播效果

广告效果是指广告活动或广告作品所产生的影响。广义上，广告效果包括广告对社会和个人所产生的一切影响，这可能表现为广告对社会经济、社会文化和社会心理的影响等多个维度；从狭义上来说，广告效果主要是基于广告主视角讨论广告活动或广告作品对消费者行为和消费观念的影响。①

对公益广告传播效果进行系统研究，有助于加强公益广告主题的现实性、讯息的针对性、表现的艺术性、发布的科学性，进而达到预期的传播目标，提升公益广告的社会影响力。

本章将从公益广告的诉求类型与启动效果、公益广告的层级效果，以及公益广告的互联网传播效果三个方面进行探讨。

第一节　公益广告的诉求类型与启动效果

自2013年起，中国政府为了减少每年高达2000亿元的食物浪费而推出了"光盘行动"。② 鉴于调动年轻人的参与积极性是这项活动的目标之一，大量相关的公益广告在全国多所大学推出。③ 然而，经过多年的宣传，食物浪费现象在中国的大学中仍然普遍存在，在一些校园食堂中甚至出现了阻止食物浪费的义务劝导员。④ 由于缺乏对这一主题公益广告的

---

① 王晓华：《广告效果》，高等教育出版社2012年版，第2页。
② 任珊：《北京发布"光盘行动"指引，就餐场所将设"光盘"劝导员》，https://baijiahao.baidu.com/s？id=1678162994137832689&wfr=spider&for=pc，2024年3月28日访问。
③ 胡路鑫等：《高校花式出招助力光盘行动》，https://baijiahao.baidu.com/s？id=1676216312381739784&wfr=spider&for=pc，2024年4月10日访问。
④ 田艳军：《北京经开区召开现场会推进"光盘行动"，首批劝导员正式上岗》，https://m.thepaper.cn/baijiahao_9375900，2024年3月28日访问。

效果测量，难以找到食品浪费行为的影响因素，政府有关部门、公益组织和高校也难以改进宣传方式，促进食品浪费问题的解决。

在公益广告中呈现倡导性讯息的方式会在很大程度上影响说服效果，这正是广告诉求受到相关领域学者广泛关注的原因。与商业广告相比，规范诉求在公益广告中的作用尤为重要。西奥迪尼等将涉及社会规范的广告诉求分为描述式（descriptive）规范诉求和命令式（injunctive）规范诉求，前者指的是对于大多数人如何做的感知，而后者则指的是对于大多数人赞同或反对某种行为的感知。[1] 公益广告的主题大多与社会公序良俗相关，鼓励受众采取有利于社会进步的行为，因此经常使用规范诉求[2]，"光盘行动"也是如此。为此，有必要深入探讨规范诉求在这一活动中的实际作用。

公益广告的传播效果也与具体的广告投放情境密切相关，随着受众接触广告时的情绪或心理活动的不同而变化。索尔森和弗里斯塔德指出，个体观看广告时的情感体验通过条件反射与消费者对广告及品牌的整体记忆相关联，进而影响其最终的态度。[3] 以往的研究已经证实了情感体验和受众个体特质在劝服中的作用，但很少有人将研究话题置于公益广告的投放情境中，而衡量情绪体验这种瞬时因素与自我建构这类相对稳健的心理特质在其中的具体作用的研究则更少。

本节试图通过实验回答以下问题：（1）公益广告中不同类型的规范诉求如何影响受众的行动意愿？（2）个人在不同的情感启动条件下如何对公益广告做出反应？（3）自我建构的不同如何影响公益广告的效果？对实验数据进行深入分析可以为实践中选择发布情境和诉求类型提供参考，从而促进公益广告活动效果的提升。

---

[1] Robert B. Cialdini, et al., "A Focus Theory of Normative Conduct: A Theoretical Refinement and Reevaluation of the Role of Norms in Human Behavior," in L. Berkowitz, ed., *Advances in Experimental Social Psychology*, Vol. 24, Academic Press, 1991, p. 203.

[2] 蒋莉、龚婉祺：《公益广告的健康传播策略评估——以香港流感广告为例》，《国际新闻界》2015年第11期，第23页；Raymond R. Reno, et al., "The Transsituational Influence of Social Norms," *Journal of Personality and Social Psychology*, Vol. 64, No. 1, 1993, p. 104。

[3] E. Thorson and Marian S. Friestad, "The Effects of Emotion on Episodic Memory for TV Commercials," paper delivered to the Consumer Science Division of the American Psychological Association Annual Meeting, Toronto, August 24-28, 1984.

一、理论回顾与假设提出

（一）公益广告中的规范诉求

社会规范能够对个体行为施加影响的观点在社会科学领域已经获得广泛认同，但学者们仍未就其具体作用机制达成共识。西奥迪尼等指出，剖析社会规范的作用，关键在于区分社会规范中"实然"（is）与"应然"（ought）的不同，盖因其通过不同的动机影响个体行为。"实然"即为描述式规范，侧重于描述什么样的观点或行为在当下的社会环境中被视为正常，也就是大多数人的做法。这类规范通过提供证据来激励个体采取有效的行动，为个体提供一条信息加工的便捷路径[①]，即"如果每个人都这么做，那这一定是明智之举"，个体只需观察他人的做法进行模仿即可。"应然"则为命令式规范，通过强调某种信念或做法是否获得了道德认可来施加影响。这类规范并非简单地告知他人行动，而是借助社会奖惩、承诺来鼓励个体行动。

学者们曾对两种规范诉求的劝服效果展开研究。一些研究表明，命令式规范更为有效[②]，另一些研究则显示出不同的结果。戈德斯坦等通过实验发现，相对于单纯发出行动号召的命令式规范，描述式规范能够更加有效地促成个体行为的改变。这是因为，相对于简单明确的命令式规范，描述式规范为受众提供了更为便捷的信息加工路径。

因此，笔者认为采用描述式规范诉求的公益广告能够更加有效地促成个体的行动改变，提出如下假设：

H1：相较于命令式规范诉求，观看采用描述式规范诉求的公益广告的被试行动意愿更强烈。

（二）情绪与行动意向的关系

1. 消极情绪与积极情绪

"同情助人"假说（empathy-helping hypothesis）认为消极情绪能够促进个体对他人产生更多的同情，从而有助于增加个体的亲社会行为，如

[①] Robert B. Cialdini, *Influence: Science and Practice*, Allyn and Bacon, 2008, p. 112.

[②] Robert B. Cialdini, et al., "A Focus Theory of Normative Conduct: A Theoretical Refinement and Reevaluation of the Role of Norms in Human Behavior," in L. Berkowitz, ed., *Advances in Experimental Social Psychology*, Vol. 24, Academic Press, 1991, p. 224; Raymond R. Reno, et al., "The Transsituational Influence of Social Norms," *Journal of Personality and Social Psychology*, Vol. 64, No. 1, 1993, p. 104.

谢晔和周军发现悲伤情绪状态下的被试的捐款金额更多[①]；维塔格里奥恩和巴尼特指出，生气的个体会对弱者表现出更多的同情[②]；希伯特等人认为内疚的个体关心公共事务，更容易同情处于困境中的他人[③]。还有一些学者指出，个体会出于利己的动机，为了消除消极情绪而帮助他人，这正是处于消极情绪体验中的个体更容易表现出利他行为意向的原因。[④] 换言之，已经处于积极情绪中的个体，调节情绪状态的动机较弱，也就不太可能做出利他行为。

因此，积极情绪的启动被认为不利于个体的信息加工，使他们难以识别不同信息的说服强度[⑤]，削弱个体进一步阅读劝服信息的积极性[⑥]，相应的劝服效果也不如消极情绪启动时的效果[⑦]。

情绪效价（emotional valence）的作用在西方学者的研究中得到了很好的验证，但在中国学者的研究中却鲜有证据。由于不同文化背景下人的情绪体验差异很大，因此有必要对中国的公益广告实践进行相关研究。鉴于喜悦和悲伤对应着情绪轮中的两极[⑧]，情绪效价差异显著，因此笔者选择对比这两种情绪下个体对公益广告的反应，并根据以往研究，提出如下假设：

[①] 谢晔、周军：《情绪和框架效应对个体捐赠决策影响的实验研究》，《心理科学》2012年第4期，第954页。

[②] Guy D. Vitaglione and Mark A. Barnett, "Assessing a New Dimension of Empathy: Empathic Anger as a Predictor of Helping and Punishing Desires," *Motivation and Emotion*, Vol. 27, No. 4, 2003, p. 301.

[③] Sally Hibbert, et al., "Guilt Appeals: Persuasion Knowledge and Charitable Giving," *Psychology & Marketing*, Vol. 24, No. 8, 2007, p. 725.

[④] R. Cialdini and J. Fultz, "Interpreting the Negative Mood-Helping Literature via Mega-Analysis: A Contrary View," *Psychology Bulletin*, Vol. 107, No. 2, 1990, p. 213; Altaf Merchant, et al., "Charitable Organizations' Storytelling Influence on Donors' Emotions and Intentions," *Journal of Business Research*, Vol. 63, No. 7, 2010, p. 754.

[⑤] Diane M. Mackie and Leila T. Worth, "Processing Deficits and the Mediation of Positive Affect in Persuasion," *Journal of Personality and Social Psychology*, Vol. 57, No. 1, 1989, p. 27.

[⑥] Gerd Bohner, et al., "Affect and Persuasion: Mood Effects on the Processing of Message Content and Context Cues and on Subsequent Behaviour," *European Journal of Social Psychology*, Vol. 22, No. 6, 1992, p. 511.

[⑦] Craig R. Hullett, "The Impact of Mood on Persuasion: A Meta-Analysis," *Communication Research*, Vol. 32, No. 4, 2005, p. 423.

[⑧] Robert Plutchik, "The Nature of Emotions," *American Scientist*, Vol. 89, No. 4, 2001, p. 349.

H2a：相较于喜悦情绪，处在悲伤情绪中的被试在观看公益广告后，行动意愿更强烈。

2. 内疚感与亲社会行为

作为最典型的道德情绪，内疚感在亲社会行为中的作用得到了广泛关注。① 尽管内疚是一种令人不快的情绪，但它却被认为具有积极作用，因为它能使个人将对他人的关切置于对自己的关切之上。② 当人们感到内疚时，就会想方设法弥补自己犯下的错误，以减轻内疚感。大量研究证明了内疚感与个体的亲社会行为意愿呈现正相关。③

然而，也有学者认为内疚的积极作用并不显著④，因为内疚感的作用会受到其他认知加工因素的调节，如感知到的赔偿难度⑤、受害者的社会地位⑥、文化背景⑦等。以往的研究多数是在西方文化背景中进行的，内疚感在东方文化中是否依旧起作用仍有待验证。鉴于此前的研究通常将中性情绪作为对照组与内疚情绪进行对比⑧，笔者据此提出以下假设：

H2b：相较于中性情绪，处在内疚情绪中的被试在观看公益广告后，行动意愿更强烈。

---

① Ilona de Hooge, et al., "What is Moral about Guilt? Acting 'Prosocially' at the Disadvantage of Others," *Journal of Personality and Social Psychology*, Vol. 100, No. 3, 2011, p. 462.

② Jonathan Haidt, "The Moral Emotions," in Richard J. Davidson, et al., eds., *Handbook of Affective Sciences*, Oxford University Press, 2003, p. 854.

③ Katie N. Rotella and Jennifer A. Richeson, "Body of Guilt: Using Embodied Cognition to Mitigate Backlash to Reminders of Personal & Ingroup Wrongdoing," *Journal of Experimental Social Psychology*, Vol. 49, No. 4, 2013, p. 643.

④ Nicole Syringa Harth, et al., "Guilt, Anger, and Pride about In-Group Environmental Behaviour: Different Emotions Predict Distinct Intentions," *Journal of Environmental Psychology*, Vol. 34, 2013, p. 18; Anna Halmburger, et al., "Anger as Driving Factor of Moral Courage in Comparison with Guilt and Global Mood: A Multimethod Approach," *European Journal of Social Psychology*, Vol. 45, No. 1, 2015, p. 39.

⑤ Mariëtte Berndsen and Craig McGarty, "The Impact of Magnitude of Harm and Perceived Difficulty of Making Reparations on Group-Based Guilt and Reparation Towards Victims of Historical Harm," *European Journal of Social Psychology*, Vol. 40, No. 3, 2009, p. 500.

⑥ Kitty Dumont and Sven Waldzus, "Group-Based Guilt and Reparation in the Context of Social Change," *Journal of Applied Social Psychology*, Vol. 44, No. 4, 2014, p. 331.

⑦ Yoshiya Furukawa, et al., "Influence of Social Context on the Relationship between Guilt and Prosocial Behaviour," *Asian Journal of Social Psychology*, Vol. 19, No. 1, 2016, p. 49.

⑧ 汤明等：《内疚与亲社会行为的关系：来自元分析的证据》，《心理科学进展》2019年第5期，第778页。

(三) 自我建构影响个体认知活动

自我建构指的是个体在认识自我时，会将自我放在何种参照体系中进行认知的一种倾向。[①] 人们或是将自我看作与他人相分离的独立实体，或是将自我看作社会关系网络的一部分。[②] 个体在定义自我时的不同角度，导致了他们在认知风格、社会交往等方面的差异。具体来说，自我建构可以区分为独立型自我建构和互依型自我建构两类。前者注重自身特性，追求个人的独立自主，其自我表征多关乎个人特质、能力和偏好，倾向于通过表达自我和确认自身内在属性来增强自尊；后者则注重自己与他人的联系，渴望获得良好的人际关系，其自我表征多以人际交往为背景[③]，通过和谐的人际关系和灵活应对各种情况的能力来获得自尊。

个体对自我认知的不同影响着其信息加工过程和最终的说服效果。由于公益广告往往倡导个体做出亲社会行为，自我建构在其中的作用显得更加重要。博格施泰德等学者指出，互依型自我建构的个体会认为自己更有义务帮助别人，并表现出更多的亲社会行为[④]；杜克罗斯和巴拉施的研究进一步证明互依型自我建构更倾向于在内群体中展示亲社会性，而在外群体中则不然[⑤]；李倩倩和范雅雯发现自我建构影响着个体的亲社会行为意愿，互依型自我建构比独立型自我建构会产生更强的亲社会行为意愿，该作用过程被共情中介，同时自我建构也影响着受众在社会偏好中的框架效应[⑥]；李宥俊等人的实验显示，互依型自我建构更倾向于在相对公开的情景中参与捐赠[⑦]。然而，这些研究多将自我建构视作劝服效

[①] Hazel R. Markus, and Shinobu Kitayama, "Culture and the Self: Implications for Cognition, Emotion, and Motivation," *Psychological Review*, Vol. 98, No. 2, 1991, p. 224.

[②] 刘艳：《自我建构研究的现状与展望》，《心理科学进展》2011 年第 3 期，第 427 页。

[③] Theodore M. Singelis, "The Measurement of Independent and Interdependent Self-Construals," *Personality and Social Psychology Bulletin*, Vol. 20, No. 5, 1994, p. 581.

[④] Chris von Borgstede, et al., "Value-Congruent Information Processing: The Role of Issue Involvement and Argument Strength," *Basic and Applied Social Psychology*, Vol. 36, No. 6, 2014, p. 461.

[⑤] Rod Duclos and Alixandra Barasch, "Prosocial Behavior in Intergroup Relations: How Donor Self-Construal and Recipient Group-Membership Shape Generosity," *Journal of Consumer Research*, Vol. 41, No. 1, 2014, p. 93.

[⑥] 李倩倩、范雅雯：《共情对公益广告说服效果的影响研究》，《管理学报》2018 年第 3 期，第 425 页。

[⑦] Yoon-Joo Lee, et al., "The Role of Interdependent Self-Construal in Increasing Donation Behavioral Intention: Underlying Processing Mechanism of Impression Motives," *Journal of Current Issues & Research in Advertising*, Vol. 41, No. 1, 2020, p. 104.

果的决定性因素，鲜少关注其在个体信息加工过程中的调节作用，即面对不同的公益广告诉求，自我建构将会如何发挥作用。

根据现有研究可知，独立型自我建构关注个体自身，互依型自我建构则关注个体与他人的关系。具体来说，如果个体认为自己与他人紧密相连，更愿意根据情境因素进行整体性思考，情境变化对其有显著影响，反之则不然。因此，我们假设与互依型自我建构的被试相比，独立型自我建构的个体的行动意向更不易随着公益广告所采用的规范诉求类型的变化而改变，即对规范诉求的变化更不敏感，并提出如下假设：

H3：被试的自我建构特征调节着公益广告规范诉求类型与被试行动意愿之间的关系。即相较于呈现出独立型自我建构的被试，趋向于互依型自我建构的被试的行动意愿的变化幅度更易受到公益广告诉求类型变化的影响。

二、研究设计

本次研究采用控制实验法。参照前人的研究，笔者选用情绪启动法以检测不同情绪下的被试接触采用不同规范诉求的公益广告后的不同反应。实验分为预实验和正式实验两部分。预实验的目的在于确定情绪启动刺激物的有效性，正式实验旨在检验不同情绪与不同的规范诉求对被试行动意愿的影响，及自我建构在其中的调节作用。具体而言，喜悦与悲伤属于基本情绪，而内疚则属于"复合情绪"，即任何由两种或两种以上基本情绪组合而成的情绪。[①] 因此，当人们体验到内疚情绪时，也可能会体验到悲伤。鉴于情绪的内在属性，我们将四种情绪分为喜悦与悲伤、内疚与中性两组，分别进行对比，以减少误差。

（一）情绪启动预实验

启动效应（priming effect）是指对先导信息的加工影响到对后续信息的判断的现象。[②] 情绪启动基于情绪一致性假说，该假说认为先导信息中

[①] M. J. Power and M. Tarsia, "Basic and Complex Emotions in Depression and Anxiety," *Clinical Psychology & Psychotherapy*, Vol. 14, No. 1, 2007, p. 20.

[②] E. T. Higgins and G. A. King, "Accessibility of Social Constructions: Information-Processing Consequences of Individual and Contextual Variability," in Nancy Cantor and John F. Kihlstrom, eds., *Personality, Cognition and Social Interaction*, Erlbuam, 1981. 转引自魏澜：《启动效应及其传播学应用——基于1979—1989年相关文献的研究综述》，《开封教育学院学报》2017年第7期，第168页。

某种情感的频率和强度越高，这种情感倾向对后续信息的加工影响越大。① 以往的研究表明，观看视频是建立情绪实验条件的一种常用且有效的方式。② 为了保证正式实验中被试的情绪被成功启动，我们进行了预实验以检验刺激物的有效性。

笔者参考以往研究中所使用的视频材料，初步选出喜悦、悲伤、内疚、中性情绪（不能激起任何情绪）类短片各两条，共 8 条。为保证情绪刺激强度一致，结合心理学专家给出的建议，参照情节的清晰程度、情绪的单一性、短片语言的统一等因素，最终筛选出 4 条时长均在 2 分 50 秒左右的短片作为情绪启动刺激物。启动喜悦情绪的短片为电影《美人鱼》的片段；启动悲伤情绪的短片为汶川大地震救援现场的报道，镜头记录了一位在救援过程中不幸离世的遇难者；启动内疚情绪的短片讲述了一个女孩因忙于工作而忽略了来看望她的父亲，父亲做了一碗面后悄然离开，女儿边哭边吃的故事；启动中性情绪的短片节选了纪录片《宇宙与人》中关于宇宙的产生、发展的内容。

预实验采用了线上实验的方式，这样既避免了线下实验样本来源的局限性问题，也能保证实验过程的独立性，减少干扰。通过数据平台，共招募样本 120 人。由于研究所选的公益议题背景为高校光盘行动，因此样本特征限定为大学生群体。实验被试被系统随机平均分配到四个组，分别为喜悦组、悲伤组、内疚组、中性组，其观看影片后随即填答相关问卷以报告自身情绪体验。问卷由两部分构成。首先采取自我情绪评定量表（self-assessment manikins，SAM）方法以验证该影片产生的情绪效价③，采用 5 点计分制（1—愉快、2—比较愉快、3—不确定、4—不太愉快、5—不愉快）；然后要求被试对愉悦、厌恶、惊讶、同情、愤怒、困惑、悲伤、内疚和紧张等 9 种情绪体验的程度进行打分，采用 9 点计分制

---

① Marvin E. Goldberg and Gerald J. Gorn, "Happy and Sad TV Programs: How They Affect Reactions to Commercials," *Journal of Consumer Research*, Vol. 14, No. 3, 1987, p. 387.

② Rainer Westermann, et al., "Relative Effectiveness and Validity of Mood Induction Procedures: A Meta-Analysis," *European Journal of Social Psychology*, Vol. 26, No. 4, 1996, p. 557; 刘永芳、毕玉芳、王怀勇：《情绪和任务框架对自我和预期他人决策时风险偏好的影响》，《心理学报》2010 年第 3 期，第 319 页；Diane M. Mackie and Leila T. Worth, "Processing Deficits and the Mediation of Positive Affect in Persuasion," *Journal of Personality and Social Psychology*, Vol. 57, No. 1, 1989, p. 33。

③ Margaret M. Bradley and Peter J. Lang, "Measuring Emotion: The Self-Assessment Manikin and the Semantic Differential," *Journal of Behavior Therapy and Experimental Psychiatry*, Vol. 25, No. 1, 1994, p. 49.

（从"一点也没有"到"非常强烈"分别计为 0—8 分）。

预实验结果显示，喜悦组的情绪体验最为积极，而悲伤组的情绪体验最为消极，内疚组的情绪效价得分则处在中性组与悲伤组之间。笔者分别以喜悦、悲伤、内疚等情绪效价为因变量，观看视频类型为固定因子的单因素方差分析表明，视频类型的主效应显著，四组被试的喜悦、悲伤、内疚等不同情绪的平均值（M）及标准差（SD）情况见表 6-1。与使用自我情绪评定量表方法得出的结果一致，被试观看喜悦短片后产生的喜悦情绪体验显著强于悲伤、内疚短片，观看中性短片后产生的喜悦情绪体验显著强于悲伤和内疚短片，而观看悲伤短片和内疚短片后在喜悦度上没有显著差异。被试观看悲伤短片后产生的悲伤情绪体验显著强于观看喜悦、内疚和中性情绪短片，被试观看内疚短片后产生的内疚情绪体验显著强于观看喜悦、悲伤和中性情绪短片。预实验结果表明，视频材料符合研究的要求，能有效启动个体的喜悦、悲伤、内疚等情绪。

表 6-1　不同组喜悦、悲伤、内疚情绪水平及 SAM 情绪效价平均得分

	观看喜悦短片 ($n=30$)		观看悲伤短片 ($n=30$)		观看内疚短片 ($n=30$)		观看中性短片 ($n=30$)	
	平均值	标准差	平均值	标准差	平均值	标准差	平均值	标准差
喜悦	5.80	1.751	1.20	1.400	1.80	2.300	4.80	1.550
悲伤	1.50	1.179	6.40	1.710	4.50	2.370	0.60	0.520
内疚	1.00	0.667	2.20	1.320	4.90	2.230	0.60	0.520
情绪效价	2.20	1.130	4.50	0.527	3.70	1.490	2.00	0.943

（二）正式实验设计

1. 实验流程

笔者实施了两组 2×2 实验。第一组实验探究了喜悦、悲伤情绪启动下公益广告中不同规范诉求对被试行动意愿的影响，即 2（情绪：喜悦/悲伤）×2（规范诉求：描述式/命令式）。第二组探究了内疚、中性情绪启动下公益广告中不同规范诉求对被试行动意愿的影响，即 2（情绪：内疚/中性）×2（规范诉求：描述式/命令式）。实验采用组间设计，被试仅接触一种实验情景，单一样本仅参与一次实验。

实验在线上进行，通过数据平台招募样本，每个参与者将获得少量现金奖励，通过设置大学生身份验证问题将样本控制为大学生群体。实验流程包括几个步骤：（1）在系统随机分组后，先请被试观看情绪启动

短片；(2) 随即展示一段情境材料，简要介绍观看广告的情境，然后向被试展示广告刺激物海报；(3) 最后要求被试填答问卷，包含行动意向部分、自我建构部分，以及操纵检验问题。实验平均用时为 8 分 14 秒。

2. 实验材料

预实验中的视频材料将用于启动喜悦、悲伤、内疚、中性四种不同情绪。

实验情境设置为高校食堂光盘行动。公益广告刺激物设置为高校食堂光盘行动宣传海报（图 6-1），海报由中国传媒大学广告学院研究生设计完成，分别采用了描述式规范诉求和命令式规范诉求文案及对应的设计。其中描述式规范诉求的文案为"每年我国浪费的粮食相当于 3000 万至 5000 万人一年的食物量"；命令式规范诉求的文案为"校园新食尚，师生在行动；杜绝餐饮浪费，加入光盘行动"。

（a）描述式诉求　　　　　（b）命令式诉求

图 6-1　公益广告刺激物

3. 测量量表

测量量表包括行动意向、自我建构两个部分。行动意向量表改编自购买意愿量表①，包含三个选项：(1) 看过这条广告后，我打算在吃饭时采取"光盘"行动；(2) 未来我愿意参与光盘行动；(3) 我以后会在吃饭的时候争取做到"光盘"。自我建构量表采用了辛格利斯编制的自我建构量表②，共 24 个题项，其中前 12 个题项测量互依型自我建构，后 12

---

① Youjae Yi, "Cognitive and Affective Priming Effects of the Context for Print Advertisements," *Journal of Advertising*, Vol. 19, No. 2, 1990, p. 44.

② Theodore M. Singelis, "The Measurement of Independent and Interdependent Self-Construals," *Personality and Social Psychology Bulletin*, Vol. 20, No. 5, 1994, p. 585.

个题项测量独立型自我建构。辛格利斯研究中的 Cronbach's α 分别为 0.74 和 0.70，该量表是迄今应用最广泛的自我建构量表。[①] 笔者参考赫兰德等的计算方式[②]，将独立型和互依型自我建构的平均得分标准化，将独立型与依存型的标准值相减，值为正表示被试倾向于独立型自我建构，值为负则表示被试倾向于互依型自我建构。

三、数据分析与假设检验

（一）样本与数据收集

实验共回收问卷 417 份，排除填答时间过短、填答不认真及未通过验证性问题和样本筛选问题的无效样本 60 份，得到有效问卷 357 份（见表 6-2），有效回收率为 85.6%。

表 6-2 各组样本数

情绪类型		诉求类型		
		描述式	命令式	总计
（喜悦 vs. 悲伤）	喜悦	42	42	84
	悲伤	43	44	87
	总计	85	86	171
（内疚 vs. 中性）	内疚	46	46	92
	中性	47	47	94
	总计	93	93	186

总量表 Cronbach's α 系数为 0.78，行动意向量表信度为 0.74，互依型和独立型自我建构的信度分别为 0.76 和 0.73，各量表的信度均大于 0.7，表明量表的内部一致性可以接受，能够对潜变量进行较可靠的测量。量表 KMO 检验值为 0.781，且巴特利特球形检验（Bartlett's Test of Sphericity）统计量 $p = 0.000 < 0.05$。

为了检验实验对情绪启动和规范诉求的操纵是否成功，问卷中设计了操纵检验问题。在情绪方面，卡方检验结果表明，喜悦组与悲伤组的 $\chi^2 = 133.946$，$p = 0.000 < 0.05$，组间差异显著；内疚组与控制组的

[①] 朱丽叶、卢泰宏：《消费者自我建构研究述评》，《外国经济与管理》2008 年第 2 期，第 45 页。

[②] Rob W. Holland, et al., "Don't Stand So Close to Me: The Effects of Self-Construal on Interpersonal Closeness," *Psychological Science*, Vol. 15, No. 4, 2004, p. 240.

χ^2 = 72.725, p = 0.000 < 0.05,组间差异显著。在规范诉求方面,卡方检验结果表明,喜悦组与悲伤组中描述式规范与命令式规范组间差异显著 (χ^2 = 116.395, p = 0.000 < 0.05),内疚组与中性组中描述式规范与命令式规范组间差异亦显著 (χ^2 = 137.778, p = 0.000 < 0.05)。因此,本研究中的两种操纵都是成功的,可进行进一步的假设检验和分析。

(二)喜悦、悲伤情绪启动下不同规范诉求公益广告的影响

第一组实验检验了喜悦/悲伤情绪下规范诉求对行为的影响(见图 6-2)。

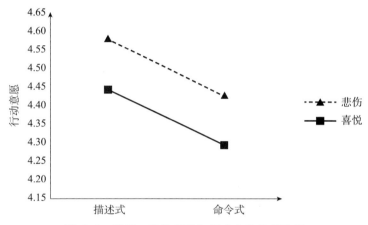

图 6-2 喜悦、悲伤情绪与诉求方差分析结果

以行动意向为因变量、规范诉求和情绪类型为固定因子的双因素方差分析结果表明,诉求类型的主效应显著(F = 5.09, p = 0.025<0.05),接触描述式诉求广告的被试与接触命令式诉求广告的被试在行动意愿得分上存在显著差异,相比于命令式诉求(M = 4.36, SD = 0.49),在描述式诉求广告刺激下被试产生的行动意愿更高(M = 4.51, SD = 0.50)。这意味着,在喜悦/悲伤情绪下,实验结果支持 H1 假设。与此同时,方差分析结果表明情绪类型的主效应显著(F = 4, p = 0.047<0.05)。处于喜悦情绪中的被试的行动意愿和处于悲伤情绪中的被试的行动意愿存在显著的差异,相比处于喜悦情绪(M = 4.37, SD = 0.54)中,体验了悲伤情绪的被试的"光盘行动"意愿更强(M = 4.50, SD = 0.44),支持 H2a 假设。综合来看,悲伤情绪与描述式诉求的结合所产生的行动意愿为四种情况中最高的。另外,分析结果显示,情绪类型与规范诉求不存在交互效应(F = 0.001, p = 0.94)。

(三)内疚情绪启动下不同规范诉求公益广告的影响

第二组实验检验了内疚/中性情绪下规范诉求对行为的影响(见图6-3)。

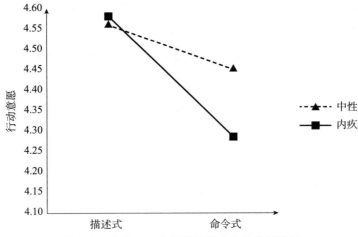

图6-3 内疚、中性情绪与诉求方差分析结果

以行动意愿为因变量、规范诉求和情绪类型为固定因子的双因素方差分析结果表明,诉求类型的主效应显著($F=8.76$,$p=0.003<0.05$)。接触了描述式诉求广告的被试与接触了命令式诉求广告的被试在行动意愿得分上存在显著差异,相比于命令式诉求($M=4.37$,$SD=0.54$),接触了描述式诉求广告的被试产生的行动意愿($M=4.57$,$SD=0.43$)更强。因此,在内疚/中性情绪中,实验结果同样支持H1假设。然而,情绪类型主效应却并不显著($F=1.25$,$p=0.27$),在内疚情绪中被试的行动意愿($M=4.43$,$SD=0.58$)和在中性情绪中被试的行动意愿($M=4.51$,$SD=0.41$)之间的差异并不显著,拒绝H2b假设。与第一组实验一致的是,以行动意愿为因变量,用情绪类型及规范诉求进行双因素方差分析,情绪类型与规范诉求同样不存在交互效应($F=1.88$,$p=0.17$)。

(四)自我建构调节不同诉求对行动意愿的作用

采用海耶斯编制的SPSS宏中的Model1(为简单的调节模型)[①],在控制情绪类型的情况下,对自我建构在诉求类型与行为意愿之间关系中的调节效应进行检验(见图6-4)。结果表明,诉求类型($\beta=-0.1668$,$p=$

[①] Andrew F. Hayes, "Process: A Versatile Computational Tool for Observed Variable Mediation, Moderation, and Conditional Process Modeling 1," https://is.muni.cz/el/1423/podzim2014/PSY704/50497615/hayes_2012_navod_process.pdf,2024年7月19日访问。

0.0008）和自我建构（$\beta=-0.1261$，$p=0.0326$）都能直接影响行动意愿，并且交互项（诉求类型×自我建构）对行动意愿的影响显著（$\beta=0.0761$，$p=0.0478$），即调节效应存在。诉求与行动意愿之间的关系受到自我建构的调节的影响，自我建构削弱了诉求对行动意愿的影响，调节效应的解释约为1.07%（$\triangle R^2=0.0107$，$p=0.0478$）。自我建构分别在正负一个标准差时的调节效应见表6-3。

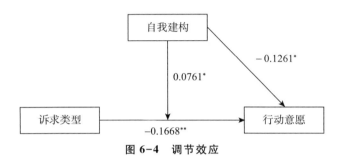

图6-4 调节效应

注：$^*p<0.05$；$^{**}p<0.01$。

表6-3 调节效应结果

	回归结果			
	系数（β）	标准误	t	p
常数	4.661	0.0935	49.8439	0.0000**
诉求类型	-0.1668	0.0494	-3.3741	0.0008**
自我建构	-0.1261	0.0588	-2.1454	0.0326*
诉求类型×自我建构	0.0761	0.0383	1.9865	0.0478*
情绪类型	0.0229	0.0221	1.0352	0.3013
R^2	0.458**			
m	0.0107*			
因变量：行动意愿				

注：$^*p<0.05$，$^{**}p<0.01$。

如图6-5所示，趋向于互依型自我建构的个体，其行动意愿在不同的规范诉求之间的差距要大于趋向于独立型自我建构的个体。对于采用描述式规范的公益广告，互依型自我建构的被试表现出了更强的行动意愿，公益广告的说服效果也更好。然而，对于采用命令式规范的公益广告，结果却截然相反。具体而言，当接触到采用命令式规范的公益广告时，具有独立型自我建构的被试，其行为意愿比呈现出互依型自我建构特征的被试更强。

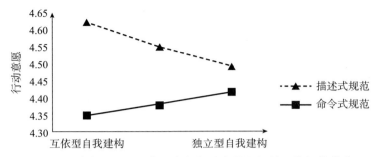

图 6-5　自我建构对规范诉求与行动意愿之间关系的调节效应

自我建构特征愈趋向于独立型，公益广告中诉求类型的改变对行动意愿的影响越小；换言之，相比于呈现出独立型自我建构的被试，互依型自我建构的被试的行动意愿受公益广告中规范诉求类型变化的影响更显著，支持 H3 假设。

四、小结

研究发现，无论参与者启动何种情绪，其对描述式规范的反应都比对命令式规范的反应更积极，这一结果与前人的发现一致。[①] 这是因为，采用了描述式规范的公益广告为受众提供了更多的信息线索，并强调了不作为的负面影响，敦促个人采取行动以满足社会的期望[②]，使得个体更有可能接受公益广告的劝导，采取其倡导的行为。与之相反，采用了命令式规范的公益广告只是说明了大多数人赞成或不赞成什么，以此劝服受众做出符合社会期望的行为。此外，与描述式规范诉求相比，命令式诉求直白地传达了劝服意图，从而更易激活受众的劝服知识，使之产生抗辩（counterargument）心理或进行来源贬损（source derogation）[③]，最终阻碍了受众对公益广告倡导内容的采纳；而采用描述式规范诉求的公益广告的劝服意图则相对隐蔽，不易察觉，因此其诉求更容易为受众所接受。

---

① Lohyd Terrier and Bénédicte Marfaing, "Using Social Norms and Commitment to Promote Pro-Environmental Behavior among Hotel Guests," *Journal of Environmental Psychology*, Vol. 44, 2015, p. 10.

② Robert B. Cialdini and Noah J. Goldstein, "Social Influence: Compliance and Conformity," *Annual Review of Psychology*, Vol. 55, No. 1, 2004, p. 597.

③ Ronald J. Faber, et al., "Coloring Outside the Lines: Suggestions for Making Advertising Theory More Meaningful," in Shelly Rodgers and Esther Thorson, eds., *Advertising Theory*, Routledge, 2019, p. 48.

本研究证明了个体的认知活动受情绪显著影响的观点在东方文化语境中仍旧成立。通过对比喜悦和悲伤情绪启动时的劝服结果发现，启动了悲伤情绪的个体在阅读公益广告后的行动意愿强于启动了喜悦情绪的个体。这说明，启动受众的悲伤情绪时公益广告的效果会更好，与费舍尔、维塔格里奥恩和巴尼特，以及希伯特等研究者主张的"同情助人"假说一致。[①] 启动悲伤情绪的个体出于改善即时消极情绪体验的动机，会参与任何调节情绪的行为（包括亲社会行为）[②]；而本实验中公益广告所倡导的"参与光盘行动"正是一种对个人而言易于实现、操作难度较低的亲社会行为，因此实验中观看了悲伤启动刺激物的被试为了排解负面情绪，获得积极的预期情绪，表现出了较强的行动意愿。

对于内疚与中性情绪的比较研究表明，启动了内疚情绪的个体表现出了更强的行动意愿，但由于实验结果不具备统计学意义的显著性，因此假设 H2b 未得到支持，其内在原因应该与内疚情绪自身的复杂性相关。博登豪森根据情绪来源于目标本身还是无关的情境因素，区分了整合情绪（integral emotions）和偶然情绪（incidental affect）。[③] 本研究中情绪启动情境与实验情境没有明显关联，区别于由当前决策任务所引发的整合情绪，属于与当前决策任务不相关的偶然情绪，所启动的内疚情绪被称为状态内疚。情绪启动所催生的行动目标与决策情境的关联程度决定着偶然情绪的作用大小。当行动目标与决策情境缺乏关联时，个体会认为决策情境中的亲社会行为对内疚情绪的缓解没有帮助，偶然情绪的影响将不显著。[④] 以往研究中也发现内疚与亲社会行为意愿的关系也受到亲社

[①] Robert J. Fisher, et al., "An Empathy-Helping Perspective on Consumers' Responses to Fund-Raising Appeals," *Journal of Consumer Research*, Vol. 35, No. 3, 2008, p. 519; Guy D. Vitaglione and Mark A. Barnett, "Assessing a New Dimension of Empathy: Empathic Anger as a Predictor of Helping and Punishing Desires," *Motivation and Emotion*, Vol. 27, No. 4, 2003, p. 301; Sally Hibbert, et al., "Guilt Appeals: Persuasion Knowledge and Charitable Giving," *Psychology & Marketing*, Vol. 24, No. 8, 2007, p. 723.

[②] Donald J. Baumann, et al., "Altruism as Hedonism: Helping and Self-Gratification as Equivalent Responses," *Journal of Personality and Social Psychology*, Vol. 40, No. 6, 1981, p. 1039.

[③] Galen V. Bodenhausen, "Emotions, Arousal, and Stereotype-based Discrimination: A Heuristic Model of Affect and Stereotyping," in Diane M. Mackie and David L. Hamilton, eds., *Affect, Cognition, and Stereotyping: Interactive Processes in Group Perception*, Academic Press, 1993, p. 13.

[④] Rajagopal Raghunathan, et al., "Informational Properties of Anxiety and Sadness, and Displaced Coping," *Journal of Consumer Research*, Vol. 32, No. 4, 2006, p. 596.

会行为类型、亲社会行为对象、内疚类型等因素的影响。① 在本研究中，内疚情绪的启动情境为亲子关系，内疚情绪所催生的行动对象指向父母；公益广告则是在校园食堂就餐的情境中展示，参与光盘行动显然难以缓解因亲子关系而产生的内疚情绪，因此内疚情绪启动下的被试，其行动意愿与中性情绪差异不显著。

此外，相比于呈现出独立型自我建构的被试，互依型自我建构的被试的行动意愿受公益广告中规范诉求类型变化的影响更为显著，这一发现与李倩倩和范雅雯的研究结论②一致。这意味着对于独立型自我建构的个体而言，公益广告中的规范诉求类型（无论是描述式规范还是命令式规范）变化时，其行动意愿变化幅度很小；而趋于互依型自我建构的被试，其行动意愿则随诉求类型的不同显著改变。具体来说，命令式规范诉求对互依型自我建构个体的劝服效果最差，描述式规范诉求的劝服效果最好；命令式/描述式规范诉求对独立型自我建构的个体劝服效果居中。这是因为不同的自我建构分别对应着不同的认知风格。互依型自我建构的人倾向融入不同的关系与情境，和谐的关系是其自我意义的来源，本质上是将个人嵌入一个更大的社会整体③，其主要目标是在社会环境中与他人保持和谐④，因此不同规范诉求对于他们做出决策的影响较大。而独立型自我建构的人则多为分析型思考者，注重事物的内在属性和本质，倾向于将自身与社会情境分开，注意力主要围绕自我，他人与环境是决策的背景，他们对于外部环境的回应是基于最好地表达个人内在特质的策略性需要⑤，因此越倾向于独立型自我建构，不同规范诉求对其行动意愿的影响越小，其决策会越基于个人目标与选择。这一发现有助于更加全面地认识和了解公益广告效果的影响因素，对我国的公益广告创作和媒体发布策略的优化具有较大的参考价值。

---

① 汤明等：《内疚与亲社会行为的关系：来自元分析的证据》，《心理科学进展》2019 年第 5 期，第 785 页。

② 李倩倩、范雅雯：《共情对公益广告说服效果的影响研究》，《管理学报》2018 年第 3 期，第 425 页。

③ Harry C. Triandis, "The Self and Social Behavior in Differing Cultural Contexts," *Psychological Review*, Vol. 96, No. 3, 1989, p. 506.

④ Hazel R. Markus and Shinobu Kitayama, "Culture and the Self: Implications for Cognition, Emotion, and Motivation," *Psychological Review*, Vol. 98, No. 2, 1991, p. 226.

⑤ Andrew F. Hayes, "Process: A Versatile Computational Tool for Observed Variable Mediation, Moderation, and Conditional Process Modeling 1," https://is.muni.cz/el/1423/podzim2014/PSY704/50497615/hayes_2012_navod_process.pdf, 2024 年 7 月 19 日访问。

第二节 公益广告的层级效果

公益广告对受众的影响程度是逐级加深的,一般要经过告知、态度和行动三个阶段。这就是公益广告的层级效果。这一观点早已成为学界共识。

以往研究对影响商业广告效果的因素是否同样影响公益广告效果做了一些探索,也有一些研究分析了层级效果的内部结构关系。例如,胥琳佳、陈妍霓就验证了认知角度的卷入度、问题认知、约束认知与态度中的信息获取存在影响关系,它们共同影响行为意图,进而影响行为。[①] 两位作者通过行为预测模型发现:相比问题认知和约束认知,卷入度是信息获取的最强预测因素;主观规范和态度都与购买行为意图有强的正相关关系,其中态度是行为意图的最强预测因素。加入信息获取变量后综合模型是可行的;其中,态度依然是与行为意图最显著相关的因素,信息获取也成为行为意图的预测变量。

告知目标、态度目标、行动目标三者之间的关系,同样可以作为公益广告效果研究的框架。但与商业广告不同,在告知目标这一层级,由于公益广告倡导的多为社会大众所熟知的道理,主要依靠反复提醒来体现;而在态度目标和行动目标两个层级,公益广告的效果实现难度很大。本节所要探讨的就是公益广告有别于商业广告的独特研究视角。

一、柔软度与权威性——态度效果研究视角

探究公益广告态度效果影响因素的研究,首先必须找到影响受众接受、喜欢公益广告的关键因素。此前的相关研究已经为我们提供了参考角度。把这些对公益广告态度效果有显著影响的因素进行结构性的排列组合,将为我们寻找独特研究视角提供依据。具体来说,就是萃取出一些核心的、概括性的因素,借此简单有效地解释所有因素产生的主要影响。简单凝练的少数几个因素,可以帮助公益广告的创作者更快地判断运用哪些核心因素,就可以有效地影响公益广告的传播效果。

[①] 胥琳佳、陈妍霓:《受众对草本产品的认知态度与行为研究——基于公众情境理论模型和理性行为理论模型的实证研究》,《自然辩证法通讯》2016年第2期,第26、27页。

(一) 研究方法及数据来源

本节采用探索性因子分析方法进行主成分分析。原因在于，笔者搜集到的影响因素数量偏多，对于哪些是影响公益广告态度效果的因素不是很明确；这些因素可能存在共线性，或者交叉重叠。通过因子分析，可以将原先众多的影响因素提炼，概括为简单的几个核心因素，用以解释之前众多因素产生的影响，并提炼出以新的维度来解释态度效果影响因素的新变量，进而探索公益广告传播的独特属性。

研究数据来自调查问卷。问卷参考告知效果实验中所用的编码表，对每个因素的可操作性概念进行细化描述。问卷共设置31个题项，填答者根据自己对公益广告的态度，逐项进行喜欢程度判断。问题以量表的形式出现，采用七点量表，1至7代表从非常不喜欢，到非常喜欢的程度差异。2015年3月1日，问卷编写完成后，通过在线问卷调查服务平台——问卷星发布。发布一周内，共收到244份有效问卷，这些问卷成为本次探索性因子分析的样本。

(二) 探索性因子分析结果

1. 变量纯化

笔者在问卷星网站上对填答者设置了技术性限制，因此回收的244份问卷都是有效问卷。接下来需要对变量进行纯化处理。按照因子分析的操作要求，进行纯化时采用的标准主要有两个。标准一：若变量与总体的相关系数小于0.4，且删除后Cronbach's α值会变大，则删除该项。标准二：采用主成分分析方法，把特征值大于1作为选取因子的标准，并利用方差最大法做正交旋转，保留因子载荷绝对值大于0.4的题项，删除跨两个因子的题项，及在各因子上负荷的绝对值均小于0.4的题项。经过多次反复纯化，最后保留11个项目，纯化处理后的因子由31个锐减到11个，主要是因为因子中存在共线性问题，通过因子分析方法做正交旋转之后，多个题项在不止一个因子上的载荷大于0.4。从原有的问卷结构中也可以看出，不同的一级因素下的二级因素可能存在相似性。

2. 信度、效度检验

在样本处理完成之后，还需要对问卷的信度进行有效性检验。信度检验采用标准化的Cronbach's α值，结果显示244个样本，31个项目的Cronbach's α值为0.943，大于0.7的临界值标准，量表的信度优良。在变量纯化处理之后，我们又对问卷的效度进行了可靠性检验，采用KMO值与巴特利球形检验的方法检测问卷结构效度。结果显示，纯化变量后的 KMO 值为 0.870，同样大于 0.7 的临界值标准；巴特利球形检验的近似卡方值 $\chi^2 = 1011.10$，自由度为 55，$p = 0.000 < 0.05$，在 95% 的置信区间内显著有效，且纯化后各变量与总体量表的相关系数值均大于 0.4，即纯化后的因子结构在每个项目上提取的信息都大于 40%，量表具有良好的结构效度。信度及效度检验的结果显示，样本与变量适合进行探索性因子分析。

3. 因子萃取与命名

经过前测分析与信度效度检验之后，在对纯化后的 11 个变量进行因子分析时，采用了方差最大法正交旋转，并萃取得到两个因子，累计方差解释度达到 56.420%，因子结构比较合理；旋转后的公因子矩阵中，各变量在两个因子上所占权重也比较合理，可以清晰地分辨出每个变量所属的因子。

表 6-4 为对每个因素进行因子分析的结果。可以看出，因子一由 7 个变量构成，是影响公益广告态度效果的核心要素。从变量的可操作性描述上看，这些变量与自然、困难群体、和谐等相关，经过概括总结，我们将这个因子命名为"柔软度"。柔软即指倾向于情感的、和谐的、美好的等让人感到温暖的因素。"免费午餐"发起者邓飞在一则公益广告中说过："爱、悲悯、感恩汇聚在一起，就是一股足以改变中国的力量。这股力量就叫——柔软。"柔软一词很好地概括了因子一中各个变量的共同点。所以，柔软度这个指标考察的就是一则公益广告能否打动人，是否自然亲切，能否让人心生慈爱。

表 6-4　公益广告态度效果影响因素的因子分析结果

旋转后载荷因子	效度—因子共同度系数	信度 Cronbach's α	因子一载荷	因子二载荷
以保护自然资源、野生动物等为主题	0.583	0.939	**0.760**	0.072
公益内容说得有条理，很有说服力	0.593	0.939	**0.756**	0.148
以救助残疾人、贫困儿童等为主题	0.576	0.938	**0.733**	0.197
和儿童有关	0.569	0.938	**0.713**	0.247
广告中的环境是自然风光、名胜古迹等场景	0.560	0.939	**0.709**	0.238
广告中的音乐与广告信息和谐一致	0.479	0.939	**0.622**	0.304
这个公益内容和我有关	0.461	0.939	**0.619**	0.279
专家、学者等权威人士佐证	0.755	0.940	0.057	**0.867**

(续表)

旋转后载荷因子	效度—因子共同度系数	信度 Cronbach's α	因子一载荷	因子二载荷
政府部门赞助	0.680	0.939	0.234	**0.791**
承诺美好未来等	0.458	0.939	0.239	**0.633**
央视等媒体拍摄	0.492	0.939	0.373	**0.594**

因子二包含4个变量。与因子一相比，这个因子是影响公益广告态度效果的次要核心要素。构成因子二的四个变量分别是专家、学者等权威人士佐证，以及政府部门赞助、承诺美好未来、央视等媒体拍摄，共同点是都与信息的权威性相关。因此，对这个因子的命名相对比较容易，即权威性。

由于探索性因子分析萃取的因素只有两个，并且结构比较合理，因此我们不再对探索性因子结构进行验证性分析。

（三）研究发现

在对公益广告态度效果的研究实验中，笔者的设想是将众多因素整合后，提炼具有概括性的因子，以便只需要使用少数几个因子就可以解释受众观看公益广告视频后的态度改变。这项研究通过因子分析，萃取出两个核心因素，可以解释所有变量56.420%的方差变化，以良好的二元结构替代了原有的众多因素。通过对两个因子所包含变量的分析，笔者将它们分别命名为柔软度与权威性。其中，柔软度包含了广告主题、人物形象、广告背景等综合性的信息；权威性则包含了名人证言、政府赞助、央视播出等具有权威性的信息符号。

在对萃取出来的两个因素进行细致的分析后，我们发现二者在内在逻辑结构上也有一定的联系。20世纪80年代，社会心理学家理查德·佩蒂和约翰·T.卡乔鲍在研究说服传播路径时，把态度改变归纳为两个基本的路径，即中枢的和边缘的，并因此提出了精细加工可能性模型（ELM）。[①] 在这个模型中，中枢说服路径把态度改变看成是受众认真考虑综合信息的结果；边缘说服路径的看法与之相反，认为受众对客体的态度改变不在于考虑对象本身的特性或证据，而是将该对象同诸多线索联

---

① Richard E. Petty and John T. Cacioppo, "The Elaboration Likelihood Model of Persuasion," in Leonard Berkowitz, ed., *Advances in Experimental Social Psychology*, Vol.19, Academic Press, 1986, p.126.

系起来，这些线索对态度的改变起辅助作用。结合 ELM 的内容，我们萃取的两个因子恰好具备类似中枢线索与边缘线索的特性。柔软度因子作为影响受众对公益广告态度的核心信息的汇总，可以被看作中枢线索。当受众具备信息加工能力和意愿时，具备柔软度的公益广告就很容易引起受众态度的改变。权威性因子包含的信息侧重于播出平台、赞助者、制作者等的身份的可靠性、权威性。这部分信息虽然难以直接改变受众对一则公益广告的态度，但可以作为辅助因素，加强或减弱受众的态度变化。而且，当受众对信息的加工能力不足或意愿不强烈时，也有可能转到边缘线索上来，例如会认为权威媒体制作的公益广告就是有说服力的。

(四) 小结

对公益广告态度效果影响因素的探索从理论上验证了柔软度和权威性两个萃取出来的核心因素与 ELM 中的中枢线索与边缘线索之间的相似性。这样，在态度效果研究领域，我们通过科学的研究方法探索出了公益广告有别于商业广告的两个特性，它们均在两个因子上有所体现，这应该引起公益广告研究者与创作者的关注，以便更好地发挥公益广告的作用。

根据精细加工可能性模型这一理论，受众观看公益广告视频后如果具备了对信息进行加工的能力以及意愿，就会面对中心线索和边缘线索两种选择，并会根据柔软度、权威性的强弱程度决定通过哪条路径改变态度。基于这一观点我们发现，在影响受众态度改变的因素中，受众的加工能力与主观意愿也很重要，这又启发我们关注另一个维度，即受众差异也会对态度改变产生一定的影响。

二、指责倾向——行动效果研究视角

与商业广告不同，公益广告的行动效果并不是通过购买意向来检测，而是通过受众是否遵循广告中的倡导而行动来检测，因而测量的方式也应有所不同。在这一阶段的研究中，笔者将从受众差异性的角度，探索主观性规范（也可以理解为自我约束与社会影响的综合作用）的强弱，以及公益广告号召的行动所隐含的指责倾向之间的交互作用。简言之，即探索何种行动效果导向型公益广告更有可能号召大家采取行动。

(一) 变量选择与研究方法

在梳理国内外文献时，我们发现最早单独对公益广告行动效果进行研究的是理查德·H. 埃文斯，他在 1978 年首次验证了菲什拜因行为意图

(Fishbein behavioral intention)模型,并用这一模型探索了受众对两则公益广告的行为反应意向。① 埃文斯通过实验检验了两组受众观看使用观念性信息(belief message)和评价性信息(evaluative message)描述的恐惧诉求的公益广告后的行为倾向。在他的模型结构中,行动效果受态度(attitude)和主观性规范(subjective norms)两个因素影响。他还通过路径分析方法验证并得出结论:评价性信息在改变行为倾向上更有效,且主观性规范对行为倾向的改变比态度更显著。此后,很多学者相继将主观性规范这一概念用于对公益广告效果的研究。按照埃文斯最初模型的设定,主观性规范受社会赞同的影响,并由两个因素决定,一个是参照群体的看法,另一个是向参照群体抱怨的动力。本研究也将主观性规范纳入对公益广告行动效果影响的研究框架,并探索与其可能产生交叉影响的其他体现受众差异的影响因素。

在众多理论和影响因素中,我们决定选取指责倾向这一概念作为与主观性规范进行交叉分析的变量。在筛选过程中,我们曾试图使用戴维森提出的第三人效果理论,通过比较"第一人"和"第三人"的社会距离与主观性规范的强弱形成 2×2 交叉对比;也试图将诉求方式、人物形象等要素作为交叉检验的变量。后来,考虑到这些理论、因素在国内外的广告效果相关研究中已经使用过并被验证过,即使将其引入公益广告的行动效果研究,也并没有创新性的贡献,而且这些因素交叉组合后的结果并不是公益广告效果的独特属性,与我们的研究思想与实验设计不符。最后,在对群体行动相关的其他理论进行比较后,笔者认为罗杰斯(E. M. Rogers)在《创新的扩散》一书中提出的指责(blame)原理适用于本项研究。

按照罗杰斯的观点,公益广告所关注的问题从责任归咎角度来看,可以分为个体指责与体系指责(individual-blame/system-blame)。他提出,个体指责是指倾向于由个体对问题负责,而不是由个体所组成的体系对其负责,暗含着"鞋不合适,是脚有问题"的理念;对立的观点就是体系指责,表示鞋不合适,制造商或市场体系要对此负责。② 这一理论为我们认识行动效果导向型公益广告提供了新的视角,即公益广告所关注的

---

① Richard H. Evans, "Planning Public Service Advertising Messages: An Application of the Fishbein Model and Path Analysis," *Journal of Advertising*, Vol. 7, No. 1, 1978, p. 28.

② 〔美〕E. M. 罗杰斯:《创新的扩散(第 5 版)》,唐兴通、郑常青、张延臣译,电子工业出版社 2016 年版,第 122—127 页。

问题,是通过个人的改变就可以解决的,还是需要社会制度、政策的参与才可以解决?我们在将这一变量纳入研究框架时,考虑到受众差异的分析视角,对指责倾向的操作性概念进行了调整,没有直接预设实验工具的指责倾向,而是将受众的主观判断作为衡量标准,充分考虑并尊重不同受众对问题指责倾向的认知。理由是,一些模棱两可的指责倾向可以通过受众自身的判断进行调节、矫正,与主观性规范交叉分析时,也可以更统一地分析受众差异的影响。①

在变量选定之后,通过哪种统计方法进行检验也随之明确。为了探索两个变量的交互关系,这部分的研究将采用方差分析法。

(二)研究假设

罗杰斯认为,造成某一特定社会问题的原因本质上可能就是个体性的,任何解决该问题的有效方法都必须改变这些个体因素。但是在许多情况下,社会问题的根源存在于一个由个体组成的更大的体系中,对个体进行干预的改善性的社会方法在解决由体系带来的问题时是不会有成效的。不同受众感知的公益广告信息的个体指责倾向与体系指责倾向,在理论上是可以影响行动效果的。因此我们假设:

H1:指责倾向对公益广告行动效果有显著影响。

埃文斯在检验菲什拜因行为意图模型时,已经通过路径分析方法探索了主观性规范对行动效果的影响路径。② 尽管菲什拜因这一模型由两部分组成,埃文斯验证的是与态度共同作用下主观性规范的影响路径,但这篇文章也认为主观性规范比态度更容易引起行动效果的变化,即主观性规范作为独立因素对行动效果的影响作用也应该是明显的。因此我们假设:

H2:主观性规范对公益广告行动效果有显著影响。

同时我们也将尝试验证主观性规范与指责倾向两个因素的交叉影响是否显著,并基于以上分析,认为由这两个变量构成的 2×2 结构也将显著地影响行动效果,即假设:

H3:主观性规范与指责倾向的交叉效果对公益广告行动效果有显著影响。

---

① 〔美〕E. M. 罗杰斯:《创新的扩散(第5版)》,唐兴通、郑常青、张延臣译,电子工业出版社2016年版,第122—127页。

② Richard H. Evans, "Planning Public Service Advertising Messages: An Application of the Fishbein Model and Path Analysis," *Journal of Advertising*, Vol. 7, No. 1, 1978, p. 28.

（三）实验设计

根据选择的研究方法，需要设计对比性的实验来检验 2×2 的结构会有哪些影响。在实验工具的选择上，对中国传媒大学广告专业学生进行小规模测试后，从告知效果检验所用的样本中挑选了两个告知、态度效果接近的，即分别为个体指责倾向明显与体系指责倾向明显的电视公益广告作为实验工具。其中，个体指责倾向明显的公益广告是《文明中国人——电梯篇》，广告语是"在公共场合打喷嚏时请捂住口鼻"；体系指责倾向明显的公益广告是《垃圾分类——办公室篇》，广告语是"分类产生价值，垃圾变成资源"。实验通过问卷调查进行，在选择实验工具后，将这两则广告的网络视频分别链接到两份问卷中，通过问卷星网站发布两份问卷。

两份调查问卷除了链接的公益广告视频不同以外，设置的题项基本一致，只是在语句描述上针对广告内容进行了调整。问卷的结构涉及多个量表，其中主观性规范量表参照埃文斯的论文，设置题项为："假设您正在和朋友聊关于垃圾分类的话题，您觉得朋友是否会希望您扔垃圾的时候注意分类？"行动效果的测量题项为："看了这个公益广告之后，您以后扔垃圾的时候会注意分类吗？"同时，问卷还包含人口统计学信息调查项，对广告的整体态度及对这支广告的印象认知、喜好态度等辅助调查项。问卷设计完成后，通过填答设置避免重复作答、删除乱填问卷等方式，保证问卷的质量。

（四）假设检验及实验结果

问卷在互联网上发放后，通过限制填答时间、限制 IP 等方式筛选问卷，共收回 409 份有效问卷。其中含个体指责倾向明显的公益广告的问卷 195 份（男性 104 人，女性 91 人）；含体系指责倾向明显的公益广告的问卷 214 份（男性 109 人，女性 105 人）。在处理数据时，按照主观性规范量表得分的平均值将样本分为高主观性规范组与低主观性规范组，其中个体指责倾向问卷主观性规范题项的平均值是 5.010，体系指责倾向问卷主观性规范题项的平均值是 4.827。

在验证三个假设之前，笔者对实验工具的有效性进行了检验。根据问卷中的题设"您觉得垃圾分类是个人可以解决的，还是需要制定政策制度才能解决的？"对两套问卷的差异进行了单因素方差分析，结果（表 6-5）显示个体指责倾向明显的公益广告的平均值为 2.928，体系指责倾向明显的公益广告的平均值为 3.631，且两套问卷的差异显著

($F=20.945$,$p=0.000<0.05$),409 份问卷的作答者在主观上整体认为两个广告显著地代表了个体指责倾向与体系指责倾向两种类别。

表 6-5 实验工具有效性检验

	样本量	平均值	标准差	标准误	F	p
个体指责倾向	195	2.928	1.545	0.111	20.945	0.000
体系指责倾向	214	3.631	1.556	0.106		
共计	409	3.296	1.588	0.079		

将两份问卷按照主观性规范的高低与指责倾向加以区分之后,我们首先对 H1 与 H2 进行了验证。结果(表 6-6)显示,在个体指责倾向明显的问卷中,看过这个公益广告后行动效果的平均值是 5.000,标准误为 0.072;在体系指责倾向明显的问卷中,行动效果的平均值是 4.832,标准误为 0.067。两者的差异在 90%的置信区间下显著($F=2.953$,$p=0.086<0.1$),H1 得到验证,即指责倾向对公益广告行动效果有影响。

表 6-6 指责倾向与主观性规范对公益广告行动效果影响的单因素方差检验结果

	样本量	平均值	标准差	标准误	F	p
个体指责倾向	195	5.000	1.005	0.072	2.953	0.086
体系指责倾向	214	4.832	0.974	0.067		
共计	409	4.912	0.991	0.049		
高主观性规范	199	5.402	0.840	0.060	123.078	0.000
低主观性规范	210	4.448	0.896	0.062		
共计	409	4.912	0.991	0.049		

对 H2 的验证是通过将两份问卷中各自的高、低主观性规范样本编码为一组,再通过单因素方差检验两组的差异性。结果(表 6-6)显示:高主观性规范组的受众观看广告之后的行动效果平均值为 5.402,标准误为 0.060,低主观性规范组的行动效果平均值为 4.448,标准误为 0.062,方差检验的结果显示两组的差异显著($F=123.078$,$p=0.000<0.05$),H2 得到验证,即主观性规范对公益广告行动效果有显著影响。这一结论也进一步验证了菲什拜因行为意图模型的有效性。

对 H3 的验证需要通过多因素方差检验指责倾向与主观性规范之间是否存在交互作用,并进一步验证交互作用对行动效果的影响是否显著。描述性统计的结果(表 6-7)显示,在 2×2 的结构中,个体指责倾向×高主观性规范的平均值最高,为 5.577,标准误为 0.734;个体指责倾向×低主观性规范的平均值最低,为 4.429,标准误为 0.908。

表 6-7　指责倾向×主观性规范对公益广告行动效果影响的描述性统计结果

指责倾向	主观性规范	样本量	平均值	标准误
个体	高	97	5.577	0.734
	低	98	4.429	0.908
	共计	195	5.000	1.005
体系	高	102	5.235	0.903
	低	112	4.464	0.890
	共计	214	4.832	0.974

多因素方差分析的结果（表 6-8）显示,指责倾向在 90% 的置信区间水平下对行动效果的影响显著（$F=3.207$,$p=0.074<0.1$）,主观性规范在 99% 的置信区间水平下对行动效果的影响显著（$F=125.985$,$p=0.000<0.01$）。结果同时显示,二者的交互作用对行动效果的影响也是显著的（$F=4.878$,$p=0.028<0.05$）。H3 得到验证,即主观性规范与指责倾向的交叉效果对公益广告行动效果有显著影响。

表 6-8　指责倾向×主观性规范对公益广告行动效果影响的多因素方差检验结果

	平方和	自由度	均方	F	p
校正模型	98.951	3	32.984	44.251	0.000
纵截距	9894.181	1	9894.181	13270.000	0.000
指责倾向	2.391	1	2.391	3.207	0.074
主观性规范	93.907	1	93.907	125.985	0.000
指责倾向×主观性规范	3.636	1	3.636	4.878	0.028
误差	301.880	405	0.745		
共计	10 269.000	409			
校正后共计	400.831	408			

本研究还对 H3 进行了进一步验证,对指责倾向×主观性规范生成的 2×2 四个组分别进行单因素方差分析,结果显示:在低主观性规范的情况下,个体指责倾向与体系指责倾向对受众的行动效果并没有显著影响（$F=0.837$,$p=0.774>0.1$）;而在高主观性规范的情况下,体系指责的不同会显著影响行动效果;在不同的指责倾向下,主观性规范的高低会显著影响行动效果（见图 6-6）。

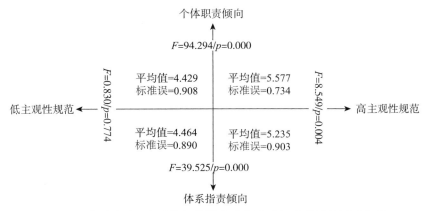

图 6-6　指责倾向×主观性规范的交叉作用对行动效果的影响矩阵

通过假设检验的结果,我们可以清晰地判断,对于主观性规范低的人,无论公益广告视频号召的行动是倾向于通过个体解决,还是倾向于通过社会、体系来解决,他们的行动意向都不会有显著差异。但对于主观性规范较高的人,他们对通过个体就可以解决的行动号召有更强的行动意向,更愿意响应公益广告的号召采取行动。从指责倾向的角度来看,不论个体指责倾向还是体系指责倾向的公益广告的,高主观性规范的人都更愿意采取行动。由此可见,受众的个体差异对行为导向型的公益广告的效果会产生显著的影响,不同的人对这类公益广告所号召的行动的接受程度明显不同。

(五) 小结

指责倾向与公益广告行动效果之间的关系研究,将"公益广告号召的行动应该通过谁来解决"这一维度纳入研究视野,具有重要的理论和实践价值。一些公益广告播出后,并没有实现有效地引发行动的效果,关键正在于问题的指向出现了偏差。例如,一些公益广告号召大家"常回家看看""关爱留守儿童",但这些问题在一定范围内是不能通过个体来解决的。基于本研究的结论,那些主观上认为是自己的原因导致没有常回家看看的人,会倾向于采取行动;但是对于那些认为原因在于没有足够的假期的人来说,只会在态度层面有所改变,而行动意向的变化要少很多。

表 6-9 至表 6-11 展示的是本研究中的其他关键信息,读者可自行查看,笔者不再赘述。

表 6-9　量表信度

量表	题项	Cronbach's α
总量表	27 项	0.777
行动意向	看过这条广告后，我打算在吃饭时采取"光盘"行动 未来我愿意参与光盘行动 我以后会在吃饭的时候争取做到"光盘"	0.736
互依型自我建构	对我来说，尊重集体的决定是重要的 为了集体的利益，我会牺牲自己的利益 乘车时我会主动为老人让座 我经常感到保持良好的人际关系比我自己取得的成绩更重要 对我来说，与他人维持一种融洽的关系非常重要 周围人的快乐就是我的快乐 我尊敬那些谦虚的人 我尊敬我所交往的权威人物 如果我所在的群体需要我，即使我待得不开心，我也仍然会留在那里 如果朋友遇到挫折，我觉得我有责任帮助他/她 当制订教育/职业计划时，我应该考虑我父母的建议 即使我的观点与群体成员不一致，我也会避免争论	0.759
独立型自我建构	我乐意在许多方面与众不同 独立于他人的个性特点对我来说是非常重要的 对我来说，保持活跃的想象很重要 与刚认识的人交往时，我喜欢直截了当 在课堂上发言对我来说不成问题 我在家里和学校里的表现始终如一 当见到相识不久的人时，我就自然地直呼其名，即使他们的年龄比我大得多 我认为健康是最重要的 不管和谁在一起，我的表现始终如一 与其被误解，不如直截了当地说出自己的想法 当我被单独表扬或奖励时，会感到舒服 对我来说，我主要关心的是能够照顾自己	0.731

表 6-10　喜悦、悲伤情绪与诉求类型单因素方差分析结果

		样本量	平均值	标准差	F	p
情绪类型	喜悦	84	4.37	0.54	4.00	0.047*
	悲伤	87	4.50	0.44		
诉求类型	描述式	85	4.51	0.50	5.09	0.025*
	命令式	86	4.36	0.49		
诉求类型×情绪类型					0.00	0.940

注：*$p < 0.05$。

表 6-11　内疚、中性情绪与诉求类型单因素方差分析结果

		样本量	平均值	标准差	F	p
情绪类型	内疚	92	4.43	0.58	1.25	0.270
	中性	94	4.51	0.41		
诉求类型	描述式	93	4.57	0.43	8.67	0.003**
	命令式	93	4.37	0.54		
诉求类型×情绪类型					1.88	0.170

注：**$p < 0.01$。

第三节　公益广告的互联网传播效果

2019 年 10 月，中共中央、国务院印发的《新时代公民道德建设实施纲要》提出，互联网为道德实践提供了新的空间、新的载体，要丰富网络道德实践，为此要"加强网络公益宣传，引导人们随时、随地、随手做公益，推动形成关爱他人、奉献社会的良好风尚"。

研究公益广告在互联网平台上的传播效果，对于扩大公益广告的覆盖面，探索互联网平台上公益广告的传播规律，促进公益广告运作方式的创新，具有重要的理论和实践意义。

一、公益广告在国内视频网站上的传播效果

在视频网站上，用户可以自主上传视频，也可以自由地对视频进行点赞、转发和评论，这极大地改变了公益广告传播过程中公众参与度低和反馈难以测量的问题。

因此，本节将通过研究优酷网上的三则经典电视公益广告的评论数量和评论内容，探究互联网公益广告传播中的特点及其影响因素、互联网用户对于公益广告的看法和关注点，以及公益广告是否实现了呼吁关注社会问题、推动社会进步的目标。

（一）研究设计

以视频网站上公益广告的评论为研究对象，通过量化分析和文本分析，研究影响公众对公益广告的看法及公益广告传播效果的因素，以及如何创作适合互联网平台传播的公益广告。

1. 研究对象确定

本研究将全国大学生公益广告认知和态度调查中大学生"印象最深"的三条电视公益广告作为研究对象。这几条广告分别为《妈妈，洗脚》《没有买卖就没有杀害（犀牛篇）》《Family——爱的表达式》。

《妈妈，洗脚》于 1999 年在央视播出之后，引起了较大的社会反响，被评为 2001 年十佳公益广告，一些学校还把它作为孝心教育的素材。这则广告是二十多年来播出次数最多、社会影响最广的电视公益广告之一。

"没有买卖就没有杀害"是由国际公益组织野生救援所发起的旨在保护野生动物的公益传播系列活动。2006 年姚明为野生救援拍摄了《没有买卖就没有杀害（鱼翅篇）》。十几年间，姚明、成龙、李冰冰等先后成为野生救援的公益大使，参与拍摄了多部公益广告宣传片，"没有买卖就没有杀害"也成为在中国最深入人心的保护野生动物的口号。

《Family——爱的表达式》于 2011 年 12 月开始在央视播出。这则公益广告通过对英文单词"family"中字母的另类解读，诠释了"家"的温情与内涵。

2. 量化和质化分析

笔者对这三条公益广告的上传版本数、播放次数、评论次数和评论时间进行统计分析，以此来解读其在优酷网中的影响力以及相关因素，并在此基础上，进行深入的文本分析。

（二）研究发现

1. 传播时间的广泛性

《妈妈，洗脚》《没有买卖就没有杀害（犀牛篇）》《Family——爱的表达式》分别于 1999 年、2006 年、2011 年开始在央视播出。

优酷网成立于 2006 年 6 月 21 日。随着网站的发展，网站用户增加，视频内容逐渐丰富，这些公益广告视频陆续被用户上传至网站，并在

2007年出现了用户评论。虽然它们在电视媒体上的播出年份较早，但自从上传至优酷网后，一直受到用户们的关注，其中，《妈妈，洗脚》表现最为突出。该公益广告于1999年在央视播出，但在2007年上线后仍然获得了大量网友关注，评论量在2013—2014年期间达到顶峰（见图6-7）。而《Family——爱的表达式》于2011年底在央视播出，在优酷网上线后，2012年的评论数达到最高，此后呈现逐渐递减趋势（见图6-8）。

图6-7 《妈妈，洗脚》视频评论发表的年份统计

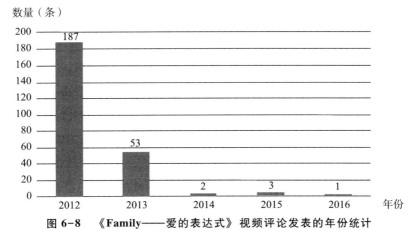

图6-8 《Family——爱的表达式》视频评论发表的年份统计

2. 评论发布的集中性

李冰冰作为形象大使参与拍摄的《没有买卖就没有杀害（犀牛篇）》于2015年12月24日出现在优酷公益频道首页后，当天及次日的评论数就达282条，占"没有买卖就没有杀害"系列公益广告评论的75%（见图6-9）。李冰冰之前在美国生病的新闻传至国内，《没有买卖就没有杀害（犀牛篇）》中"啃指甲救犀牛"的广告词引起广泛争议，加之优酷网将这个视频推送至公益频道首页，导致该公益广告的受关注度迅速上升。

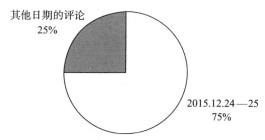

图 6-9 《没有买卖就没有杀害（犀牛篇）》不同时间评论数量的比较

这说明，新的视频上线、公益广告演员的受关注度、广告词的争议性、视频平台的推送等因素，都会造成公益广告传播效果的改变。

3. 评论内容的多样性

用户针对公益广告发表的评论可以归纳为以下几类：

（1）以自身经历或情感态度支持公益广告的观点。

在这些评论中，出现了许多阐述用户自身经历的内容。例如：

> 记得我小学二年级的时候看了这广告，晚上也给妈妈洗了脚。

> 今天我领导还说让别人从泰国带回象牙制品。听着就生气，还不知道自己能做什么。他们还觉得挺骄傲。

> 昨晚，南方某市领导招待专家教授，……我悄悄叫来服务员撤掉了鱼翅。

由于用户在观看时不可避免地会联想到自己的经历，因此在评论时会引用自身的经历或当时的情感态度来佐证其行为的正确性。在评论中，用户通过阐述自身经历中与公益广告观点一致的内容，并回避不一致的部分，来消解"认知不和谐"所带来的不适感。同时，这些评论也能对其他观看者和评论者产生影响。

这说明，公益广告能引导公众关注现实生活中的社会问题，帮助其形成道德规范。

（2）广告口号引发的共鸣。

对公益广告口号的重复和回应是评论中频繁出现的内容。例如，在《没有买卖就没有杀害（犀牛篇）》中，"#啃指甲救犀牛#"及"没有买卖就没有杀害"共计出现35次。

根据心理学原理，人的短时记忆和信息处理能力有限。这就要求广告语言简洁易懂，能在短时间内让受众接受，帮助其储存新信息并激活其记忆中的信息，同时实现对广告理念的识别、理解与记忆。

（3）对片中观点的理性追问。

部分公众在观看视频后会对视频中的观点展开理性追问，以此说明自己认真观看了视频，并说明自身观点的正确性。例如：

> 这其实是在质疑中国传统中医药，攻击中国传统文化。可以通过驯养繁殖来促进保护。从经济学角度来说，市场需求是客观存在的，禁贸只会导致市场价格上升，更加促进不法分子野外非法捕获野生动物。

> 感觉没有什么因果关系啊！都是角蛋白又怎么了？啃了指甲又能怎样？和保护犀牛也没有半毛钱关系啊！

以上两则评论分别从经济学和现实逻辑角度，对《没有买卖就没有杀害（犀牛篇）》中的广告口号"没有买卖就没有杀害""啃指甲救犀牛"的合理性进行追问。数字技术的发展使普通公众获得了话语权，任何人都可以在互联网中自由地发表言论，普通公众不同于"权威"的声音得以在互联网中自由表达。

（4）表达对名人、明星的喜好和支持。

"没有买卖就没有杀害"系列公益广告中出现了包括施瓦辛格、成龙、姚明、李冰冰、丁俊晖、周杰伦等在内的多位公益大使，所以和名人、明星相关的评论占了"没有买卖就没有杀害"系列公益广告评论的42%。

比如"全力支持冰冰姐，我的最爱""我们要向小晖学习，做个有爱心的公民"等。

名人在这里充当了意见领袖的角色，他们的社会影响力使广告很容易吸引公众注意力，所传递的公益观念也更易于传播，并影响公众的态度。

（5）表达逆反心理。

尽管在所有评论内容中，情感抒发式的支持类评论占据了绝大多数，但仍有部分"对抗式"的评论内容。例如：

> 在我看来，那个吃鱼翅和老虎肉的公益广告，根本不是给我们普通人看的，我们普通人吃不起。

> 鸡鸭鱼猪羊呢？它们的生命卑贱吗？谁给生命划分的三六九等？

> 如果你没有演员这条路，而是个有捕杀犀牛能力的平民，而捕杀犀牛又能赚钱……

此类评论实际上是对权威话语的对抗和消解。在互联网时代，随着互联网、社交媒体和移动终端的普及，普通民众有了话语权，造成了激烈的话语冲撞和对权威的消解。

（三）小结

1. 名人效应是把双刃剑

名人作为一个特殊的群体，存在于政治、艺术、体育、科技等诸多领域，常常成为普通公众和大众媒体关注的对象。名人效应在社会人际互动中表现为一种能力关系，即支配他人的号召力和影响力。在公益广告中使用名人，可以将公众对名人的情感"移情"到公益广告的理念中，劝服效果优于一般的媒体宣传。

但同时，若"移情"不成功，公众的注意力便会集中于名人本身，而忽略了公益广告的内容。

2. 议程设置是网络平台与公众共同进行的

互联网时代，网络平台和公众取代传统媒体进行网络议程设置，并呈现出一些新的特点。

目前，视频网站的内容主要来自用户的自行上传，因此特定的个体决定了公众看什么和想什么。同时，公众在看过视频后可以将视频分享至其他社交平台，扩大传播覆盖面，这一传播流程可以不断延伸。

同时，网络平台的编辑可以对视频内容进行议程设置，通过网页排版，内容把关，让公众在特定的时刻关注特定的公益主题，从而影响公众想什么甚至怎么想。同时，由于网络媒体的非线性、内容丰富性等特征，只有主动进入特定网络平台的公众才会观看相关公益内容，并且公众可以自主选择是否观看和评论，这无疑加强了公益广告的传播效果。

3. 简洁有力的口号更有作用

在信息爆炸式增长的网络社会中，普通公众日常接收的信息量是巨大的，因此很少有人能记住公益广告的全部内容，但对公益广告的口号则能够铭记于心。弗洛伊德认为，人的意识受到潜意识的影响，潜意识将意识所感知的外部信息进行保存和内化。公益广告的口号作为广告内容的核心信息，存在于公众的潜意识之中，当公众遇到与公益广告中的场景相似的场景时，已内化于潜意识的广告口号便会发挥作用，指导人的行为。

4. 传播效果的累积性

公益理念的推广、社会观念的改变均需要人员和经费的投入，以及时间的累积。

《妈妈，洗脚》自 1999 年在中央电视台播出以后，至今仍在网络平台持续播出，影响了大量的 80 后与 90 后群体；《Family——爱的表达式》自上线后，其播出平台从央视扩展到了公交车、电梯等户外媒体；而"没有买卖就没有杀害"系列公益广告仅在中国就累计拍摄了近十部，时间持续十年，"没有买卖就没有杀害"的公益理念深入人心。

5. 在生活细微处叙事，进行感性"共情"

由于以社会公德为主题的公益广告具有普遍性和共通性，因此在公益广告中使用从日常生活细节处着眼的感性说服策略，更容易唤起公众在生活中的相似记忆，通过和公众"共情"，能够减少公益理念传播过程中存在"认知不协调"的可能性。相反，表现大场面、大主题的宏大叙事手法或是权威式宣传手法由于缺少和公众日常生活的连接点，很难影响公众的具体行动，也使得公众在产生认知不协调时进行选择性理解，从而消解了传播效果。

二、公益广告在国内音频网站上的传播效果

作为四大传统媒体之一，广播以其覆盖面广、传播迅速、收听便捷等优势，在公益广告的传播过程中发挥了不可替代的作用。近年来，随着移动互联网技术的不断进步，数字音频平台迅速崛起。根据艾瑞咨询发布的报告，2023 年主要网络音频平台用户规模为 3.1 亿人，预计 2026 年将突破 3.5 亿人。数字音频节目用户收听需求巨大，与线下的线性直播流广播节目共同构成音频节目收听主体。[1]

在数字音频平台上，公益广告的传播主题、形式、效果如何？主要受哪些因素影响？作为新的公益广告传播渠道，它具有多大的潜力？对这些问题的探讨，既有一定的理论价值，又有重要的现实意义。

当前，对数字音频平台的研究主要从技术角度出发，对于平台属性、模式的研究相对较少，且集中在移动网络电台方面。

王传珍认为，移动网络电台因采用音频点播的形式，给予受众自由选择收听时间的权利，因而聚合了受众的碎片化时间。此外，随着移动网络电台的发展，从单纯的智能手机到车载设备，再到可穿戴设备，应

---

[1] 《艾瑞咨询：2023 中国网络音频产业研究报告》，https://www.163.com/dy/article/IBKS1O1MO511B3Fv.html，2024 年 7 月 8 日访问。

用场景不断拓展。① 刘峰以喜马拉雅 FM 为例,探讨了移动网络电台如何构建自身的传播生态进而打造属于自身的盈利模式,指出喜马拉雅 FM 创造了内容生产、受众社区以及内容分发的传播生态,进而探索广告、付费内容、粉丝经济、衍生品等多种盈利模式。② 汪勤在对荔枝 FM、蜻蜓 FM、喜马拉雅 FM 三家网络电台在用户生产内容（UGC）、专业生产内容（PGC）、专业用户生产内容（PUGC）三种模式下的内容布局进行分析时发现,现有生产模式虽然渐趋成熟,但也存在着内容质量参差不齐和版权保护不完善等问题。③ 李春贤以喜马拉雅 FM 为例,概括了网络电台的特点,分析了其发展机遇及存在的持续性收益难保证、主播水准参差不齐、监管滞后等突出问题。④

综上所述,虽然有关广播公益广告、网络公益广告、数字音频平台的研究已积累了一定成果,但大多缺乏理论深度,尤其是关于数字音频平台上的公益广告传播研究非常薄弱,这一现状与当前这类平台的用户规模与传播影响力极不相称。

（一）研究设计

本节的研究方法为内容分析法,基于喜马拉雅 FM 这家用户基数与节目总数最大的移动音频公司的相关数据进行分析,时间段为 2019 年 1—3 月。

喜马拉雅 FM 是国内音频分享平台,2013 年上线手机客户端。截至 2018 年 1 月,喜马拉雅 FM 激活用户量达到 4.5 亿,主播总量超 500 万,日均收听时长达 128 分钟。⑤

以关键词"公益广告"在声音频道搜索发现,截至 2018 年 12 月 31 日,喜马拉雅 FM 上共计有 1034 条公益广告且拥有一定的评论量。

---

① 王传珍：《网络电台的崛起与商业模式研究》,《中国广播》2016 年第 8 期,第 12—13 页。
② 刘峰：《音频传播生态圈的构建：移动互联时代的机遇与挑战——以喜马拉雅 FM 为例》,《中国广播》2016 年第 3 期,第 59—60 页。
③ 汪勤：《国内移动网络电台内容生产模式研究——以荔枝 FM、蜻蜓 FM、喜马拉雅 FM 为例》,《视听》2018 年第 7 期,第 34 页。
④ 李春贤：《网络广播发展策略研究——以"喜马拉雅 FM"为例》,《声屏世界》2018 年第 7 期,第 65 页。
⑤ 余建军：《与 3.5 亿人颠覆传统广播,攀登互联网音频"喜马拉雅"》,https://www.sohu.com/a/214103539_100023229,2024 年 3 月 28 日访问。

（二）喜马拉雅 FM 上的公益广告概况

1. 广告主题

依据全国优秀广播电视公益广告作品库对广播公益广告的分类，研究者将截止到 2018 年 12 月 31 日喜马拉雅 FM 上播放量超过 1000 次的 72 条公益广告分为文明道德、环境保护、安全教育、廉政建设、法制宣传、节日·纪念日等六类。[①] 统计发现，文明道德类最多（40 条），占总量的 55.6%；其次是环境保护类（14 条）和安全教育类（10 条），分别占 19.4% 和 13.9%；最后为法制宣传类（5 条）和节日·纪念日类（3 条）。

2. 表现形式

广播广告的表现形式大致可以分为播报式、推荐式、情节式、新闻式、歌唱式、抒情式、曲艺式等 7 种。[②]

总体来看，喜马拉雅 FM 平台上公益广告的形式不够丰富，播报式和情节式最多，推荐式、新闻式、歌唱式、抒情式和曲艺式的公益广告较少。这种情况与传统广播媒体大致相同。

3. 上传者

喜马拉雅 FM 平台的内容发布机制为：用户自主上传、平台进行内容审核、对优质内容进行筛选并传播。在数字音频平台上，所有主动上传音频的用户均被称为"主播"。

为了深入了解数字音频广告的发布机制，我们对播放量超过 1000 次的 74 条公益广告的主播名称、工作单位（岗位）、粉丝数量、发布数量、专辑名称进行了统计分析（见表 6-12）。

表 6-12　喜马拉雅 FM 平台上公益广告主播及发布状况

序号	主播名称	工作单位（岗位）	粉丝数量	发布数量	专辑名称
1	阳光清陈	阜阳交通广播（DJ）	30 000	60	广播公益广告
2	DJ 姚思羽	云南广播电视台（记者）	931	1	挚爱霍建华
3	晓光 Jeanne	声音工作者	105 000	1	长相守
4	央广小马哥	播音员	430 000	2	高能量生活

[①] 数据来源于全国优秀广播电视公益广告作品库，参见 http://igongyiad.cnr.cn/，2024 年 3 月 28 日访问。

[②] 初广志编著：《广告文案写作（第二版）》，高等教育出版社 2011 年版，第 157—160 页。

（续表）

序号	主播名称	工作单位（岗位）	粉丝数量	发布数量	专辑名称
5	沉默的懒洋洋	在校学生	5	1	生活如此多娇
6	暗夜之声	电台（DJ）	480 000	1	耳边风
7	DJ 小斌同学	电台（DJ）	2429	1	电台节目片花集锦
8	诺小姐的耳麦	旅游节目主持人	690 000	1	做个小片花
9	新闻零距离	海二中广播站《新闻零距离》节目	66	2	社会主义核心价值观公益广告
10	奔跑的白菜大侠	广告配音员、青苹果音乐台节目包装负责人	489	1	广告配音
11	熙忆爱迪声	非专业男个配	230 000	1	爱谛声坊2016
12	广播剧权胜	广播剧编剧、导演、制作	958	1	广播剧权胜的默认专辑
13	杏苑之声	福建中医药大学广播电台	743	1	公益广告大赛

如表6-12所示，上传这些公益广告的主播共13位，粉丝数从5至10万多不等。其中，身份为个人的主播11个，占比91%，多数从事广播相关工作；身份为机构的主播2个，均为校园广播电台。

"阳光清陈"上传的数量最多，占比83.3%；其他12位主播一共上传了14个公益广告。这74条公益广告主要来自全国广播电视优秀广告作品库。除了"阳光清陈""新闻零距离""杏苑之声"3人上传的公益广告出现在公益广告类专辑中外，其他主播上传的公益广告均分散在各类其他的专辑中。

（三）喜马拉雅FM公益广告的传播效果

在全部1034个公益广告音频中，播放量超过1000次的仅有72个，最多的为23 000次，这与喜马拉雅FM4.5亿的用户规模极不相称，表明数字音频平台上的公益广告到达率很低。

在评论方面，72个公益广告的总评论数仅为146，其中有50个音频引发了评论，占比69.4%。评论量排前三位的分别为20、14、11条，且评论内容多为赞美主播声音的专业性，与公益广告本身无关。

值得一提的是,播放量与评论量并不存在正向关联。例如,在播放量排前十位的公益广告中,"关注自闭症患儿"虽然位居最后,却得到了9条评论(见表6-13)。

表6-13 喜马拉雅FM平台上播放量前十位的公益广告评论量

序号	广告标题	上传者	上传时间	上传者推荐语	播放量	评论量
1	广播公益广告——《"好"字篇》	阳光清陈	2013.07	全国优秀公益广告	23 000	8
2	保护地球 低碳生活——电影预告片	阳光清陈	2013.07	全国优秀公益广告	21 000	0
3	保护动物 从孩子做起	阳光清陈	2013.07	全国优秀公益广告	14 000	3
4	保护环境	阳光清陈	2013.07	全国优秀公益广告	14 000	6
5	厚积薄发篇	央广小马哥	2015.05	你知道这一声登高歌唱有多难么?知了幼虫的生长期特别长,最长的,要在地下生活17年。生活中,多少人想出人头地却没有耐心哪!不抱怨,更努力!	11 000	3
6	保护动物——母亲节目版	阳光清陈	2013.07	全国优秀公益广告	10 000	0
7	成长篇	阳光清陈	2013.07	全国优秀公益广告	10 000	1
8	低碳出行,用脚步丈量美丽都市	阳光清陈	2013.07	全国优秀公益广告	9910	5
9	低碳出行	阳光清陈	2013.07	全国优秀公益广告	9881	0
10	关注自闭症患儿	沉默的懒洋洋	2013.07	无	8639	9

在评论内容方面,点评公益广告或表达感想、态度的(有效评论)有67条,占比为45.9%;点评主播的有38条,占比26%;询问转载(下载方式以及音乐来源)的有19条,占比13%;其他无关评论22条。

在此基础上,我们又对样本中有效评论的内容进行了统计分析。在

67 条有效评论中，对广告内容做出点评（如复述广告中让他们记忆深刻的词语）、对整体广告的表现做出评论（如"好""大赞"等词语）的共计 39 条，占总数的 58.2%；听完广告后表达自己的感情（如"暖心""感动"等）的共计 22 条，占总数的 32.8%；表达行动意愿（如"我好爱妈妈呀，要好好陪陪她"等）的仅有 6 条，占总数的 9%。可见，喜马拉雅 FM 平台上公益广告的传播效果主要停留在认知层面。

整体而言，数字音频平台上公益广告的传播效果不尽如人意，社会化媒体的潜力远未完全发挥，与平台的用户规模和影响力极不相称。

（四）数字音频平台上公益广告传播效果的影响因素

1. 媒体属性

在数字音频平台上，内容和用户是高度细分的，这虽有利于精准传播，但因数字音频平台不具备传统广播的大范围覆盖能力，在播放量方面存在明显局限。

此外，不同于电视媒体，公益广告音频缺乏形象、直观、生动的画面呈现，欣赏性受到了一定的限制，在"读图时代"很难激发用户的点播和分享意愿。

2. 受众特征

"网络音频节目的受众属性、收听偏好、内容选择既不同于网民，也不同于广播听众。"① 不同于传统广播中被动的接收者，网络音频平台上的用户拥有自主上传、选择收听与评论的权利。目前，网络音频节目的听众呈现明显的年轻化、高知化、高质化、白领化趋势，比网民更加成熟，学历更高，高端人群占比更高。②

而传统广播的公益广告，讲述的多为众所周知的道理，普遍缺乏信息量和娱乐性。将这些公益广告直接发布到数字音频平台上，显然难以引发被数字技术赋权的用户的兴趣。倪宁、雷蕾对于视频网站的研究也证明了这一点。③

3. 关键意见领袖

"互联网的多渠道传播格局，包括多渠道采集、多渠道传播和多渠道

---

① 《尼尔森网联联合蜻蜓 FM 推出〈网络音频节目用户研究报告〉》，https://www.takefoto.cn/viewnews-1742624.html，2024 年 4 月 10 日访问。

② 同上。

③ 倪宁、雷蕾：《基于互联网的公益广告公众参与研究——以优酷网"扬正气，促和谐"公益广告视频单元为例》，《国际新闻界》2013 年第 4 期，第 76 页。

反馈，呈现出人人分享、多向传播、海量传播的特征。"①

不同于传统广播，在数字音频平台上，公益广告播出的位置、时间、频次，主要是由用户来决定的，所有主动上传音频的用户均为"主播"。那些有影响力的主播可以聚集大量的用户，成为关键意见领袖（KOL）。公益广告的发布量与评论量，与这些 KOL 的积极性直接相关。

在喜马拉雅平台上，播放量超过 1000 次的公益广告，绝大部分是主播"阳光清陈"上传的。与之相比，"晓光 Jeanne""诺小姐的耳麦"等主播虽然粉丝数远超"阳光清陈"，每人却只上传了 1 条公益广告。绝大多数主播上传公益广告的积极性不高，直接影响了公益广告的发布量和播出量。

4. 生产方式

数字音频平台的生产方式多元化，打破了内容制作由专业队伍垄断的模式，形成了 PGC、UGC 以及 PUGC 共同生产内容的新模式。"这种模式是外向的、社会化、市场化的，每天产生海量的内容。"② 公益广告制作流程虽然简单，但是如果没有专业人员参与，很难产生优质的公益广告音频。目前喜马拉雅 FM 上的原创公益广告，仍然停留在对传统媒体上的公益广告重新配音的阶段，UGC 及 PUGC 共同生产内容的模式远未形成。

5. 接触方式

传统广播中的公益广告具有很强的依附性，听众是在收听特定节目时附带接触公益广告。而在数字音频平台上，公益广告作为独立存在的内容产品，除非用户主动搜寻，否则无法接触到，其到达效果无法实现。

据统计，在数字音频平台上，中文流行音乐、新闻资讯、欧美流行音乐、怀旧经典音乐、最新音乐榜单、脱口秀、幽默笑话/娱乐、相声小品、热点解读、吃喝玩乐位居细分内容前十位。③ 公益广告在与这些内容产品的竞争中，明显处于劣势地位。

6. 政府规制

目前，对互联网平台上的公益广告的管理明显滞后。2018 年颁布的

---

① 黄学平：《打破数据藩篱，玩转广播新生态》，https://smr.com.cn/index.php/show-15-363.html，2024 年 3 月 28 日访问。

② 同上。

③ 《尼尔森网联联合蜻蜓 FM 推出〈网络音频节目用户研究报告〉》，https://www.takefoto.cn/viewnews-1742624.html，2024 年 4 月 10 日访问。

《中华人民共和国广告法》修正案规定"大众传播媒介有义务发布公益广告","广播电台、电视台、报刊出版单位应当按照规定的版面、时段、时长发布公益广告",但没有对互联网视听媒体进行约束。

而数字音频平台大多属于商业企业，生存、发展的压力和逐利的本能使它们不可能像国有广播电台一样，主动承担发布公益广告的使命。目前，平台管理方对于公益话题的议程设置尚未引起各方重视，公益广告传播主要是由用户自发进行的。

（五）小结

总体而言，当前数字音频平台上的公益广告的传播力、影响力相当有限，从发布、播放数量到互动深度，都与平台的用户规模和社会化媒体的属性极不相称。公益广告传播效果不佳，其影响因素是多重的，但是，这一平台的传播潜能尚未发挥出来却是主要原因。

为此，数字音频平台应该利用细分化、互动性强的优势，在扩大公益广告覆盖面的同时，鼓励受众积极参与，增强态度和行动层面的效果。数字音频平台上公益广告的可持续发展，既需要政策的扶持，也需要相关各方的共同努力。

三、公益广告的跨国传播效果——以 YouTube 为例

数字技术打破了国界这一地理障碍，社交媒体平台的开放性使得一个传播主体发布的信息国内外用户都能接收到，这种发布行为实质上是跨国传播。

公益广告的跨国传播不仅可以提升公益广告的国际影响力，还可以作为内容产品，成为文化品牌，促进国家、民族之间的了解和认同，在构建人类命运共同体的进程中发挥重要作用。

目前，YouTube 无论在传播范围，还是在影响力方面都是在国际上位居前列的社会化媒体平台。因此，通过对这个平台上公益广告跨国传播情况的分析，可以归纳出当前社会化媒体平台上公益广告跨国传播的态势。

笔者分别在 2020 年和 2023 年使用"public service advertisement""Chinese""public service announcement""PSA" 等关键词进行交叉检索，以"相关性"和"播放量"作为筛选依据，各得到 20 条公益广告作为研究的样本。笔者试图通过对这些广告的传播情况的定量和定性考察及历时性比较，发现其在跨国传播平台上的传播效果，并总结规律。

（一）2020 年中国公益广告在 YouTube 平台上的传播效果

2020 年 1 月 20 日，笔者通过上述检索方式，将中国公益广告在这一平台上传播的基本情况进行了整理，具体数据参见表 6-14、表 6-15。

表 6-14　YouTube 平台上排名前 20 的中国公益广告数据统计

	广告标题	广告主	发布者	播放数量	点赞	评论	英文字幕	英文介绍	评论语种
1	筷子篇	CCTV	Frank Chen	67 941	467	16	有	有	中文（1）、英文（15）
2	感谢不平凡的自己	CCTV	Dianlin HUANG	8123	61	1	无	无	中文
3	妈妈的等待	CCTV	CCTV	6252	88	4	无	无	中文（3）、英文（1）
4	爸爸的谎言	CCTV	CCTV	4597	44	5	无	无	中文（4）、英文（1）
5	Family——爱的表达式	CCTV	CCTV	2907	37	2	无	无	中文
6	中秋节，回家吧	CCTV	CCTV	2627	1	0	无	无	/
7	吸烟的名画	CCTV	CCTV	2522	12	2	无	无	中文
8	诚信，内心的力量	CCTV	CCTV	2454	7	0	无	无	/
9	Family——爱的表达式	CCTV	陈梦洁	2333	26	0	有	有	/
10	蓝天	CCTV	CCTV	1239	1	0	无	无	/
11	尊重他人，请勿吸烟	CCTV	CCTV	824	1	0	无	无	/
12	关爱留守儿童	CCTV	CCTV	748	2	1	无	无	中文
13	阅读，成长的力量	CCTV	CCTV	685	4	0	无	无	/
14	筷子篇	CCTV	China Connect University	672	10	0	有	有	/
15	我爱你中国	人民日报客户端	Layshands	634	0	1	无	无	表情符

（续表）

	广告标题	广告主	发布者	播放数量	点赞	评论	英文字幕	英文介绍	评论语种
16	让爱回家	中国一汽	Learn Chinese HL	485	0	0	无	无	/
17	家国梦	CCTV	CCTV	485	9	0	无	无	/
18	永远在一起	CCTV	CCTV	437	6	1	无	无	中文
19	古迹	CCTV	CCTV	248	1	0	无	无	/
20	塞罕坝	CCTV	Crazy Chinese	165	3	0	无	无	/

表 6-15　YouTube 平台上排名前 20 的中国公益广告主题与表现

	广告标题	广告口号	广告主题	创意特点
1	筷子篇	幸福中国味	中国文化	不同场景下的人际关系群像
2	感谢不平凡的自己	感谢不平凡的自己	个人奋斗	不同身份的人物群像
3	妈妈的等待	别爱得太迟，多回家看看	孝敬父母	一镜到底，人物变换
4	爸爸的谎言	老爸的谎言，你听得出来吗？别爱得太迟，多回家看看	孝敬父母	实景拍摄
5	Family——爱的表达式	有爱就有责任	孝敬父母	动画，文字变形
6	中秋节，回家吧	中秋节，回家吧	中国文化	动画
7	吸烟的名画	无	吸烟有害	动画，世界名画被吸烟者影响
8	诚信，内心的力量	孩子坚守正道的勇气，来自父母的言传身教。诚信，内心的力量	儿童成长	实景拍摄
9	蓝天	你的行动决定你的环境，让我们一起把天空变蓝	环境保护	芭蕾舞，未来幻想
10	尊重他人，请勿吸烟	尊重他人，请勿吸烟	吸烟有害	实景拍摄

（续表）

	广告标题	广告口号	广告主题	创意特点
11	关爱留守儿童	5800万留守儿童，距离我们并不远。温暖心，分享爱	儿童成长	实景拍摄
12	阅读，成长的力量	书，让儿时的我成为英雄。阅读给我们成长的力量	儿童成长	实景拍摄
13	我爱你中国	唱出我们的爱	国家民族	名人，演唱
14	让爱回家	父母的笑容，是世界上最美的风景。让爱回家，一汽奔腾	孝敬父母	实景拍摄
15	家国梦	国家好，民族好，大家才会更好	国家民族	实景拍摄
16	永远在一起	没有歧视，永远在一起	儿童成长	名人，实景拍摄
17	古迹	保护遗留古迹，守护传统文化	中国文化	实景拍摄
18	塞罕坝	绿水青山就是金山银山	环境保护	实景风光，文字介绍

注：此表中去除了两个重复的广告。

1. 播放量

从表6-14可以看出，就单一途径上传的公益广告而言，除了排名第1的《筷子篇》外，其他的公益广告播放量均不到1万次，其中排名第20位的《塞罕坝》播放量仅有165次。

2. 互动情况

从点赞和评论数量来看，用户与这些公益广告的互动还不够活跃。

在点赞数量上，除了排名第1的《筷子篇》为467个以外，其他公益广告均不到100个，其中有12条的点赞数还不到10个。

在评论数量上，除了排名第1的《筷子篇》为16个以外，其他公益广告均不多于5个，还有11个广告的评论数为零。

3. 评论分析

在收集到的33条评论中，中文评论有15条，英文评论有17条。在使用英文的评论中，一些用户明确表示自己是中国人。例如：

Very touching as a Chinese. （作为中国人非常感动。）

I am in Melbourne. I miss the chopsticks at home. （我在墨尔本，我想念家里的筷子。）

I'm back here again, watching this on New Year's eve. 18th year

I haven't been home for new year. TBH I still miss China so much. （我又回到了这里，在新年夜看这个视频。这是我没有回家过年的第十八个年头。老实说我非常想念中国。）

中文留言的内容主要包括：对具体广告的认知、观看后的情感反应，以及由此引发的对于相关问题的思考。很多受众会联想到自己的经历或者祖国的情况，从广告中寻找共鸣；还有一些人表示喜欢广告中的音乐，希望能获得更多的相关信息。

英文留言呈现出类似特征。例如，"God damn it. I wish Europe held its own tradition like these guys!"（天哪！我希望欧洲也能像这些家伙一样保持自己的传统！）这体现了对于中国重视优秀传统文化的较强认同。也有外国网友表达了与中国网民相似的情感和理念，如"I don't know why I cried. It was moving to me."（不知道为什么我哭了，它令我感动。）"That was marvellous. It really showed the spirit of Chinese culture and I loved all the diversity and dialects."（太棒了，它展示了中国文化的精神，我喜欢所有的多样性和方言。）

4. 主题与表现

中国公益广告的主题呈现出多样化特征。在18支非重复的广告影片中，有3支的主题是中国文化，孝敬父母和儿童成长类主题的各有4支。此外，国家民族、环境保护、吸烟有害主题的各2支，还有1支的主题是个人奋斗。

在表现方面，这些公益广告大多比较质朴平实，采用实景拍摄，较少使用夸张、比喻等手法，以顺叙为主，没有剧情反转的桥段。此外，它们的拍摄和制作水平普遍较高，画面精致、音乐优美、格局宏大，带有明显的中国式审美特征。但从整体来看，表现手法比较接近，缺少多重视角和多种风格。

5. 广告主

从表6-14中可以看出，中央电视台（CCTV）是中国公益广告在YouTube平台传播的主要机构，排名前20的公益广告中有18条是CCTV的作品，其中有13条广告是直接由CCTV的社交账户发布的。

（二）2023年中国公益广告在YouTube平台上的传播效果

2023年11月4日，研究者采用与2020年同样的方法，在YouTube平台以"public service advertisement""Chinese""public service announcement""PSA"等为关键词进行交叉检索,以"相关性"和"播放量"作为筛选依据,得到 20 条排名靠前的公益广告。具体数据参见表 6-16。

表 6-16　YouTube 平台上排名前 20 的中国公益广告数据统计

	广告标题	广告主	发布者	播放数量	点赞	评论	英文字幕	英文介绍
1	共抗乙肝与肝癌	中国传媒大学学生	Adam Kerby	37 759	5	1	有	有
2	杯子篇	苏州市道路安全项目办公室、苏州市卫生局	World Health Organization (WHO)	16 774	62	12	无	有
3	妈妈的等待	CCTV	CCTV 中国中央电视台	15 211	195	9	无	无
4	咖啡小姐篇	大连市爱国卫生运动委员会	WHO	12 417	61	75	无	有
5	E-bike 篇	中国道路安全项目	WHO	10 327	37	3	无	有
6	Family——爱的表达式	CCTV	CCTV	7518	94	2	无	无
7	邻居篇	半边天（香港），联合国妇女署	UN Women	6160	27	3	无	有
8	熊的养殖	WSPA	World Animal Protection USA	5644	30	2	无	有
9	诚信，内心的力量	CCTV	CCTV	4598	14	1	无	无
10	送货员篇	半边天（香港），联合国妇女署	UN Women	3783	21	1	无	有
11	吸烟的名画	CCTV	CCTV	3144	17	2	无	无
12	村晚迎新春	CCTV	CGTN	2414	107	10	无	有
13	尊重他人，请勿吸烟	CCTV	CCTV 中国中央电视台	2233	5	0	无	无
14	家国梦	CCTV	CCTV 中国中央电视台	983	13	0	无	无
15	花儿扎根中国	CCTV	CGTN	788	32	3	无	有

（续表）

	广告标题	广告主	发布者	播放数量	点赞	评论	英文字幕	英文介绍
16	我爱你中国	人民日报客户端	Layshands	739	0	1	无	无
17	国家资助助你飞翔	中华人民共和国教育部、CCTV	CCTV	675	0	0	无	无
18	永远在一起	CCTV	CCTV	668	7	1	无	无
19	古迹	CCTV	CCTV	455	2	0	无	无
20	塞罕坝	CCTV	Crazy Chinese	443	6	44	无	无

注：字体标粗的部分为2020年入选的样本，其他为新增样本。

1. 播放量

2020年1月20日，作者进行首次检索时发现，由弗兰克·陈（Frank Chen）发布的《筷子篇》是当时YouTube平台上播放量最高的中国公益广告，其点赞、评论数量在中国公益广告中也位居前列。但是，三年后再检索时，这支公益广告视频已经无法查到。

在2023年11月4日的检索中，播放量最高的一支公益广告是由阿达姆·克尔比（Adam Kerby）发布的《共抗乙肝与肝癌》，创作者为中国传媒大学学生，播放量为37 759。

在表6-16中，有10条广告曾出现在2020年的榜单中，经过三年的累积，播放量有所增加。例如，《妈妈的等待》此前的播放量为6252次，新一轮检索为15 211次；由CCTV上传的《Family——爱的表达式》此前的播放量为2907次，新一轮检索为7518次。

整体来说，排名前20位的公益广告播放量较2020年有所增加，共有5条公益广告播放量超过了1万次，排在第20位的《塞罕坝》播放量到443次。但是，鉴于作者统计的数据均为累计播放量，且截至2023年11月4日，在YouTube平台上排名前20位的中国公益广告中，仍有15条的播放量在1万次以下，可以说三年之后中国公益广告在YouTube平台上的总体播放状况并没有得到显著改善。

2. 互动情况

此轮检索中位居前列的公益广告视频获得点赞和评论的数量仍然有限。

在这20条公益广告中，点赞量超过50的只有5条，仅占1/4。其中，《妈妈的等待》点赞量最高，为195次；播放数量位居首位的《共抗乙肝与肝癌》仅获得5个点赞；还有两条作品的点赞量为零。

在评论方面，总量与2020年相比有了明显的增加，为170条。但是，整体上评论数量仍旧偏少。具体来说，有15条广告的评论数少于5条，其中4条广告下面没有评论；播放数量排名第1的公益广告也仅有1条评论。

3. 评论分析

（1）传统的节庆文化引发了较为正面的认同。反映中国乡村春节习俗的公益广告《村晚迎新春》下面有10条评论，可以明确理解其语义的英文评论有5条，其中4条表达了网友的喜爱之情，1条表达了网友的娱乐心态。例如：

It's nice to see China practing more their heritage.（很高兴看到中国更多地延续其传统。）

Spring Festival Gala my favorite time of year!（春节联欢晚会，我一年中最喜欢的时刻！）

Xīn nián kuài lè!（formal）or Xīn nián hǎo!（informal）When I visited China, I was told that is what people regularly say for Chinese New Years.［新年快乐！（正式）或新年好（非正式）！当我在中国时，有人告诉我，这是人们在中国新年时经常说的话。］

Seems to me a very nice big funny paaaarty, the naughty Rabbit made his bunny bunny fluffy fluffy jump forward huh? Big loving hug awesome Chinese people, have fun be happy everybody out there.（在我看来，这是一个非常有趣的大派对，淘气的兔子毛茸茸地向前蹦，大爱拥抱了不起的中国人，祝大家玩得开心。）

（2）以母爱和孝敬为主题的公益广告引发了华人群体的共鸣。例如，《妈妈的等待》是央视拍摄的母爱主题的公益广告，呼吁人们常念亲情、及时尽孝，在9条评论中有8条为中文，且都表达了认同的态度。例如：

这是CCTV公益广告的天花板，没有强行感动，没有空洞口号，就是用画面带出来的情感直击人心，印象中还没有一个能超越它的。

央视的公益广告还挺触动人心的。

看着直接泪奔了。

一镜到底的感觉好舒服，中国少有的创意呀！

（3）交通安全类公益广告的创意得到了跨文化群体的较多关注，但同时也引发了关于作品原创性的争议。

Ripping off Canada who ripped off Singapore.（抄袭了加拿大，加拿大抄袭了新加坡。）

Bruh you stole a Canadian psa that I saw when I was a kid.（兄弟，你"偷"了我小时候看过的加拿大广告。）

You stole Vietnam PSA.（你们"偷"了越南的公共服务广告。）

（4）对于涉及专业议题的公益广告，网友表达了不同意见。《共抗乙肝与肝癌》是一个学生作品，介绍了有关乙肝预防的公共卫生信息，呼吁人们及时给新生儿注射乙肝疫苗。下面只有一条英文评论，表达了不一致的看法。

I wouldn't recommend doing this at birth, since the baby's immune system is developing. Obviously more study is needed to be done about the virus.（我不建议在孩子出生时这样做，因为婴儿的免疫系统正在发育。显然，还需要对这种病毒进行更多的研究。）

（5）个别广告引发了争议和辩论。《塞罕坝》介绍了中国几代塞罕坝人经过不懈的努力将荒漠变为绿洲的事迹。这则公益广告有44条评论，其中1条为中英文夹杂的评论，其余33条为英文评论。这些评论中的观点比较多元，其中相当一部分难以辨别发布者的立场。

4. 广告主

与2020年1月相比，笔者在2023年11月的检索中发现，广告主的身份呈现出多样化的情况，尤其是一些国际化组织制作、发布的公益广告，引起了用户较多的关注。

例如，宣传道路安全的《杯子篇》《咖啡小姐篇》和《E-bike篇》都获得了超过1万的播放量。这3支公益广告都是世界卫生组织与国内地方政府部门联合制作、发布的，下面的评论数也相对较多（分别为12条、75条、3条）。

此外，反对家庭暴力的《邻居篇》和《送货员篇》也是本次检索中播放量较高的公益广告，均由联合国妇女署和位于我国香港的公益组织"半边天"联合制作发布。

CGTN，即央视旗下的中国环球电视网，发布的两支2023年春晚公益广告——《村晚迎新春》和《花儿扎根中国》所获得的点赞和评论数量，比很多发布时间更早的公益广告要高。

（三）小结

总体来说，中国公益广告在 YouTube 平台上的传播效果不容乐观，从播放量到互动程度都存在着较大的提升空间。我们认为，原因是多方面的：

首先，缺乏对于国际互联网平台上的受众的研究。

互联网平台上的内容传播不同于传统的电视广告播放，用户有充分的选择权，只有把广告做成有价值、有创意的内容产品，才能得到他们的关注和主动搜寻。同时，还要考虑到这一平台上的用户来自不同的国家，他们拥有不同的价值观和生活方式，对于内容产品有不同的需求。只有明确目标对象，精准地制作和发布有针对性的内容，才能达到较好的传播效果。

其次，没有充分把握 YouTube 平台上公共服务广告的传播规律。

在第六章，笔者先后两次对这一平台上播放量排名前 20 的公共服务广告（公共广告、公益广告）进行分析，均发现绝大部分发布者与广告主高度相关，如广告主的官方账号、广告的参与制作者，或版权所有者。此外，非政府组织或个人发布的作品常常会得到更多的关注。而在目前，中国的公益广告发布还是以中央广播电视总台为主，来自其他机构、个人的情况较少。公益广告发布主体的单一化，也容易导致作品类别的局限性和表现风格的模式化。

同时，相当一部分中国公益广告在上传到这一平台时，并没有配上英文介绍和字幕，这也在很大程度上限制了用户范围，客观上为普通的外国网民的关注和理解制造了障碍。

值得注意的是，在国际互联网平台上，用户对于内容的原创性提出了更高的要求。因此，创意雷同、涉嫌抄袭的公益广告一旦上传到国际互联网平台上，所产生的传播效果很可能适得其反。

最后，公益广告的对外传播机制尚待形成。

主流媒体、政府机构或非营利组织在上传公益广告时，应进行传播环境分析和目标受众调研，对备选作品进行专业评估和充分论证，对可能出现的解读角度不同所导致的争议有充分的预期。这是因为，在国内反响良好的公益广告不一定能在国际互联网平台上取得同样的效果。例如，在《塞罕坝》的留言中，就出现了较多与政治、民族、国家制度相关的词，这种情况应该引起有关部门的关注。

第七章 公益广告发展的宏观态势

日本学者植条则夫认为，大众社会的形成、经济的起飞、大众传播的发达、社会问题的发生、企业公民观念的普及、志愿主义的形成，构成了公共广告诞生和发展的必要条件。① 此外，时代的要求、技术的进步、政府的规制、行业的变迁也在这一广告类别的可持续发展过程中发挥着重要的作用。

为此，只有站在战略的高度，分析当前公益广告发展过程中所面临的挑战和机遇，把握国际公共服务类广告发展的趋势，才能为中国公益广告事业的创新发展路径提供决策参考。

第一节 公益广告发展面临的挑战

一、数字技术推动传播环境变迁

中国互联网络信息中心发布的报告显示：截至2023年12月，我国网民规模为10.92亿人，互联网普及率达77.5%；手机网民规模达10.91亿人，网民使用手机上网的比例为99.9%；网络视频用户规模为10.67亿人，其中短视频用户规模为10.53亿人，占网民整体的96.4%。② 互联网正在超越传统的四大媒体，成为人们现代生活中不可或缺的一部分。

数字技术的迅猛发展，给传统的公益广告机制带来了巨大的冲击，具体表现在以下几点。

（一）传统媒体的受众向新媒体迁移

长期以来，报刊、广播、电视等大众媒体，依靠覆盖面广、影响力

---

① 〔日〕植条则夫：《公共広告の研究》，日经广告研究所2005年版，第38页。
② 《第53次〈中国互联网络发展状况统计报告〉》，https://www.cnnic.net.cn/n4/2024/0322/c88-10964.html，2024年3月28日访问。

大、受众群体巨大等优势，一直是公益广告的主要发布渠道。

随着互联网、手机等数字媒体的不断普及，受众的媒体接触渠道变得多元化、融合化、场景化。除了传统媒体之外，门户网站、官方网站、社交网站、即时通信工具、视频和音频网站，甚至游戏平台都可以成为公益广告的载体。在数字媒体平台上，受众的点击、转发、点赞、评论都可以被实时跟踪、记录，这为广告效果测定提供了更科学的依据，从而显示出相对于传统媒体的优势。

（二）受众媒介接触行为碎片化

随着媒介种类、数量的增多，媒介内容的爆发式增长，受众能够选择的媒介内容也达到了前所未有的数量级别。《2023中国传媒产业发展报告》显示：网络平台媒体已经成为社会信息传播的主要场域。大众媒体、自媒体、社交媒体等多种媒体共生共存，传媒生态呈现多元共生的状态。① 另据央视市场研究（CTR）的报告，截至2021年6月30日，受众月使用App超25个，平均每人每天接触媒体类型4.2个，3/4以上的居民每天接触媒体数超过4种，媒体之间的交叉使用与信息互补趋势凸显。②

在公众接触信息如此碎片化的时代，如何将信息有效地传播出去是所有传播者，包括公益广告活动组织和实施机构所面临的严峻挑战。

（三）受众自主性不断增强

媒介技术的进步改变着人类的生活方式，也改变着人类的思维方式。数字媒介的出现让多屏转换、移动搜索、分享体验成为当代人的生活常态。在海量的信息面前，简洁性、有用性、生动性和接收的便捷性等因素越来越影响着用户的选择性接触。

为此，公益广告的创作必须改变原有的编码方式，将其打造成欣赏性较强的文化产品，并依据目标群体的行为特征和生活方式（多屏、移动等特点）制订科学的传播策略，才能适应数字媒介生态环境下社会公众的信息接触需求、接收方式和习惯。

二、国外公共服务类广告的跨国传播

数字媒体的崛起为公共服务类广告的跨国传播提供了可能，不同国

---

① 《2023年中国传媒产业发展报告》，https://baijiahao.baidu.com/s?id=1775549883543375651&wfr=spider&for=pc，2024年8月20日访问。

② 《五大趋势说透中国媒体市场丨CTR报告》，https://baijiahao.baidu.com/s?id=1711597694928540570&wfr=spider&for=pc，2024年3月28日访问。

别、文化背景的用户都可能成为其接收者、转发者和评论者。基于共同主题、富有创意的公共服务类广告已成为人们乐于在网络上分享的内容之一。借助网友的自发参与，这类广告可以产生病毒式传播的效果，极大地扩大了传播的覆盖面。优秀的作品还可以成为国家的文化标签，通过互联网渠道进行文化输出，在树立国家形象方面发挥重要作用。

近年来，泰国广告凭借其独特的创意和精心的制作多次获得国际广告大奖，成为全球广告业中一支不可忽视的力量。通过社会化媒体传播，泰国公益广告在我国也获得了较高的关注度和较好的口碑。

2023年12月17日，笔者以"泰国""公益""广告"为搜索关键词，在哔哩哔哩网站上搜索发现，通过不同渠道上传的泰国公益广告《人类，你为什么不吃塑料袋》累计播放量已接近650万次，其中由"广告圈poor猴"上传的这个广告播放量最高，为379.8万次。该UP主在2023年11月5日上传泰国其他公益广告作品时，曾使用这样的推介语："广告还得看泰国的！！！"此外，4A广告提案网也经常使用"广告我只看泰国的""泰国戒酒公益广告，从没让人失望过"之类的推介语。

目前国内一些有影响力的视频网站（如优酷、爱奇艺、腾讯视频等）已经取消了播放量显示，研究者根据热度值发现，《无名英雄》《想摆脱的人》《给予是最好的沟通》《凤梨的故事》和《别让手机毁掉年轻的你》等泰国公益广告在这些网站中的排名均位居前列。

在网民评论中，相当一部分是对泰国广告整体的评价，以及对中泰广告的比较。网民对泰国公益广告的评价基本为正面评价，认为泰国广告整体水平较高，富有创意和正能量，制作用心并能打动人心。在与中国公益广告进行比较时，多数评论者认为泰国广告在广告创意和广告效果方面优于中国广告，而中国广告目前存在缺乏优良的制作和创意、过多使用明星、粗暴重复（如脑白金广告）等问题。

邹雨薇和初广志发现，擅走温情和平民化路线、采用故事性的剧情设置和巧妙的创意、深度阐释人际情感，以及善用感人的细节描写，都是泰国公益广告显著的优点，也是这些广告能够跨越语言障碍，在我国的社交媒体上广为流传的原因。①

值得注意的是，很多网友上传的标签为"泰国公益广告"的视频，与中国的"公益广告"不同，大多是由企业赞助的公益倡导性广告或企

---

① 邹雨薇、初广志：《泰国公益广告网络传播效果及广告表现分析》，《中国广播电视学刊》2017年第3期，第76页。

业形象广告。这说明，网民在意的是观赏性，而非这类广告是否具有商业性质。这一发现，为中国企业实施社会责任传播提供了有价值的启示。

三、完成新时代使命的要求

2016 年 1 月公布的《公益广告促进和管理暂行办法》明确了新时代中国公益广告承担的使命——发挥公益广告在社会主义经济建设、政治建设、文化建设、社会建设、生态文明建设中的积极作用。

2016 年 2 月，习近平总书记主持召开党的新闻舆论工作座谈会并发表重要讲话，强调：各级党报党刊、电台电视台要讲导向，都市类报刊、新媒体也要讲导向；新闻报道要讲导向，副刊、专题节目、广告宣传也要讲导向。

2019 年 10 月 31 日，《中共中央关于坚持和完善中国特色社会主义制度　推进国家治理体系和治理能力现代化若干重大问题的决定》提出，要坚持依法治国和以德治国相结合，完善弘扬社会主义核心价值观的法律政策体系，把社会主义核心价值观要求融入法治建设和社会治理，体现到国民教育、精神文明创建、文化产品创作生产全过程。

习近平总书记在党的二十大报告中指出：要广泛践行社会主义核心价值观，深入开展社会主义核心价值观宣传教育，深化爱国主义、集体主义、社会主义教育，把社会主义核心价值观融入法治建设、融入社会发展、融入日常生活；加快构建中国话语和中国叙事体系，讲好中国故事、传播好中国声音，展现可信、可爱、可敬的中国形象。

2022 年，中办、国办印发《"十四五"文化发展规划》，在"深入推进社会主义核心价值观建设"部分专门提出"加强公益广告宣传"；在"扩大中华文化国际影响力"部分，又提出"统筹推进对外宣传、对外文化交流和文化贸易，增强国际传播影响力、中华文化感召力、中国形象亲和力、中国话语说服力、国际舆论引导力，促进民心相通，构建人文共同体"。

2022 年，国家市场监督管理总局印发的《"十四五"广告产业发展规划》也强调，大力发展公益广告，进一步完善公益广告可持续发展机制，传播社会主义先进文化，倡导良好道德风尚，促进公民文明素质和社会文明程度提高，维护国家和社会公共利益。

党和政府提出的新时代思想宣传方面的要求，既为中国公益广告事业的发展指明了方向，也为其赋予了光荣而艰巨的使命。

第二节 公益广告发展迎来的机遇

任何事物都具有两面性，挑战和机遇也常常是并存的。除了挑战，还有一些重要因素，将成为我国公益广告事业创新发展的推动力量。

一、党和政府更加重视公益广告

从 2014 年开始，国家新闻出版广电总局（现国家广电总局）开始开展优秀广播电视公益广告作品等扶持项目评审活动，旨在引导和鼓励社会各界参与广播电视公益广告创作生产和传播的积极性，提高广播电视公益广告创意水平和创作水准，扩大广播电视公益广告播出影响，提升宣传效果，促进形成广播电视公益广告持续发展的良性机制。一些省级广电机构，如北京市广电局、广东省广电局、陕西省广电局也设立了广播电视公益广告扶持项目。

2021 年公布的《广播电视和网络视听"十四五"发展规划》也提出，要"实施广播电视公益广告提升行动，支持创作弘扬时代新风的公益广告作品"，"强化政府主导作用，开展年度全国广播电视公益广告扶持项目评审、完善全国优秀广播电视公益广告作品库建设、开展专业制播人才经验交流和专题培训、推进公益广告社科项目研究和编制公益广告年鉴"。

同年，在国家市场监督管理总局公布的《"十四五"广告产业发展规划》中，也设置了专栏"公益广告振兴行动"，具体措施包括：

> 修订完善《公益广告促进和管理暂行办法》，进一步拓宽公益广告资金渠道，鼓励政府购买公益广告服务，加强公益广告作品知识产权保护。
>
> 建立面向社会的综合性公益广告服务平台，实现作品征集、展示、分享、管理、评价一体化，促进公益广告作品资源和数据互通共享、监督管理高效便捷。建设 10—20 个国家级公益广告创新研究基地。
>
> 实施"数字化+公益广告"行动，充分发挥数字思维和利用数字技术手段，创新公益广告产品和服务，引导支持建设数字公益广告研究创作基地。

实施"中华优秀文化+公益广告"行动，推动公益广告提升中华优秀文化内涵，推动文化传承，弘扬中华传统美德。

二、数字化技术带来的机遇

（一）使公益广告传播突破了时空限制

互联网、手机等数字媒体的出现，改变了传统广播电视频道、频率的稀缺性，也突破了传播时间、空间的限制，为公益广告的传播提供了新的平台。

在笔者所做的一项对全国范围内大学生公益广告态度的调查中，泰国的电视公益广告位居印象最深的公益广告第 5 位[①]，而中国的电视媒体却从来没有播出过泰国广告，也很少有人能够理解泰国语言。

事实上，泰国的公益广告主要是通过中国视频网站传播的。部分用户自发地将这些广告加上字幕并上传到视频网站。其他用户则通过点赞、评论等方式与之互动，并通过转发的形式进行分享。这些用户的自发参与行为客观上促进了泰国公益广告在中国的扩散。

（二）拓展了公益广告创作的空间

以往的公益广告创意能够调动的技术手段有限，而今三维动画、影像装置、交互设计等技术的应用，丰富了公益广告的表现形式，给予了受众更多的沉浸式体验。

2017 年 8 月 29 日，一个名叫"小朋友画廊"的 H5 页面在微信朋友圈刷屏。该 H5 页面展示的是由 WABC 上海艺途无障碍工作室联合深圳市爱佑未来慈善基金会在腾讯公益平台上发起的"用艺术点亮生命"公益募捐项目。页面上展示的是从全国患有精神障碍、智力障碍和孤独症等疾病的学员的画作中挑选出的 36 幅作品，每幅作品配有作者亲自录制的语音及简单的介绍。用户只要扫描二维码，便可通过微信支付，以 1 元的价格购买一幅可即刻生成手机屏保的电子画作，善款将直接捐至基金会账户。活动开始仅 6 个小时，便完成了筹集 1500 万元的募捐目标。这次活动是技术与创意完美融合的典型案例。

（三）为用户的参与提供了可能

数字技术的发展不仅带来了更加多样和丰富的媒介内容，同时也打

---

① 初广志、王洁敏、何晨：《两岸大学生公益广告接触、记忆及态度比较研究——基于北京和台北两所高校的调查》，《广告大观（理论版）》2016 年第 6 期，第 51 页。

破了媒介内容的参与限制。越来越便携的移动设备，越来越易于操作的应用程序，让普通用户能随时随地参与到公益广告的创作和传播中。

在这样的背景下，受众从被动的信息接收者变为主动的参与者，他们的积极性和创造性被极大地激发出来。他们可以自己制作、上传公益广告，也可以观看社会化媒体平台上的公益广告并进行点赞、转发、评论。

（四）助力公益广告行动效果的提升

在传统媒体占主导地位的时代，从信息知晓、观念改变到参与行动，受众经常要面对时间的迟滞和空间的错位等问题，公益广告的传播效果因此主要停留在信息告知和观念改变层面，很难直接引发行动。

当前，基于大数据和云计算，公益广告可以精准地触达目标群体，还能即时激发人们的公益行为。

2016年8月，支付宝公益板块正式推出"蚂蚁森林"，用户以步行替代开车、在线缴纳水电煤气费、网络购票等行为节省的碳排放量，将被计算并转化为虚拟的"绿色能量"，用来在手机里种植一棵棵虚拟树。虚拟树长成后，支付宝蚂蚁森林和公益合作伙伴就会在地球上种下一棵真树，或守护相应面积的保护地，以激励和培养用户的低碳环保行为。《蚂蚁集团2023可持续发展报告》显示，从活动推出至2023年底，已有超过6.9亿人通过蚂蚁森林践行绿色低碳生活，用户通过低碳生活累计产生"绿色能量"3100多万吨。"蚂蚁森林"用户申请并由蚂蚁集团捐资，已累计种下4.75亿棵树。[①]

2019年4月，联合国环境规划署将"蚂蚁森林"评为"年度环保实践案例"之一；9月19日，"蚂蚁森林"项目获得了联合国环境规划署颁发的"地球卫士奖"[②]；12月11日，在第25届联合国气候变化大会期间，"蚂蚁森林"获得联合国灯塔奖，成为年度典型案例。

三、企业社会责任意识增强

企业社会责任（corporate social responsibility）观念诞生于20世纪初

---

① 《蚂蚁集团2023年可持续发展报告》，https://mdn.alipayobjects.com/huamei_f5zjmk/afts/file/A*_vcKR4qMeToAAAAAAAAAAAADgx7AQ/%E8%9A%82%E8%9A%81%E9%9B%86%E5%9B%A22023%E5%B9%B4%E5%8F%AF%E6%8C%81%E7%BB%AD%E5%8F%91%E5%B1%95%E6%8A%A5%E5%91%8A.pdf，2024年7月9日访问。

② "地球卫士奖"是联合国表彰环境保护行动的最高奖项。

的美国。1916 年,美国芝加哥大学教授克拉克在《改革中的经济责任基础》中提出:一方面,企业经济活动受到环境的影响,另一方面,经济活动又会对周围的环境产生影响,因而社会责任中有很大一部分是企业的责任。① 1953 年,鲍恩首次提出"商人的社会责任"(social responsibility of the businessman)这一术语,认为商人有义务按照社会所期望的目标和价值,制定政策、进行决策或采取行动,如果公司在决策中确立了更广泛的社会目标,其商业行为就会带来更多的社会和经济利益。② 20 世纪后半叶,企业社会责任开始成为管理学研究的领域。虽然学界对企业是否应该担负社会责任有过争论,但随着全球化进程的加快,企业社会责任理念涉及的范围越来越广,影响力越来越大,成为各国企业和社会公认的行为准则。

企业承担社会责任是现代营销不可或缺的部分。2007 年,美国营销协会(AMA)在修订营销的定义时,突出了营销的社会价值。营销学家菲利普·科特勒(Philip Kotler)也强调,营销 3.0 时代是受到社会价值和人文精神驱动的时代,企业要通过营销管理为消费者创造更多的社会价值。

20 世纪 90 年代,企业社会责任理念被引入我国。2006 年,我国颁布的《公司法》中明确写入了"企业社会责任"。2017 年,党的十九大报告提出要推进诚信建设和志愿服务制度化,强化社会责任意识、规则意识、奉献意识。当前,企业社会责任已经成为中国企业从事经营活动时不容忽视的因素之一。

2018 年,埃森哲调查了全球近 30 000 名消费者,以评估他们对公司和品牌的期望。研究发现,62%的消费者希望公司能够在社会、文化、环境和政治问题上表明立场。消费者会被那些致力于使用优质原料(76%)、善待员工(65%),并减少使用塑料与改善环境(62%)的企业所吸引。③

---

① J. M. Clark, "The Changing Basis of Economic Responsibility," *Journal of Political Economy*, Vol. 24, No. 3, 1916, p. 209.

② H. Bowen, *Social Responsibility of the Businessman*, Harper and Row, 1953, p. 6. 转引自任荣明、杜晓君主编:《企业社会责任:多视角透视》,北京大学出版社 2009 年版,第 16 页。

③ "Majority of Consumers Buying from Companies That Take A Stand on Issues They Care about and Ditching Those That Don't, Accenture Study Finds," https://newsroom.accenture.com/news/2018/majority-of-consumers-buying-from-companies-that-take-a-stand-on-issues-they-care-about-and-ditching-those-that-dont-accenture-study-finds,2024 年 3 月 28 日访问。

社会责任广告（corporate social responsibility advertising）是企业积极践行社会责任理念的体现，主题关乎社会环境和人类自身的现实问题，追求社会效益、体现人文关怀。企业投放这类广告可以表明自己对社会问题的关注和贡献，赢得消费者和其他社会公众的支持，为自身的发展营造良好的外部环境。

2021年8月17日，习近平主持召开中央财经委员会第十次会议，研究扎实促进共同富裕问题，提出了构建初次分配、再分配、三次分配协调配套的基础性制度安排。

经济学家厉以宁认为，初次分配是各个要素获得要素报酬，二次分配是通过税收（个税、遗产税、赠与税等）、转移支付再平衡，三次分配是通过自愿公益捐赠进一步调节。三次分配正在成为开创中国特色公益慈善道路、走向社会主义共同富裕的政策抓手。①

2022年腾讯"99公益日"期间，除腾讯公益外，阿里公益、字节跳动公益、新浪微博等多家互联网公开募捐信息平台纷纷推出相关主题活动。阿里巴巴"95公益周"累计动员2.6亿人次用户、220万商家、40多家国内公益机构参与到公益周的100多个公益活动中；在字节跳动公益发起的"DOU爱公益日"主题活动中，直接参与公益捐赠的用户达186万人次，累计捐赠2945万元；新浪微博开办"人人公益节"，联合百家媒体共同发出"在微博做好事"的倡议。

四、公民的公益慈善意识提升

《中国慈善发展报告（2023）》相关测算数据显示，2022年全国社会公益资源总量（包括社会捐赠总量、全国志愿服务贡献价值和彩票公益金）预测为4505亿元，较2021年增长0.81%；全国实名注册志愿者总数为2.3亿人，较2021年增长3.6%，志愿服务折合人工成本价值约1915亿元。2022年是志愿服务持续推进与深化发展之年，中国志愿服务在大型赛会、新冠疫情防控、乡村振兴等不同领域呈现进阶式发展格局。②

再以腾讯公司的"99公益日"为例，2023年活动期间公众捐款超过

---

① 《中央财经委会议提"三次分配"，有何深意？| 新京智库》，https://baijiahao.baidu.com/s?id=1708423941090081239&wfr=spider&for=pc，2024年3月28日访问。

② 《〈慈善蓝皮书2023〉在京发布》，https://ex.chinadaily.com.cn/exchange/partners/82/rss/channel/cn/columns/6ldgif/stories/WS65b88268a31026469ab16c5c.html，2024年7月9日访问。

38 亿元，参与公益互动的总人数超过 1.2 亿人，相当于平均每 12 个中国人，就有一人在此期间参与了公益互动。此外，用户在联劝网、微信支付分分捐等平台也能参与配捐活动。据测算，全国超千家公益机构深入线下社区、商超等地开展线下募捐活动，成为街头巷尾议论的好事。[①]

上述四个因素都是助推中国公益广告发展的动力。只有抓住机遇，开拓创新，才能走出一条中国特色公益广告可持续发展之路。

第三节　国际公共服务类广告发展趋势

2023 年 9 月，国务院新闻办公室发布了《携手构建人类命运共同体：中国的倡议与行动》白皮书。白皮书指出，在信息化日新月异的今天，互联网、大数据、量子计算、人工智能迅猛发展。人类交往的世界性比过去任何时候都更深入、更广泛，各国相互联系和彼此依存比过去任何时候都更频繁、更紧密。人类社会面临前所未有的挑战，共同构建人类命运共同体，才能共渡难关、共创未来。[②]

公共服务类广告致力于解决的环境、社会等方面的问题，很多是世界各国所面临的共同问题。分析这类广告的国际发展趋势，有助于科学地制定中国公益广告可持续发展战略。

我们发现，在国际范围内，公共服务类广告的发展呈现出以下趋势。

一、政府传播提质增效

正如第四章讨论过的，政府主导公共服务广告活动，具有较强的权威性，能够整合多方资源，可以有效地配合政府的中心工作。但是，也可能出现机构臃肿、人员冗余、效率低下等问题。

因此，英国内阁办公室国会秘书朱莉娅·洛佩兹（Julia Lopez）强调，要使 GCS 转型，逐步使政府传播更为高效。她指出，如果各个部门能够合作开展数量更少、更为前沿的传播活动，就能既花费纳税人更少的钱，

---

① 《99 公益日》，https://www.tencentfoundation.org/project/?id=208&type=project&link=，2024 年 3 月 28 日访问。
② 《携手构建人类命运共同体：中国的倡议与行动》，https://www.gov.cn/zhengce/202309/content_6906335.htm，2024 年 3 月 28 日访问。

又能产生更大的影响。①

正在实施的"Reshaping GCS"项目负责人杰姆·沃尔什（Gem Walsh）介绍说，这是一个现代化的项目，促使 GCS 更加职业化。该项目属于更广泛的国家服务改革项目的一部分，旨在改善 GCS 每个工作人员的体验，打破部门之间的隔离状况，促进经验的分享。具体来看，这个项目包括 8 方面的内容：

（1）提升标准，在整合所有传播手段的活动中取得卓越成效；

（2）创新活动，实施数量更少、规模更大、效果更好的数据驱动的活动；

（3）通过清晰的职业路径，创造提升职业水平的机会；

（4）在项目设计和实施的每个环节，体现多样性和包容性；

（5）利用数字化能力和快速反应的团队，更直接地触达受众；

（6）组建一个新的核心领导团队和架构；

（7）力求在整个活动中做到每笔预算的高效使用，实现资金价值最大化；

（8）优化雇佣方式，继续招聘最优秀的人才。②

二、社会力量深度参与

非营利组织参与公共服务类广告活动的传统模式，是将筹得款项的一部分用于公益项目传播的预算，作品完成后，向媒体申请免费或优惠刊播广告作品。

近年来，非营利组织越来越重视与企业、政府、媒体以及其他相关组织、个人合作，通过激活社会资源，实现优势互补。

多年来，英国的公共服务广告活动一直是由政府公共传播机构（如 COI、GCS）或专门的公益机构利用专项资金发起和实施的。近几年，一些民间团体和个人开始成为公共服务广告的倡导者和实施者，并以众筹的方式解决资金来源问题。公共利益办公室（COPI）和代理商"伦敦 AMV BBDO"发起的关注空气污染公共服务广告活动就是一个典型案例。

据统计，每年有 1 万伦敦人因有毒空气过早死亡。这个无形杀手看

---

① "UK Government Communication Plan 2021/2022: Build Back Better," https://communication-plan.gcs.civilservice.gov.uk/wp-content/uploads/2023/04/UK-Government-Communication-Plan-2021_22_FINAL_WEB.pdf, 2024 年 5 月 22 日访问。

② 同上。

不见，摸不着，还会被人们忽视，却会带来致命风险。

COPI 基于社会大众捐赠，发起了本应由政府发起的全国性空气污染主题活动，相关方包括地产公司、房屋出租者和房地产拥有者等。2019 年 9 月，这一组织在伦敦市启动了网站 addresspollution.org，以推动人们对空气污染从认知到行动的转变。网站提供了关于空气污染的相关事实，每个伦敦居民都可以在该网站上实时获取空气污染水平数据，得到一份空气质量报告，查看他们的健康和资产成本。

为了配合网站的活动，组织方在伦敦空气污染最严重地区的大型户外广告牌发布广告，将空气污染指数投影在高大的建筑物外墙，并且委托政治说唱歌手"德里尔部长"（Drillminister）制作了名为《窒息》（*Choke*）的歌曲。

这场活动获得了 BBC、泰晤士报、观察家报等 230 多家全国性和国际性媒体的关注和报道，该案例还获得 2022 年戛纳国际创意节金奖和全场大奖，并且仍在产生社会影响。

另外一个典型案例是由美国自杀预防基金会（AFSP）与其他机构联合发起的预防青少年自杀公共服务广告活动。

根据美国疾控中心（CDC）的数据，2021 年美国 15—24 岁年轻群体的自杀率同比激增 8%。为了应对这一挑战，美国自杀预防基金会、杰德基金会（Jed Fund）与广告委员会联合发起了"解决棘手的问题"（Seize the Awkward）活动，鼓励年轻人积极与朋友联系并关心朋友的心理健康状况。

2022 年 9 月，在"预防自杀"日期间，活动主办方与凯莱布关心青少年基金会（Caleb Cares Foundation）和南加州大学安纳伯格传播与新闻学院合作，为年轻人制作了一条公益广告，广告视频由橄榄球明星四分卫和心理健康倡导者凯莱布·威廉姆斯出演，由安纳伯格学院的学生构思、拍摄、导演和编辑。由于传媒专业的学生正是这个活动的目标人群，因此他们既能提供相关的亲身经历和个人见解，同时也能在这一过程中获得宝贵的经验。学生们结合凯莱布的经历、对目标群体的洞察和他们自己对于该议题的理解制作了公共服务广告《凯莱布·威廉姆斯谈心理健康》（*Caleb Williams Talks Mental Health*）。[①] 该广告发布后，学生记者报道了这项工作，并开始和年轻读者开展心理健康方面的对话。同学们纷纷

---

① "Seize the Awkward Campaign PSA Premiere," https://annenberg.usc.edu/events/seize-awkward-campaign-psa-premiere，2024 年 3 月 28 日访问。

在社交媒体上留言表示支持。

英国 IPA 的主席朱利安·道格拉斯预言：私营企业将在公益广告活动中发挥更重要的作用；第三方和个人在自主公益活动中将拥有更多空间；减少对传统媒体的依赖；现在的公共服务广告更像是增进人与人之间相互理解的一种沟通方式。①

三、数字媒体成为公益传播的主渠道

基于社交媒介、视频媒介、线上线下互动的公益传播成为推广公益理念、激发公益行为的高效工具，数字媒体也由传统媒介和线下活动的补充角色转变为开展这类传播活动的主要平台之一。

社会组织在各大社交平台、视频平台开设账号传播其价值主张，提升自身形象和影响力，是一种有效且容易被认同的方式。因此，社会组织正越来越多地使用 TikTok、Instagram 等年轻人聚集的平台传递组织公益信息，讲述志愿者的故事，并通过创意短视频、社交媒体挑战、制作模因（meme）等丰富多彩的传播方式吸引年轻人的关注。由少年圣经（LADbible）和塑料海洋基金会（Plastic Oceans Foundation）发起的"垃圾岛"（Trash Isles）公益性传播活动，就是一个经典案例。

人类活动的不断扩张，严重地破坏了全球海洋生态。其中，塑料制品作为最常见的海洋垃圾，不仅威胁到海洋生物的繁衍生息，也影响着人类自身的健康。令人触目惊心的是，太平洋上已经形成了一个面积相当于法国的塑料垃圾堆。

2017 年 6 月 8 日（世界海洋日），"垃圾岛"活动正式启动。主办方设计了"垃圾岛"标识，将其在社交账号上展示，并发布了一篇详细描述塑料污染问题及"垃圾岛"活动的文章。同时，他们向联合国提交独立宣言，寻求承认"垃圾岛"为官方国家。这个活动取得了显著成效：相关信息通过多种媒体渠道触达人数超过 2.5 亿；这个巨大的塑料垃圾堆经联合国批准成为一个国家；超过 20 万人签署请愿书，承诺减少使用一次性塑料制品，并成为这个国家的公民；主办方向联合国施压，要求其他国家根据环境章程，承担清理垃圾岛的义务，保护海洋生态系统。② 该案例获得了 2018 年戛纳国际创意节设计狮（Design Lions）/ 公关狮（PR

---

① 〔英〕朱利安·道格拉斯：《意想不到的联手：英国公益广告的面貌变迁》，2021 年第三届北京国际公益广告大会高峰论坛上的演讲，2021 年 12 月 8 日。

② 参见 https://www.ladbiblegroup.com/casestudy/trash-isles/，2024 年 4 月 18 日访问。

Lions）全场大奖。

一些在传统媒体上刊播过的公共服务广告，也被上传到公共服务广告机构、非营利组织、政府公共服务机构的官方网站和社会化媒体平台上，以扩大其传播范围，提高影响力。

四、科技赋能公共服务广告

传统的公共服务广告形式——报纸、广播、电视、户外等，都是以展示性广告作为呈现方式，难以形成强烈的感官刺激，创造令人难忘的情感体验。

数字技术的进步，为创意表现拓展出广阔的空间。大数据、模拟现实（VR）、增强现实（AR）、生成式人工智能（AIGC）等技术的运用，大大地提升了公益性传播活动的效果。2020年美国应对新冠疫情的公共服务广告活动就是一个代表性案例。

在这次活动中，包括脸书、谷歌和TikTok在内的十几家互联网公司利用增强现实技术和表情符（emoji）创作了定制化广告（customized advertising），数字广告测量及软件分析公司"双重验证"（DoubleVerify，DV）和数字广告验证公司"完全广告科学"（Integral Ad Science，IAS）运用它们的广告屏蔽技术发布公共服务广告，艾德公司（Adtech）捐赠了数字库存（inventory）。广告委员会还采用了IBM公司开发的先进的沃森广告加速技术（IBM Watson Advertising Accelerator），基于关键指标（如消费者反应、天气和一天的时段等），通过控制人工智能（AI）去预测创意元素组合的效果。为了教育消费者，增强他们对"爱没有标签"活动中的"为自由而斗争"的意识，聚焦种族不平等和种族偏见，AI通过深度学习哪种创意元素和信息可以获得不同受众群体的最佳反馈，取得了令人瞩目的成果。效果评估显示，公共服务广告的点击率（click-through rate，CTR）提升了113%，转化率提升了69%。[①]

在英国，代表性的案例是"普林斯永生"（Long Live the Prince）项目。这是一个由名为"引擎伦敦"（Engine London）的机构和基扬·普林斯基金会（Kiyan Prince Foundation）、艺电体育（EA Sports）、女王公园巡游者足球俱乐部（Queens Park Rangers，QPR）以及英超球星卡Match Attax运营方共同发起的公益活动，旨在通过将一位被刺死的15岁足球天

---

① "The Ad Council and IBM Watson Advertising," https://www.ibm.com/case-studies/ad-council-watson-advertising，2024年3月28日访问。

才基扬·普林斯虚拟成一个 30 岁的球员，引起受众对青少年暴力和刀刃犯罪的关注并有所行动。其创意概念是利用科技和影像，让基扬·普林斯的梦想成真，让他在自己本应效力的俱乐部 QPR 继续踢球，并让他在最爱的游戏 FIFA 21 中成为一个重要角色。

这个活动使用了一个简单而有力的口号——普林斯永生。视频广告以一种感人和震撼的方式展示了基扬·普林斯的生平和死因，以及他父亲为了纪念他而成立的基扬·普林斯基金会的工作和目标；用旁白来描述普林斯的足球才华和潜力，用科学、精确的图像来展示这个男孩如果活到 30 岁会长成什么样子；在片尾呼吁观众加入这个活动，为拯救生命研究项目捐款，并提供了基扬·普林斯基金会和艺电体育的网站链接，以便网民获取更多信息并提供更多的支持。这个活动于 2021 年 5 月启动，得到了全球观众的关注和肯定。①

2023 年 12 月 12 日，美国广告委员会成立了新兴媒体与技术委员会（Emerging Media & Technology Committee）。这个机构将立足于媒体和营销前沿，运用生成式人工智能（Generative AI）、Web3/区块链、虚拟 3D 空间（Immersive 3D Spaces）、空间计算（Spatial Computing）等新的方式去触达受众。②

五、影响者营销

当前，影响者（influencer）正在不断地向追随者提供创新方面的信息。③ "影响者也被视为一种微名人，影响者背书的有效性及其影响因素是影响者营销的重要议题；由于影响者真实的自我展现，影响者被消费者视为更加真实可靠的信息源。"④ 影响者营销（influencer marketing）聚焦于对潜在购买者具有影响力的个体，围绕这些个体开展营销活动，从

---

① Emma Tucker, "Kiyan Prince Foundation: Long Live the Prince Campaign," https://www.creativereview.co.uk/kiyan-prince-foundation-long-live-the-prince-campaign/，2024 年 3 月 28 日访问。

② "The Ad Council Launches Emerging Media & Technology Committee to Accelerate Impact on America's Most Pressing Social Issues," https://www.adcouncil.org/learn-with-us/press-releases/ad-council-launches-emerging-media-technology-committee，2024 年 3 月 28 日访问。

③ Daniel Belanche, et al., "Understanding Influencer Marketing: The Role of Congruence between Influencers, Products and Consumers," *Journal of Business Research*, Vol. 132, No. 2, 2021, p. 186.

④ 贾微微、别永越：《网红经济视域下的影响者营销：研究述评与展望》，《外国经济与管理》2021 年第 1 期，第 24 页。

而驱动品牌信息向更大的市场传播。①

目前，影响者营销已被广泛地运用于广告营销、品牌管理、口碑营销和客户关系管理等领域，并被逐渐推广到公共服务广告领域。

2023年6月，美国广告委员会与全球创意商业公司华拉（Whalar）合作，启动了"善行创作者大使项目"（Creators for Good Ambassador Program）。该项目与领先的社交媒体平台深度合作，选择对广告委员会关注的领域（包括精神健康认知、预防枪支犯罪、可治愈的精神失常，以及种族平等）充满热情的创造者作为大使。这些人包括明星、数字创作者、音乐家、运动员、游戏玩家、议题专家等，他们拥有丰富的生活经历，具备关于项目的重要策略、平台信息和整体执行方面的洞见。这是广告委员会80年历史中首次联合令人信任的影响者，使其扮演具有持续性的重大影响、参与不同公共服务广告活动的顾问角色。

广告委员会资深营销传播副总裁埃琳·费舍尔（Ellyn Fisher）介绍道："这个新的大使项目是一个与创作者合作的整体方案，我们有幸能利用他们此前宝贵的经验和创造力去优化我们的工作流程，以吸引目标受众。我迫不及待地希望看到那些针对国内重大社会问题的公共服务广告的触达率和影响力，是如何通过这个项目的实施得到提升的。"华拉公司首席增长官杰米·古纯德（Jamie Gutreund）指出，"我们很荣幸与广告委员会合作，他们认识到了创作者作为意见领袖在触发有意义的社会变迁方面的巨大影响力。我们相信，与这些创作者合作可以激励人们去采取向善的行动，而不是销售产品"②。

六、整合营销传播

传统的公共服务广告（或公共广告），在刊播时多以单一媒体（尤其是电视或户外媒体）投放为主，很少采用协同的方式。同时，组织机构的合作对象一般只是广告公司和媒体。

整合营销传播的主要原理是：以消费者为导向；运用一切接触形式；

---

① "Influencer Marketing," https://www.ama.org/topics/influencer-marketing/，2024年4月10日访问。

② "The Ad Council Launches Creators for Good Ambassador Program with Whalar to Leverage Trusted Messengers on behalf of America's Most Pressing Social Issues," https://www.adcouncil.org/learn-with-us/press-releases/the-ad-council-launches-creators-for-good-ambassador-program-with-whalar，2023年12月18日访问。

寻求协同优势；重视反馈和双向沟通；培育和维护持久的关系；重视内部传播；实施战略传播管理；致力于实现长期的效果。

实际上，早在 20 世纪 80 年代的英国，COI 就在公共传播活动中运用了整合营销传播原理。

COI 帮助英国贸工部推进"单一欧洲市场"的活动，使用了印刷品、广播等媒体，以及商业展示及地区服务等形式，成为公共服务领域整合营销传播的代表案例。COI 的绝大多数项目都有线下活动支持，以多种形式鼓励目标群体参与。例如，在 COI 为英国国防部的征兵计划提供的传播服务中，通过设计网上模拟游戏的方式，成功地引来 1000 多名适龄青年到军营参观，最终有一半左右的人报名参军，取得了良好的传播效果。COI 内部各个部门、各个业务团队之间有着良好的协作，客户服务团队会根据传播需求，将多种传播方式进行有效的协调整合，实现整合传播营销。"小公益广告，大公共传播（公共信息）"既是 COI 的传播方式，也是整个英国公益事业，乃至整个传播行业的一个特点。孤立的公益广告对于受众的行为改变的作用是有限的，因而必须整合多种传播方式、多重营销手段，实现"大公共传播"。①

在美国，2020 年新冠疫情流行期间，美国广告委员会与美国疾控中心（Centers for Disease Control and Prevention，CDC）、白宫等十几个合作伙伴结成了庞大的联盟，使用了《芝麻街》中的木偶埃尔莫（Elmo）和他的父亲路易（Louie），并邀请顶级明星 DJ 卡拉德（DJ Khaled）和凯莉·克拉克森（Kelly Clarkson）参与电视广告制作。这个公共服务广告活动号召社会大众经常洗手和居家防疫，并向年轻人解释为什么居家对于防疫是重要的。

通常，广告委员会只同一个或两个伙伴合作，在找到可以提供捐赠广告时段的媒体伙伴之前，制订活动策略。在这次活动中，为了最有效地向美国大众提供关于危机的正确信息，保证广告活动的规模和速度，广告委员会跳过了一些常规的操作流程，采用了开源合作的方法。在这次广告活动中，广告委员会制作了定向说明（briefs）和脚本，与呼吁行动的号召一起发布，并提供了多种类型的信息。

这次活动，可谓声势浩大。NBC 环球、维亚康姆 CBS 和华纳传媒都捐赠了电视媒体播放时段。短短几天时间，媒体就捐赠了价值 400 万美元

---

① 徐金灿、万安凤、杨雪萍：《英国公益广告及公益广告机构——中央新闻署 COI 研究综述与分析》，《广告大观（理论版）》2012 年第 4 期，第 73—74 页。

的播出时段。此外，由于已被品牌方列入发布计划的广告与公共卫生危机时期的社会氛围不符，或者原定的体育赛事直播被取消，它们也捐赠了虽已购买但无法使用的媒体时段。这已经不再是传统意义上的公共服务广告活动，而是一次公共议题的整合营销传播活动。

当前，在全球范围内，面对社会问题和环境问题，政府无法独立应对，需要企业、社会组织等多方参与其中。企业为了履行社会责任、提升品牌声誉度，会积极投身公益事业并倡导公益观念；社会组织为了达成公益项目的目标，也需要整合各类传播资源，寻求多方支持。因此，作为一种有效的传播手段，整合营销传播方兴未艾。

七、从公共服务类广告到社会营销

多年以来，成功的公共服务类广告活动可以有效地影响受众的认知和态度，但是很难改变他们的行为方式。要真正促进问题的解决，就必须研究社会问题的背景、影响因素，并与利益相关方合作，创造性地提出解决方案并实施。

在近年国际顶级广告、公关和营销活动类赛事的获奖作品中，致力于解决问题的创意持续增多。许多获奖作品都涉及棘手的社会或环境议题，公共服务类广告正在向社会营销领域拓展。

社会营销（social marketing）指将市场营销原理和技巧应用于社会议题，旨在增进个人和社会福利。美国广告委员会的迈克·牛顿·沃德（Mike Newton Ward）认为，"社会营销是一种用来减少行为障碍，强化激励、改善个人和社会生活质量的方法。它借用商业营销的概念和规划过程使人们的行为变得'有趣、容易和流行'。它跨越沟通、公共服务广告和教育领域，以便给你一个360度的视角来看待健康和人类服务问题中的潜在原因和解决方案"[①]。

20世纪70年代初，社会营销就已成为营销学科的特殊分支，主要聚焦变革目标受众的行为，包括改善健康状况、预防意外伤害、保护环境、奉献社会等。

社会营销并非营销概念和工具的简单运用，它比一般意义上的营销更为复杂。例如，营销者在制定分析框架时，要同时考量商业情境和社

---

① 〔美〕南希·R. 李、菲利普·科特勒：《社会营销：如何改变目标人群的行为》，俞利军译，格致出版社、上海人民出版社2018年版，第11页。

会情境，要将目标受众的一系列行为视作预期结果，而不仅仅是销售收入。①

在由公共服务类广告向社会营销转型方面，澳大利亚的"捐赠币"是一个经典的案例。

多年来，个人在进行公益捐赠时以现金为主要形式，其中硬币的数量最多。但是，数字技术改变了公益筹款的方式，越来越多的资金捐赠通过网络平台实施。由于很多慈善资金仍来源于硬币捐赠，随着人们越来越少地使用现金，硬币捐赠的数额也在不断减少。

为此，在2020年国际慈善日前夕，澳大利亚皇家铸币局（the Royal Australian Mint）发行了世界上第一枚"捐赠币"（Donation Dollar）。这是世界上第一个被设计用来捐赠的1澳元硬币，由盛世长城澳大利亚公司设计。硬币上印有"帮助他人"字样，还带有金色涟漪，象征着这枚硬币对那些需要帮助的人的日常生活所产生的持续影响。截至2020年底，这种采用防磨损技术设计的"捐赠币"已经铸造了350万枚，计划达到2500万枚——相当于每个澳大利亚人都能拥有一枚。如果每个公民坚持每月捐出一元，那么10年内将可以为慈善机构额外筹集30亿澳元。

这项公益活动得到了澳大利亚民众的广泛支持，他们纷纷在社交媒体发声，表示会积极参与。这个案例在包括2021年戛纳国际创意节在内的多项广告赛事中获奖。评委们认为，"捐赠币不是一个广告，它不打扰你，只是通过日常生活提供服务并增加价值"，"从来自政府的支持，到个体市民的参与，整个活动的创意执行得很好"，"这是一个可以推广到世界上任何地方的解决方案"。②

---

① Alan R. Andreasen, "Rethinking the Relationship between Social/Nonprofit Marketing and Commercial Marketing," *Journal of Public Policy & Marketing*, Vol. 31, No. 1, 2012, p. 39.

② 《澳大利亚皇家铸币局发行首枚"捐赠币"，助力慈善事业》，https://www.digitaling.com/projects/170015.html，2024年3月28日访问。

第八章　新时代公益广告创新发展路径

结合国内外公共服务类广告发展的趋势，以及当前中国公益广告事业面临的机遇，为了实现新时代中国公益广告可持续发展，必须在管理、组织、流程等方面，重新审视公益广告的中国特色，探索创新发展路径。具体来说，可以从理念、制度和运作机制等三个方面进行创新。

第一节　新时代公益广告的观念更新

我们认为，要实现公益广告事业的可持续发展，除了强调这类广告形式的重要功能之外，还必须进行观念更新，将其作为促进公益广告事业可持续发展的首要任务。具体来说，各级公益广告管理机构和活动相关各方，需要树立以下理念。

一、均衡发展观

习近平总书记在党的二十大报告中提出，从现在起，中国共产党的中心任务就是团结带领全国各族人民全面建成社会主义现代化强国、实现第二个百年奋斗目标，以中国式现代化全面推进中华民族伟大复兴。中国式现代化的本质要求是：坚持中国共产党领导，坚持中国特色社会主义，实现高质量发展，发展全过程人民民主，丰富人民精神世界，实现全体人民共同富裕，促进人与自然和谐共生，推动构建人类命运共同体，创造人类文明新形态。

多年来，公益广告在社会主义政治文明、精神文明、社会文明、生态文明建设中都发挥了一定的积极作用，并间接促进了社会主义物质文明建设。

但是，我国的公益广告事业发展现状离"五位一体"的要求还有差距，主要体现为其发挥作用的领域不平衡。具体来说，公益广告在促进政治文明、精神文明、生态文明建设方面的表现比较突出，而在促进社会文明建设、参与社会治理方面的作用还没有充分发挥出来。

2019年10月31日，中国共产党第十九届中央委员会第四次全体会议通过了《中共中央关于坚持和完善中国特色社会主义制度、推进国家治理体系和治理能力现代化若干重大问题的决定》，总体目标是"到我们党成立一百年时，在各方面制度更加成熟更加定型上取得明显成效；到二〇三五年，各方面制度更加完善，基本实现国家治理体系和治理能力现代化；到新中国成立一百年时，全面实现国家治理体系和治理能力现代化，使中国特色社会主义制度更加巩固、优越性充分展现"。

鲍尔斯指出，"社会的管理质量不仅仅是公民素质的总和。善治并不取决于社会由多少好市民构成，而是取决于社会机构如何引导公民间实现社会沟通和交流"①。

社会沟通旨在对重要的社会问题形成共识。它不仅发生在社会成员之间，也发生在治理机构和公众之间。丁元竹认为，一个社会可以由无数好公民组成，但仅限于此是不够的，还必须有各个个体之间的密切沟通、交往、交流、合作等，这样的社会才能成为一个有机体。②他进一步指出："在没有根本利益冲突的情况下，社会隔阂可以通过一定方式的社会沟通来消除，甚至实现社会的融合。……推动沟通与融合进入社会体制、社会治理领域，而不是把社会治理仅仅局限于社会组织和基层组织管理层次，是对社会发展和社会治理的深层次认知，对于提升当代中国社会治理水平至关重要。"③

丁俊杰认为，公益广告短小精悍，其基因天然适应当今的传播媒介和传播环境，已经成为微传播时代社会沟通的大手段。④

为此，必须转变观念，加深对公益广告在促进社会建设方面重要性的认识，补齐这方面的短板，均衡地发挥公益广告的功能。

二、开放共赢观

党和政府参与公益广告事业之初，就提出要鼓励社会各界参与公益

---

① 〔美〕塞缪尔·鲍尔斯：《经济动物》，刘少阳译，浙江教育出版社2018年版，第14页。
② 丁元竹：《以交流和沟通重构社会关系模式》，中国社会科学出版社2020年版，第137页。
③ 同上书，第143页。
④ 丁俊杰：《公益广告："微时代"社会沟通的大手段》，《求是》2013年第11期，第18—20页。

广告活动。1996年12月，国家工商行政管理局副局长惠鲁生在"中华好风尚"主题公益广告月总结表彰大会上的讲话中指出，"广大广告主、广告经营者和广告发布者，要充分意识到自己的社会义务和责任，充分认识公益广告利在国家、社会繁荣安定，功在自身树立良好形象的重要意义，统筹规划，合理安排资金、设备和时段、版位，不断制作、发布高文化品位、高创意设计水平的公益广告"[①]。2000年1月，中央文明办、国家工商行政管理局《关于开展2000年"树立新风尚，迈向新世纪"主题公益广告宣传活动的通知》中明确提出，要"鼓励社会各界积极参与主题公益广告活动"。

近三十年过去了，我国的公益广告活动仍然停留在党和政府发起、主流媒体积极响应阶段，多数公益广告是由传统主流媒体创作和发布的，资金来源渠道也比较有限，广告主、广告代理公司、公益组织和社会其他团体、个人的积极性仍然没有被充分调动起来。

我国公益广告的绝对数量已经位居世界前列，但是制作水平低、形式单一的作品仍然为数不少，这与缺乏运作资金、媒体的创意和制作水平不高、广告公司的参与度较低有相当大的关系。金定海等通过调研发现，各个企业参与的热情不太高，而一些纯公益广告经常因创作组织或个人缺乏创作资金而质量不佳，于是标语口号类广告数量较多，这些低成本创作的广告远远达不到应有的传播价值。[②]

因此，党和政府有关部门应该树立开放共赢的理念，并在活动组织、经费来源、主题设置、创意、设计、制作、刊播等方面，综合考虑各方面的利益诉求，建立一个多方协作的科学运作机制。

三、平台"中立"观

所谓"中立"(neutral)是指对于各种传播平台的优点和不足有着客观的认识和把握，并能在公益广告活动中选择最适合的一个或多个传播平台。

"中立"一词在营销传播中的使用出现在整合营销传播（IMC）理论

---

① 中国传媒大学等编著：《中国公益广告年鉴（1986年—2010年）》，中国工商出版社2011年版，第345—346页。

② 金定海、聂艳梅、郑晟：《上海市公益广告发展总结与反思（2001～2013）》，中国传媒大学等编著：《中国公益广告年鉴（2011年—2013年）》，中国工商出版社2014年版，第210—222页。

诞生之初。当时，美国西北大学的舒尔茨教授等人提出，随着营销环境的变化，不应再想当然地认为广告一定是最佳的营销传播手段，而应对公共关系、直接营销、销售促进、赞助、事件营销、人员推销等各种手段的优缺点进行评估和比较，从而做出最佳的选择。

当前，中国公益广告的传播平台仍然以传统大众媒体为主，广播电视媒体发挥着主渠道的作用，电台、电视台的"黄金时段"一直被认为是公益广告的最佳播放时段。

随着数字媒体的崛起和分化，社会大众的媒体消费习惯发生了显著的变化，传统媒体的份额正在被不断蚕食，互联网已经成为新兴的大众传媒。尤其是对于年轻人来说，手机和互联网已经成为日常生活中不可或缺的一部分。在这样的背景下，仍然依赖广播电视，将其作为公益广告的主要传播平台，会导致大量的时间和资源的浪费。只有树立平台"中立"的理念，才能根据目标群体的媒体接触习惯，选择最适当的传播渠道。

四、成本效益观

在市场营销领域，投资回报率（return on investment，ROI）是一个常用术语。投资回报率是指企业从一项投资性商业活动的投资中得到的经济回报，计算方式是将企业的投入和产出进行比较，涉及目标的确定和效果的评测，体现了活动的成本效益高低。

1961年，拉塞尔·H. 科利（Russell H. Colley）发表了著名的《以设定的广告目标评估广告效果》（"Defining Advertising Goals for Measured Advertising Results"）一文，其中提出的模式被称为 DAGMAR 理论。该理论提出了一个非常重要的理念——广告效果应该根据广告事先设定的目标来测定，可以分为知名、理解、确信和行动四个阶段。[①]

可是，这一商业广告活动的标配，在公益广告活动中却一直没有得到应用。由于缺乏成本效益理念，公益广告活动既没有具体而明确的目标，也大多缺失效果测定环节，导致对活动的投资回报率无法进行科学的评估。一些媒体，尤其是电视媒体，经常按商业广告的收费标准折算公益广告播出时段的价值，来证明其对公益广告事业的贡献。但是，这种传播投资如果不与传播效果进行比较的话，就无法判断效率的高低。

---

① 转引自丁俊杰主编：《广告学概论》，高等教育出版社2018年版，第241—242页。

因此，缺乏成本效益观念，公益广告就无法进行科学的运作，也就无法令人信服其独特功能和存在价值。

五、整合传播观

在第七章，我们分析和总结了当前世界范围内公共服务类广告的发展趋势，而整合营销传播就是趋势之一。

但是，在国内的公益广告运作中，传统媒体依旧是公益广告的制作和发布主体。在主流媒体中，又以电视媒体为龙头，广播媒体次之，再次为户外媒体，而报纸、杂志媒体的公益广告创作和刊载力度明显不足。除了党和政府发起的重大主题宣传活动外，不同媒体机构日常的公益广告活动基本上是各自实施的。

与此同时，日益繁荣的互联网平台却仍被视为传统媒体公益广告二次发布的平台，运营方虽然重视内容生产和营销，但对于公益广告的运作则缺乏主动性、积极性和创造性。而政府机构、企业、公益组织、明星和普通网民在利用社会化媒体平台（如微博、微信、视频网站、音频网站）进行公益性传播时，既与传统媒体的公益广告缺乏联动，相互之间的协作与呼应也很少见。

主流媒体内部的公益性传播也存在着类似的情况。仅以中央广播电视总台为例，其所设置的《真诚沟通》《等着我》《欢乐英雄》《时代楷模发布厅》《健康之路》《夕阳红》《道德观察》《法治在线》《人与自然》等栏目与有些公益广告的主题存在交集，而有的栏目本身就定位为公益栏目。但是，由于这些栏目分属不同频道，是总经理室下设的二级机构，公益广告部没有统一协调的职能和权限，这导致不同栏目之间沟通不畅，难以实现互补，达到同频共振的传播效果。再以政府公共服务部门为例，农业农村部、人力资源和社会保障部、国家卫生健康委员会、生态环境部、交通运输部、应急管理部、教育部、文化和旅游部等部委，在组织公益广告活动时，也大多是独立运作，相互之间并未形成合力。

因此，只有树立整合传播理念，公益广告活动才能形成更大的规模，覆盖更广的人群，发挥更大的作用。

六、跨界融合观

随着数字技术所带来的媒体变革，"广告"的外延正在不断地拓展，在互联网平台上体现得尤为明显。利用网站、网页、互联网应用程序等互联网媒介，以文字、图片、音频、视频或者其他形式，直接或者间接地传播公益信息的活动,都具有一定的公益属性,其表现形式和时长已经突破了传统媒体的限制。

在 2018 年戛纳国际创意节上,汉仪字库和麦利博文凭借关注阿尔茨海默病的活动案例《渐变的字体》(*The Fading Font*)斩获健康类银狮奖。同年,该作品又获得了亚太广告节金奖。

阿尔茨海默病又称老年痴呆症,目前在中国患者高达 1000 万人,居世界第一位。在针对这个疾病的防治过程中,早期干预极为重要。为了引起人们对阿尔茨海默病的关注,北京汉仪科印信息技术有限公司(汉仪字库)联合麦利博文(上海)广告公司,合作开发了一个汉字字体库,以碎片化的字体风格,直观地表现阿尔茨海默病患者认知能力减退和记忆缺失等症状。开发者按照 GB/T 2312-1980 标准,进行字体制作,不但覆盖中国常用汉字,还包括数字、标点、拉丁文等,共计近 7000 个文字,并开放给所有普通大众和企业免费下载,大大提高了字体的传播力。此外,创作方还将这款字体所有售卖版权收益捐给中国阿尔茨海默病防治协会,为阿尔茨海默病的防治贡献一份力量。

2017 年 9 月 21 日是"世界阿尔茨海默病日",汉仪字库联合麦利博文、新浪微公益、中国人口福利基金会以及阿尔茨海默病防治协会共同发起了"#不再遗忘#世界阿尔茨海默病日"公益倡导,号召大家一起关爱阿尔茨海默病患者。同时,汉仪还联合了 150 家知名企业,邀约包括大张伟、陶喆在内的 36 位重量级明星使用"#不再遗忘#"话题,结合自身品牌的特性,产出文案,扩散给社会各界人士。活动以真诚关爱为出发点,将阿尔茨海默病人的痛苦具象化,同时搭配成熟、明确的推广策略。仅一周之内,#不再遗忘#话题阅读量已达 3400 万,有效触达 2.34 亿人,阿尔茨海默病字体被下载使用 17 万次。①

这一案例说明,公益广告创意需要从提升用户的参与体验出发,结合数字交互技术,拓展表现形式。所有可以传递公益信息的游戏、动漫、音乐、微视频等手段,都可以为其所用。电台、电视台播出的广播电视广告,也需要基于多平台播出、裂变式传播的目标进行多版本编排或多样化创新。在互联网媒体已经成为大众媒体的新时代,只有突破固有思维模式,树立跨界融合理念,整合相关各方资源,才能实现公益广告传播效果的最大化。

---

① 《汉仪字体为中国摘得 2018 戛纳国际创意节首奖》,https://news.tom.com/201806/1505941415.html,2024 年 3 月 28 日访问。

七、国际传播观

习近平总书记指出，必须加强顶层设计和研究布局，构建具有鲜明中国特色的战略传播体系，着力提高国际传播影响力、中华文化感召力、中国形象亲和力、中国话语说服力、国际舆论引导力。

在传统媒体占据主导地位的时代，公益广告只是在特定的国家、地区，针对特定的人群进行传播，具有明显的地域性特征。互联网技术的发展打破了国与国之间的疆界限制，促进了国家之间的信息流通。

当前，世界面临的不稳定性不确定性突出，人类面临许多共同挑战。构建人类命运共同体的目标，为公益广告国际传播提供了机遇。诉诸人类共通的价值观和情感的公益广告，可以促进不同国家民众之间的相互沟通和理解。因此，公益广告可以与主流媒体的新闻宣传相配合，实现中国形象、中华文化的整合传播。但是，中国公益广告的国际传播整体上仍然处于零散、分散的状态，导致中国公益广告国际传播的态势和影响力整体偏弱，距离落实中央加强国际传播能力建设的总体要求还有很大的差距。[①] 因此，只有树立国际传播理念，才能"加强'顶层设计'和各部门之间的联动效应"，"向世界传递清晰而一致的价值观"。[②]

第二节　新时代公益广告的制度创新

著名的制度经济学专家道格拉斯·C.诺思（Douglass C. North）认为，制度是一个社会的博弈规则，更规范地说，它们是一些人为设计的、形塑人们互动关系的约束。按照他的观点，制度既包括正式约束（如人为设置的规则），也包括非正式约束（如惯例）；既可以是由人们创造出来的，也可以仅仅是随着时间的推移演化出来的。其中，正式约束包括政治（和司法）规则、经济规制和契约，与非正式约束之间只存在程度上的差异。诺思还将制度的实施特征（形式与有效性等）纳入了制度的

[①] 张晖：《"一带一路"倡议背景下中国公益广告国际传播策略和手段》，《国际传播》2018年第6期，第58页。

[②] 史安斌、廖鲽尔：《国际传播能力提升的路径重构研究》，《现代传播》2016年第10期，第29页。

基本范畴。①

具体到公益广告方面，政策、法律、行业规章等正式规则及文化传统、风俗习惯等非正式规则既可以对事业发展起到推动作用，也可以起到阻碍或制约作用。制度，尤其是正式的社会行为准则，决定着公益广告事业的方向，对于公益广告活动的组织、实施过程中的各个环节都有重要影响。改革开放以来，我国的公益广告制度经历了从无到有、从零散到集中、从非正式到正式、从行政文件到法律法规的不断完善的过程。

中国公益广告制度体系是在一定的社会条件和国家政策引导下形成的，包括所有与公益广告相关的各种正式制度、非正式制度及其实施特征等范畴的集合体，具体包括法律法规、行业公约、评奖制度、扶持制度，以及媒体内部促进和管理公益广告活动的规定等。

我们认为，我国公益广告的制度创新，具体包括以下几个方面。

一、法律法规制度创新

(一)《公益广告促进和管理暂行办法》的修订

目前，公益广告管理的主要法律依据是 2016 年公布的《公益广告促进和管理暂行办法》（以下简称《暂行办法》）。"暂行"二字，就意味着它是一个需要与时俱进、不断完善的法规。

公益广告活动不是在真空中实施的。随着政治、经济、社会、媒体、技术等外部环境的变迁，管理方式、运作流程等方面也必然会出现相应的变化，对《暂行办法》进行修订势在必行。在国家市场监督管理总局 2022 年 4 月印发的《"十四五"广告产业发展规划》中，已经将这项工作列为重点任务之一。

笔者认为，在这次修订中，应该重点完善以下几个方面的内容：

1. 修订公益广告定义

笔者认为，公益广告是致力于维护公共利益的非商业广告。它通过传播社会主义核心价值观，倡导良好的道德风尚和公益行为，推动社会的进步。

2. 调整公益广告管理主体

公益广告活动在中宣部和各级宣传部门（此前为中央和各级文明办）的指导协调下开展。建议由中宣部牵头，设立全国公益广告工作领导小

---

① 〔美〕道格拉斯·C.诺思：《制度、制度变迁与经济绩效》，杭行译，格致出版社、上海三联书店、上海人民出版社 2014 年版，第 3—4、56 页。

组,成员包括市场监督、广播电视、新闻出版、通信、网信、交通运输管理、住房城乡建设等部门,并下设省、市级分支机构,组建公益广告管理中心。该中心由政府人员、高校学者、业界专家和资深媒体人组成,对公益广告活动进行管理。

3. 加强对公益广告创作的支持

财政部门应该制定专项预算,支持党和政府有关机构向专业公司采购公益广告服务;广播电视机构、党报党刊应该组建专门的公益广告创作团队,划拨一定比例资金作为经费;企业为公益广告创作提供的资金,可以抵扣经营性所得税款。

公益广告管理中心应当根据年度活动规划,向社会征集活动主题、创意和作品,并为单位和个人自行设计、制作的公益广告无偿提供指导服务,择优进行修改、完善,并联系有关媒体发布。各类媒体发布的公益广告作品,应提前交由公益广告管理中心审核,确保导向正确、质量上乘。各类户外场所刊登的公益广告应该力求思想性、通俗性、艺术性的统一。

4. 加强对于互联网和移动媒体公益广告的管理

政府网站、新闻网站、经营性网站应当在网站、客户端以及核心产品中设置公益广告频道或专区,并在首页显著位置展示、展播公益广告。音频、视频网站应该鼓励原创公益广告作品,并以贴片广告、创意中插、信息流广告等形式刊播公益广告,刊播数量不少于主管部门规定的条(次)。

电信业务经营者要运用手机媒体及相关经营业务,基于特定位置和时机,通过开屏、短信等形式,向目标受众点对点地推送公益广告,数量不少于主管部门规定的条(次)。

5. 建立激励机制

将组织公益广告活动情况纳入党和政府有关部门年度工作考评。将设计、制作、发布公益广告情况纳入广播电台、电视台、中央主要报纸和时政类期刊、主流媒体网站的年度工作考评。

中宣部和各省、自治区、直辖市可以每隔两年举办一次优秀公益广告作品评选,纳入政府奖系列,与创作人员的职称评聘、职位晋升等事项挂钩。国家广电总局划拨的广播电视公益广告扶持资金应该确保专款专用。

6. 明确处罚措施

各类公益广告作品在发布时,应在显著位置明确标注"公益广告"。

对于以公益广告名义变相设计、制作、发布商业广告的行为，应由市场监督管理部门进行相应处罚。

公益广告发布者应当于每年的12月下旬，提交由主管部门指定的第三方调查机构所做的年度公益广告传播效果评估报告。对于连续两年传播效果较差的发布者，主管部门应予以通报批评，并责令其整改。

（二）《广告法》和《互联网广告管理办法》的完善

《广告法》于1994年颁布，在2015年、2018年和2021年进行了三次修订，但仍未对互联网平台刊播公益广告做出规定。2023年5月实施的《互联网广告管理办法》虽然提出"国家鼓励、支持开展互联网公益广告宣传活动，传播社会主义核心价值观和中华优秀传统文化，倡导文明风尚"，但并未提出具体要求。鉴于互联网媒体的用户数、覆盖面和影响力与日俱增，笔者建议在修订这两部法规时，增加公益广告的相关内容：政府网站、新闻网站、经营性网站应当在网站、客户端以及核心产品中设置公益广告频道或专区，并在首页显著位置展示、展播公益广告。

二、激励制度创新

2022年8月9日，在第四届北京国际公益广告大会上，国家广播电视总局广播影视发展研究中心主任祝燕南指出，"在网络视听平台，从这10年每年上报的制作播出总体情况看，网络视听公益广告创作、推送呈现逐年增长态势，不断强化网络视听公益广告制作播出在业内已经成为广泛共识，许多优质作品契合网络传播规律和受众心理"[①]。

可是，在当前国家广电总局的公益广告扶持项目中，只有广播类和电视类，而没有网络视听类，也没有创意脚本类（早期曾经包括这一类别）。因此，需要对《广播电视公益广告扶持项目评审办法（2018年修订版）》进一步完善。

首先，将广播电视公益广告作品扶持改为创意脚本扶持，对评选出的优秀创意进行奖励，并颁发奖金和证书，加大对于优秀创意的支持力度。组织学界、业界专家对优秀创意脚本进行完善，并由国家广电总局划拨专项制作经费，通过政府采购的方式委托广告公司完成，作品上传

---

① 《大力弘扬社会主义核心价值观、引领时代新风，10年间播出次数以亿万计——中国公益广告发展驶入"快车道"》，https://gbdsj.gd.gov.cn/zxzx/hydt/content/post_3992817.html，2024年4月10日访问。

到全国优秀广播电视公益广告作品库,供各级播出机构选用。

其次,增设互联网公益广告奖,鼓励社会各界人士踊跃提交适合于互联网平台传播的优秀公益广告创意,或视频、音频、H5、动画、小游戏等。入围后的优秀创意或作品,可由中央网信办划拨专项经费,委托全国网络公益广告制作中心或通过政府招标完成制作,并在各类互联网平台上展播。

北京市广播电视局规定:对公益广告作品获得扶持或表彰的创作个人或团队成员,在相关重大节展活动中组织集中推介;设立"创作人才池"和"评审专家池",对纳入两池的人员在推优、评奖等方面优先推荐。① 虽然激励措施在力度上还需加大,但相关部门已经开始了有益的探索。

三、媒体管理模式创新

目前,媒体内部的现有制度也制约着公益广告的发展,多数媒体机构的广告部门中,并没有专门负责公益广告创作和推广的团队。

在调研中,有省级媒体公益广告部门负责人坦言,"近些年来,电视媒体广告创收面临着越来越大的压力,大多数电视媒体实行了频道制经营,频道总监忙于广告创收,对于暂时不能带来广告效益的公益广告并不感兴趣,只是被动应付,播出别人已经制作完成的公益广告敷衍了事。即使仍然实行统一经营的省级媒体,主要精力也都转移到经营创收上,公益广告部或被日益边缘化或被撤销,有的媒体甚至把公益广告归属到台总编室统筹管理,造成责权利的脱节,制约了公益广告的运作"②。

此外,在当前的管理制度下,媒体广告部门无权调动其所在的报社、电台、电视台的公益传播资源,统筹公益广告、新闻、节目、晚会等传播手段,也就无法实现整合传播的效果。

因此,主流媒体应设立专门部门,整体协调内部各频道、频率或版面内公益内容的创作和传播,并制定有效的激励措施,调动相关部门和人员的积极性。

---

① 《北京市广播电视局关于印发〈北京大视听公益广告精品创作提升工程若干举措〉的通知》,https://www.beijing.gov.cn/zhengce/zhengcefagui/202401/t20240102_3522825.html,2024年4月18日访问。

② 对某省级电视台广告部负责人的网络访谈。访谈时间:2022年6月25日。

第三节　新时代公益广告的运作机制创新

长期以来，学者们对于中国公益广告运行机制中存在的各种问题，已经进行了比较深入的研究。针对这些问题，我们认为，新时代中国公益广告的运作机制创新应从以下几个方面实施。

一、公益广告的组织机制创新

公益广告的组织机制需要创新，已成为学界与业界的共识。如何进行创新成为一个无法回避的现实问题。一些学者主张，应该创建由政府、社会以及企业组成的独立运营的非营利组织，作为公益广告活动的组织和协调机构。

我们认为，这些模式不适合中国国情。这是因为，在中国成立一个非营利的、专门的公益广告机构，很难保证其权威性，也难以调动主流媒体和社会资源。即便是中国广告行业最高机构——中国广告协会，在与国家工商行政管理总局脱钩后，影响力也有所下降，且承受自负盈亏的压力，难以整合行业资源。已故著名广告人邵隆图指出，"公益性的事情牵涉到文明程度，全国做最好，但是现在做不到，很多行业协会都形同虚设，没有威慑力和执行力。现在很多行业协会都是业余的，执行力不行。其他很多国家都是专业的，我国还做不到"[1]。曾任扬罗比凯广告公司副总经理的王欣坦言，"如果这种公益广告协会是非营利组织，那么它们的资金从哪来，靠收会费还是靠募捐？而且这个协会也需要提供相应的东西"[2]。张殿元和张良悦认为，在中国，要组建一个像日本 AC Japan 那样的完全独立于政府的公共广告机构难度很大，在影响力，对企业、广告公司和媒介机构的感召力和吸引力，政府关系，以及经费筹措和管理等方面都存在诸多问题。[3] 刘洪珍在研究了美国公共服务广告运作机制后也发现，"无论从哪一方面看，我国目前都不具备建立非政府、非

---

[1] 访谈时间：2014 年 8 月 4 日。访谈地点：上海。
[2] 访谈时间：2014 年 10 月 22 日。访谈地点：北京。
[3] 张殿元、张良悦：《改变社会的传播力量：日本公共广告对中国的启示》，载张殿元主编：《公共话语建构：数字公益广告中的"国家叙事"》，上海交通大学出版社 2022 年版，第 3—27 页。

营利的公益广告组织的条件"[①]。

事实上，政府组织公益广告活动面临的诸多问题，可以通过理顺机构职能和流程来解决，英国的模式就证明了这一点。我们认为，中国的公益广告活动，必须由党和政府主导，在具体运作时则可以采用多元化的方式。

（1）党的大型主题公益广告宣传和精神文明宣传活动，如"讲文明，树新风"主题公益广告活动，由中宣部直接管理。

（2）政府常规的公益广告活动，可以由常设公益广告机构"全国公益广告活动领导小组"统一管理和协调。

（3）媒体日常的公益广告活动，可以由专门组建的部门或团队来负责，并与整体的宣传工作紧密配合。

（4）对于社会组织和个人发起的公益广告活动，有关部门应积极支持，并通过有效的组织协调，使其与其他公益宣传活动一起达到整合传播的效果。

（5）对于公益广告的国际传播，应该进行顶层设计，在中宣部设置专门机构对其进行管理与统筹，并将其纳入具有中国特色的战略传播体系。同时，建立专家智库，为公益广告的国际传播提供专业指导；组建专业的创作和翻译团队，制定和实施精品战略。

二、公益广告的资金筹措机制创新

资金不足，一直是困扰广播电视公益广告机制良性运作的问题。为此，一些学界和业界专家呼吁借鉴国外的运作方式，成立中国公益广告基金会。

一些业界人士曾对这种模式的可行性表示怀疑。时任三星影视公司总监的叶晓指出：成立公益广告基金会，并不会解决公益广告资金短缺的问题，因为基金会的运营需要资金来源、管理费用等；而捐赠者会认为与其捐赠给基金会，不如直接把钱全部用于公益，"所以在体制不健全的情况下，这种制度性的调整解决不了根本性的问题"[②]。时任海谋定位合伙人的范定希也认为，"基金会的话，效果也不知道能有多大"，因为

---

① 刘洪珍：《美国现代公益广告的起源与发展研究——以广告理事会为例》，中国人民大学博士学位论文，2011年5月，第96—97页。

② 访谈时间：2014年10月21日。访谈地点：北京。

这涉及资金来源、数额、响应度等多方面因素。①

高鉴国等认为,"政令性募捐和私人关系募捐在中国慈善组织的募捐工作中占据较大比例,在慈善事业发展的初期为慈善组织筹得更多的慈善资源起到了推动性作用"②。但是,这种模式不具有可持续性。实际情况确实如此,比如作为试点的无锡太湖公益广告发展基金会成立之初,在市委、市政府领导的倡导下,部分媒体和企业提供了启动资金。但是后续资金却难以为继。经过十年的艰难运营后,该基金会不得不于2023年4月注销。

综上所述,我们认为,创建中国公益广告基金会的设想并不现实。其一,国内企业的社会责任意识尚有所欠缺,向基金会捐赠资金的动力不足。其二,在互联网媒体的冲击下,报纸、广播、电视等传统媒体面临着巨大的生存和发展压力,无法向基金会提供稳定的支持。其三,一些实力较强的互联网平台企业都有自己的基金会,可以在自己的平台上进行公益传播并将其转化为用户的善行,资助其他公益广告基金会的积极性不高。其四,从整体环境看,公益组织的公信力、透明度、专业性仍有待提高,社会大众对各种基金会进行捐赠的积极性不高。其五,由于长期缺乏效果评估,企业和个人对于公益广告的实际效果也持有一定的怀疑态度。

所以,我们应采用多种方式,拓宽公益广告的资金渠道。

第一,政府对公益广告活动提供税收支持。

政府财税管理部门应该制定企业、广告公司、社会机构参与公益广告活动的税收减免政策,鼓励社会各界为公益广告事业发展提供资金支持。"提高税收优惠政策的优惠水平需从各环节入手。首先,支持各类慈善组织平等地享有公益性收入税收扣除资格;其次,对企业超额部分的慈善捐赠允许向未来年度结转扣除,最大限度地鼓励企业提高捐赠额度。"③

第二,实施公益广告的政府采购。

黄玉波等认为,兼具品质与创意的公益广告作品,往往需要突破原有的框架限制,使用新颖的技术或形式,因此可以考虑采用政府招标的

---

① 访谈时间:2014年8月3日。访谈地点:上海。
② 高鉴国等:《中国慈善捐赠机制研究》,社会科学文献出版社2015年版,第199页。
③ 同上书,第163页。

形式，将公益广告活动的承办交由具有创意与执行力的专业广告公司负责。① 深圳经济特区在建立40周年时，推出的公益视频《献给每一个为深圳努力奋斗的你》就是一个成功案例。②

深圳市委宣传部、区委宣传部通常会在年初提出当年的公益广告项目规划，确定广告主题与内容，随后通过采购的方式，交由市属媒体机构、广告公司或其他机构进行创作。

但现实问题在于，宣传部门的"政府采购"更侧重于大型主题活动宣传、城市形象宣传、文明城市创建等，对于具体的公共服务和社会问题关注不够。此外，由于经费所限，一些政府部门只能在每年的主题宣传日（如世界环境日、世界无烟日）当天或前后几天，在媒体短期地播放公益广告，广告的到达率和频次都受限。因此，财政部门在制定政府年度预算时，应该增列公益广告活动的预算专项。

上海市政府在这方面发挥了带头作用。2023年12月印发的《上海市公益广告促进和管理办法》规定，"市政府各部门结合工作职责，将公益广告工作经费纳入年度部门预算，组织相关公益广告创作宣传"。

第三，互联网平台上的公益众筹。

数字公益的快速发展促使公益全民化、常态化，公众通过蚂蚁森林、运动捐步、蚂蚁庄园、集小红花等形式参与公益，日渐成为社会文明的一种新风尚。③ "互联网+慈善"的深度融合，使得"人人公益、随手公益、指尖公益"成为潮流。随着覆盖面越来越广，互联网公益通过科技突破时间、空间限制，利用强大的信息传递能力，充分调动社会资源，降低行善成本，扩大影响力，提高了公益效能，使互联网的社会价值不断得到提升。④

未来的公益广告活动资金也可以采用这种公益众筹的方式获得。为此，需要在政策法规方面进行规范，在运作流程方面形成机制，确保这

---

① 黄玉波、李梦瑶：《城市公益广告管理的运行模式、长效机制与评价体系——以深圳市为例》，张殿元主编：《公共话语建构：数字公益广告中的"国家叙事"》，上海交通大学出版社2022年版，第116—127页。

② 《社论｜〈献给每一个为深圳努力奋斗的你〉为什么受关注?》，https://baijiahao.baidu.com/s? id=1678877746898627876&wfr=spider&for=pc，2024年3月28日访问。

③ 燕客卿：《〈中国数字公益发展研究报告（2022）〉发布：互联网捐赠"马太效应"持续加强》，http://www.shanda960.com/shandaguan/article/21242，2024年3月28日访问。

④ 《人民财评：互联网公益成慈善领域生力军》，https://baijiahao.baidu.com/s? id=1743460311635339182&wfr=spider&for=pc，2024年3月28日访问。

些资金的统一管理和科学使用。

第四，完善广播电视公益广告扶持办法。

可以借鉴韩国放送广告振兴公社的做法，从中央和省级媒体的商业广告收入中提取一定的比例作为专项资金，用于本台公益广告的专项制作经费。此外，在国家广电总局的公益广告扶持项目中，也应加大在创作经费方面的扶持力度。

三、公益广告的主题设定机制创新

为了保证主题设定机制既能贯彻党和政府的年度宣传方针，又能切合社会大众关注的社会热点问题，可以借鉴日本 AC Japan 的经验，通过网络问卷调查，向社会征集关于下一年度公益广告主题的建议，作为决策参考；此外，还可通过大数据舆情跟踪，把握社会心理状况和大众关注的热点，以及党和政府方针、政策实施过程中的难点、堵点；然后，在对社会问题产生的背景和原因进行分析的基础上，确立公益广告活动的主题。

地方公益广告活动的主题可由主管部门组织专家，对公益广告的地区性、针对性和公益性进行全面评估，并结合党和政府对公益广告活动的整体安排来设置。例如，《北京大视听公益广告精品创作提升工程若干举措》提出，每半年组织召开一次公益广告题材规划会，确定《公益广告创新创作选题库》，鼓励创作弘扬社会主义核心价值观、融入现代化社会治理理念、引导社会公序良俗、传递社会文明风尚、展现科技进步成果、阐释首都文化建设等多元创作主题，并结合年度创意选题策划，激发社会各界创作热情，发挥公益广告"春风化雨、润物无声"的独特作用。

在国际传播方面，应该尽量选择不同国家网民所普遍关注的主题。如呼吁和平，抵制暴力和网络暴力；同情弱者，帮助别人；保护环境，维持生态平衡；关心、帮助儿童成长；关注人的身心健康；注意安全驾驶，避免交通事故；等等。简而言之，在主题设置方面需要"求同"，在表现形式方面则可以"存异"，做到和而不同。

四、公益广告的创作机制创新

目前，我国每年刊播的公益广告数量已经位居世界前列，但是在质量上还有很大的提升空间，这与创作机制不完善、专业化不足有很大的关系。

2021年9月，国家广播电视总局在《广播电视和网络视听"十四五"发展规划》中，专门提出要实施"公益广告创作生产能力提升工程"。2022年3月，国家市场监督管理总局的《"十四五"广告产业发展规划》中，也提出"加强公益广告作品知识产权保护"，"实施'数字化+公益广告'行动"，"实施'中华优秀文化+公益广告'行动"。

要将这两个规划落到实处，公益广告创作机制必须从以下几个方面进行创新：（1）调动广告公司的积极性，解决创作资金的问题；（2）切实落实公益广告管理机构对公益广告创作的指导；（3）完善公益广告创作人员的培训机制，建立专业创作团队；（4）鼓励社会大众依托互联网平台进行"众创"；（5）创新表现形式，与新技术嫁接、融合，吸引受众注意，优化参与体验。

2015年国际妇女节前夕，致力于预防和应对家庭暴力与虐待的公益组织"妇女援助"（Women's Aid）的公共服务广告活动就是一个经典案例。这次活动旨在呼吁人们关注家庭暴力，拒绝漠视。广告发布在伦敦市的大型户外广告屏上，并使用了脸部识别技术。最初画面上呈现的女人眼角、鼻子等部位有多处瘀青，甚至血迹；当越来越多的人看到海报时，瘀青或血迹会慢慢消失，本来面目得以恢复。广告借此呼吁人们不要漠视此问题。同时，屏幕下方还会动态显示观看者的头像，以此鼓励更多的人关注。由于家暴通常发生在私密空间，被害人也可能觉得难以启齿，因此只有引发社会大众的普遍关注，才有望推动这一社会问题的解决。

北京市广电局鼓励高校和有关机构开设高新技术应用"创意实验空间"，加大AR、VR、MR和4K、8K、虚拟人、AIGC等数字新技术在公益广告中的应用，提升公益广告视听体验。上海市政府决定鼓励各类创作主体积极使用区块链、人工智能、虚拟仿真等新型数字技术，创作易于数字化传播的公益广告作品，提高公益广告创意与技术创新能力，要求"本市互联网企业应当充分运用数字技术多样化展示公益广告作品，通过网站、应用程序等多渠道传播公益广告作品"。

在国际传播方面，更不能因循守旧。要突出公益广告作为文化产品的趣味性、欣赏性，通过讲述中国故事，满足大众化的审美和娱乐需求；要做到内外有别，对国内播放的公益广告进行筛选、改编；要恰当使用中国文化符号，采用平民视角和切合目标受众解读习惯的叙事框架；要注重情感的唤起，发挥音乐的感染力，努力塑造可信、可爱、可敬的中国形象。

五、公益广告的刊播机制创新

市场监管总局在 2020 年的抽查中发现，公益广告刊播主要存在四类问题：一是购物类电视媒体公益广告发布情况值得关注；二是报纸媒体公益广告刊登数量有待提高；三是互联网公益广告展现形式单一，表现力感染力不够；四是互联网公益广告更新速度较慢，特定时间节点主题公益广告宣传不够，内容创新有待提升。①

要解决这些问题，除了进行制度创新，完善《公益广告促进和管理暂行办法》等法规之外，还需做到以下几点：

第一，协调创作与播出环节。各种公益广告大赛、创意征集活动应由国家和地方的公益广告领导小组统一协调，实现各环节的有机衔接，建立创意遴选、完善、制作、播出一条龙的科学机制。

第二，提升互联网的传播效果。报刊、广播、电视媒体机构一方面要利用著名记者、编辑、主持人等群体的影响力；另一方面还要充分调动互联网平台上关键意见领袖的积极性，形成多点传播、相互呼应。

第三，整合内部传播。各级电台、电视台应该将公益广告与新闻报道、专题片、公益栏目、公益晚会、公益 MV 等其他传播手段加以整合，围绕重大主题进行议程设置，通过优势互补，实现传播效果的最大化。

第四，协同传播与营销。仅凭公益广告，难以推动人们行为方式的改变。为此，应该协同公益广告传播与党和政府部门的中心工作、社会组织的公益项目、企业的社会责任传播活动，实施社会营销，使公益广告的效果向行为改变方面拓展，切实推动社会问题的解决。

第五，整合国际传播。加大公益广告在全球影响力领先的互联网平台的传播力度；调动多元主体（尤其是明星、专家、关键意见领袖、非营利组织、广告公司，以及海外华人、留学生、外国友人等）的参与积极性；协同公益广告与新闻、文艺、体育等其他国际传播形式，使其在发挥各自特色和优势的同时，形成合力，共同展示丰富多彩、生动立体的中国形象。

当前，上海市已经提出，支持建立面向社会的综合性公益广告服务平台，实现作品征集、展示、分享、管理、评价一体化，促进公益广告

---

① 《部分传统媒体和互联网媒介公益广告发布情况抽查报告（2020 年度）》，https://www.cqn.com.cn/zj/attachment/2020-12/31/c25f658d-e7fc-4e5e-a151-700891932228.pdf，2024 年 3 月 28 日访问。

作品资源和数据互通共享、监督管理高效便捷。

六、公益广告的效果评估机制创新

当前，将公益广告的效果评估委托给第三方调查机构，不失为一个可行的办法。北京市广播电视局在《北京大视听公益广告精品创作提升工作若干举措》中提出，"通过中国视听大数据（CVB）等行业数据，对公益广告播出情况开展数据监测，了解掌握用户的收视情况、到达率、点击量、转发率等数据信息，以适当方式、范围公布相关信息，引导公益广告创作和传播"。但是，要切实促进公益广告的可持续发展，必须建立覆盖选题、创意、制作、刊播的多层次、科学的效果评估体系。

需要强调的是，公益广告的效果评估不仅要测量公益广告的认知效果，也要测量态度和行为效果；不仅要测量公益广告的短期效果，也要测量公益广告的长期效果；不仅要测量单个公益广告作品的传播效果，也要测量多种传播形式的整合传播效果。

总之，在新时代背景下，我国现有的公益广告运作机制亟待创新，既要充分利用新媒体、新技术所带来的机遇，也要鼓励社会各方参与，同时借鉴国外的先进经验。只有这样，才能有效地发挥公益广告在物质文明、政治文明、精神文明、社会文明和生态文明建设方面的促进作用，形成具有中国特色的公益广告可持续发展模式，为构建人类命运共同体贡献中国智慧、中国方案。

附录 公益广告促进和管理暂行办法

（2016年1月15日国家工商行政管理总局、国家互联网信息办公室、工业和信息化部、住房城乡建设部、交通运输部、国家新闻出版广电总局令第84号公布自2016年3月1日起施行）

第一条 为促进公益广告事业发展，规范公益广告管理，发挥公益广告在社会主义经济建设、政治建设、文化建设、社会建设、生态文明建设中的积极作用，根据《中华人民共和国广告法》和有关规定，制定本办法。

第二条 本办法所称公益广告，是指传播社会主义核心价值观，倡导良好道德风尚，促进公民文明素质和社会文明程度提高，维护国家和社会公共利益的非营利性广告。

政务信息、服务信息等各类公共信息以及专题宣传片等不属于本办法所称的公益广告。

第三条 国家鼓励、支持开展公益广告活动，鼓励、支持、引导单位和个人以提供资金、技术、劳动力、智力成果、媒介资源等方式参与公益广告宣传。

各类广告发布媒介均有义务刊播公益广告。

第四条 公益广告活动在中央和各级精神文明建设指导委员会指导协调下开展。

工商行政管理部门履行广告监管和指导广告业发展职责，负责公益广告工作的规划和有关管理工作。

新闻出版广电部门负责新闻出版和广播电视媒体公益广告制作、刊播活动的指导和管理。

通信主管部门负责电信业务经营者公益广告制作、刊播活动的指导和管理。

网信部门负责互联网企业公益广告制作、刊播活动的指导和管理。

铁路、公路、水路、民航等交通运输管理部门负责公共交通运载工具及相关场站公益广告刊播活动的指导和管理。

住房城乡建设部门负责城市户外广告设施设置、建筑工地围挡、风景名胜区公益广告刊播活动的指导和管理。

精神文明建设指导委员会其他成员单位应当积极做好公益广告有关工作，涉及本部门职责的，应当予以支持，并做好相关管理工作。

第五条 公益广告应当保证质量，内容符合下列规定：

（一）价值导向正确，符合国家法律法规和社会主义道德规范要求；

（二）体现国家和社会公共利益；

（三）语言文字使用规范；

（四）艺术表现形式得当，文化品位良好。

第六条 公益广告内容应当与商业广告内容相区别，商业广告中涉及社会责任内容的，不属于公益广告。

第七条 企业出资设计、制作、发布或者冠名的公益广告，可以标注企业名称和商标标识，但应当符合以下要求：

（一）不得标注商品或者服务的名称以及其他与宣传、推销商品或者服务有关的内容，包括单位地址、网址、电话号码、其他联系方式等；

（二）平面作品标注企业名称和商标标识的面积不得超过广告面积的1/5；

（三）音频、视频作品显示企业名称和商标标识的时间不得超过5秒或者总时长的1/5，使用标版形式标注企业名称和商标标识的时间不得超过3秒或者总时长的1/5；

（四）公益广告画面中出现的企业名称或者商标标识不得使社会公众在视觉程度上降低对公益广告内容的感受和认知；

（五）不得以公益广告名义变相设计、制作、发布商业广告。

违反前款规定的，视为商业广告。

第八条 公益广告稿源包括公益广告通稿、公益广告作品库稿件以及自行设计制作稿件。

各类广告发布媒介均有义务刊播精神文明建设指导委员会审定的公益广告通稿作品。

公益广告主管部门建立公益广告作品库，稿件供社会无偿选择使用。

单位和个人自行设计制作发布公益广告，公益广告主管部门应当无偿提供指导服务。

第九条 广播电台、电视台按照新闻出版广电部门规定的条（次），在每套节目每日播出公益广告。其中，广播电台在6：00至8：00之间、11：00至13：00之间，电视台在19：00至21：00之间，播出数量不得少于主管部门规定的条（次）。

中央主要报纸平均每日出版16版（含）以上的，平均每月刊登公益广告总量不少于8个整版；平均每日出版少于16版多于8版的，平均每月刊登公益广告总量不少于6个整版；平均每日出版8版（含）以下的，平均每月刊登公益广告总量不少于4个整版。省（自治区、直辖市）和省会、副省级城市党报平均每日出版12版（含）以上的，平均每月刊登公益广告总量不少于6个整版；平均每日出版12版（不含）以下的，平均每月刊登公益广告总量不少于4个整版。其他各级党报、晚报、都市报和行业报，平均每月刊登公益广告总量不少于2个整版。

中央主要时政类期刊以及各省（自治区、直辖市）和省会、副省级城市时政类期刊平均每期至少刊登公益广告1个页面；其他大众生活、文摘类期刊，平均每两期至少刊登公益广告1个页面。

政府网站、新闻网站、经营性网站等应当每天在网站、客户端以及核心产品的显著位置宣传展示公益广告。其中，刊播时间应当在6：00至24：00之间，数量不少于主管部门规定的条（次）。鼓励网站结合自身特点原创公益广告，充分运用新技术新手段进行文字、图片、视频、游戏、动漫等多样化展示，论坛、博客、微博客、即时通讯工具等多渠道传播，网页、平板电脑、手机等多终端覆盖，长期宣传展示公益广告。

电信业务经营者要运用手机媒体及相关经营业务经常性刊播公益广告。

第十条 有关部门和单位应当运用各类社会媒介刊播公益广告。

机场、车站、码头、影剧院、商场、宾馆、商业街区、城市社区、广场、公园、风景名胜区等公共场所的广告设施或者其他适当位置，公交车、地铁、长途客车、火车、飞机等公共交通工具的广告刊播介质或者其他适当位置，适当地段的建筑工地围挡、景观灯杆等构筑物，均有义务刊播公益广告通稿作品或者经主管部门审定的其他公益广告。此类场所公益广告的设置发布应当整齐、安全，与环境相协调，美化周边环境。

工商行政管理、住房城乡建设等部门鼓励、支持有关单位和个人在商品包装或者装潢、企业名称、商标标识、建筑设计、家具设计、服装设计等日常生活事物中，合理融入社会主流价值，传播中华文化，弘扬中国精神。

第十一条 国家支持和鼓励在生产、生活领域增加公益广告设施和发布渠道，扩大社会影响。

住房城乡建设部门编制户外广告设施设置规划，应当规划一定比例公益广告空间设施。发布广告设施招标计划时，应当将发布一定数量公益广告作为前提条件。

第十二条 公益广告主管部门应当制定并公布年度公益广告活动规划。

公益广告发布者应当于每季度第一个月5日前，将上一季度发布公益广告的情况报当地工商行政管理部门备案。广播、电视、报纸、期刊以及电信业务经营者、互联网企业等还应当将发布公益广告的情况分别报当地新闻出版广电、通信主管部门、网信部门备案。

工商行政管理部门对广告媒介单位发布公益广告情况进行监测和检查，定期公布公益广告发布情况。

第十三条 发布公益广告情况纳入文明城市、文明单位、文明网站创建工作测评。

广告行业组织应当将会员单位发布公益广告情况纳入行业自律考评。

第十四条 公益广告设计制作者依法享有公益广告著作权，任何单位和个人应依法使用公益广告作品，未经著作权人同意，不得擅自使用或者更改使用。

第十五条 公益广告活动违反本办法规定，有关法律、法规、规章有规定的，由有关部门依法予以处罚；有关法律、法规、规章没有规定的，由有关部门予以批评、劝诫，责令改正。

第十六条 本办法自2016年3月1日起施行。

主要参考文献

图书

陈培爱：《中外广告史——站在当代视角的全面回顾（第二版）》，中国物价出版社 2002 年版。

初广志编著：《整合营销传播概论》，高等教育出版社 2014 年版。

丁元竹：《以交流和沟通重构社会关系模式》，中国社会科学出版社 2020 年版。

樊志育：《广告学新论》，三民书局 1980 年版。

高萍：《公益广告初探》，中国商业出版社 1999 年版。

国家广告研究院编著：《2011—2015 年中国广告业发展报告》，中国工商出版社 2016 年版。

康文久、魏永刚等编著：《简明广告学教程》，新华出版社 1990 年版。

刘家林：《新编中外广告通史》，暨南大学出版社 2000 年版。

刘林清、和群坡主编：《公益广告学概论》，中国传媒大学出版社 2014 年版。

倪宁等：《广告新天地——中日公益广告比较》，中国轻工业出版社 2003 年版。

潘泽宏：《公益广告导论》，中国广播电视出版社 2001 年版。

任荣明、杜晓明主编：《企业社会责任：多视角透视》，北京大学出版社 2009 年版。

宋玉书：《公益广告教程》，北京大学出版社 2017 年版。

唐昊：《中国式公益：现代性、正义与公民回应》，中国社会科学出版社 2015 年版。

唐忠朴：《中国本土广告论丛》，中国工商出版社 2004 年版。

王云：《公益广告十四年》，上海书店出版社 2011 年版。

邬盛根：《突发的繁荣与平日的寂寥：中日公益广告运行机制比较研究》，中国传媒大学出版社 2021 年版。

张殿元主编：《公共话语建构：数字公益广告中的"国家叙事"》，上海交通大学出版社 2022 年。

张明新：《公益广告的奥秘》，广东经济出版社 2004 年版。

中国传媒大学等编著：《中国公益广告年鉴（1986 年—2010 年）》，中国工商出版社 2011 年版。

中国传媒大学等编著：《中国公益广告年鉴（2011 年—2013 年）》，中国工商出版社 2014 年版。

中国传媒大学等编著:《中国公益广告年鉴(2014年—2019年)》,中国广播影视出版社2020年版。

中国广播电视年鉴编辑委员会编:《中国广播电视年鉴(1989)》,北京广播学院出版社1989年版。

中国广告年鉴编辑部编:《中国广告年鉴(1988)》,新华出版社1988年版。

中国广告年鉴编辑部编:《中国广告年鉴(1989)》,新华出版社1990年版。

中国广告年鉴编辑部编:《中国广告年鉴(1992—1993)》,新华出版社1995年版。

中国广告年鉴编辑部编:《中国广告年鉴(1997)》,新华出版社1998年版。

〔日〕赤尾昌也等:《广告用语词典》,李直等译,中国摄影出版社1996年版。

〔日〕金子秀之:《世界の公共広告:世界は公共広告のテーマに満ち満ちている》,研究社2000年版。

〔日〕金子秀之:《世界の公共広告》,玄光社2013年版。

〔日〕植条则夫:《广告文稿策略——策划、创意与表现》,俞纯麟、俞振伟译,复旦大学出版社1999年版。

〔日〕植条则夫:《公共広告の研究》,日経広告研究所2005年版。

〔韩〕코라드廣告戰略研究所編:《廣告大辭典》,Nanam Publishing House 1989年版。

〔美〕E.M.罗杰斯:《创新的扩散(第5版)》,唐兴通、郑常青、张延臣译,电子工业出版社2016年版。

〔美〕H.乔治·弗雷德里克森:《公共行政的精神(中文修订版)》,张成福等译,中国人民大学出版社2013年版。

〔美〕道格拉斯·C.诺思:《制度、制度变迁与经济绩效》,杭行译,格致出版社、上海三联书店、上海人民出版社2014年版。

〔美〕南希·R.李、菲利普·科特勒:《社会营销:如何改变目标人群的行为》,俞利军译,格致出版社、上海人民出版社2018年版。

〔美〕塞缪尔·鲍尔斯:《经济动物》,刘少阳译,浙江教育出版社2018年版。

〔美〕珍妮特·V.登哈特、罗伯特·B.登哈特:《新公共服务:服务,而不是掌舵》,丁煌译,中国人民大学出版社2014年版。

James Chapman, *The British at War: Cinema, State, and Propaganda, 1939-1945*, I. B. Tauris, 2001.

John M. Mackenzie, *Propaganda and Empire: The Manipulation of British Public Opinion, 1880-1960*, Manchester University Press, 1986.

Judie Lannon, *How Public Service Advertising Works*, World Advertising Research Center, 2008.

Robert Jackall and Janice M. Hirota, *Image Makers: Advertising, Public Relations, and the Ethos of Advocacy*, University of Chicago Press, 2000.

Wendy Melillo, *How McGruff and the Crying Indian Changed America: A History of Iconic Ad Council Campaigns*, Smithsonian Books, 2013.

论文

别莲蒂、游舒惠:《企业赞助公益活动之动机、决策与影响因素》,《广告学研究》2002 年第 18 集。

蔡立媛、李晓:《中国广告学研究进展的知识图谱分析——基于 Citespace 的 CSSCI 数据库分析》,《全球传媒学刊》2020 年第 3 期。

陈刚:《公共传播与公益广告》,《广告大观(综合版)》2005 年第 4 期。

陈刚、崔彤彦、季尚尚:《变革运行机制——重塑中国公益广告发展构架》,《广告大观(理论版)》2007 年第 2 期。

陈家华、程红:《中国公益广告:宣传社会价值新工具》,《新闻与传播研究》2003 年第 4 期。

陈丽娜:《公益广告的认知演化进程:从宣传、观念营销到公共传播——公益广告国内外研究综述》,《广告大观(理论版)》2013 年第 5 期。

陈培爱:《公益广告与社会主义核心价值观》,《中华文化与传播研究》2021 年第 1 期。

陈徐彬:《中国没有"公益广告"?》,《广告大观(综合版)》2007 年第 5 期。

陈绚:《"公益广告促进和管理暂行办法"的几点专业思考》,《广告大观(理论版)》2014 年第 4 期。

初广志:《公共视角的公益广告概念:溯源、反思与重构》,《山西大学学报(哲学社会科学版)》2020 年第 3 期。

初广志、应铭:《重新审视"意见广告":源流、旅行与扩散》,《现代传播》2024 年第 2 期。

丁汉青、王军、刘旻:《公益广告效果研究:自变量与因变量的梳理与确认》,《郑州大学学报(哲学社会科学版)》2015 年第 4 期。

丁俊杰:《公益广告:"微时代"社会沟通的大手段》,《求是》2013 年第 11 期。

杜延龄:《公益广告之社会功能刍议》,《学术界》1991 年第 1 期。

金㸓美:《韩国公益广告运作机制的现状及其借鉴——以韩国 KOBACO 为例》,《广告大观(理论版)》2013 年第 2 期。

赖建都:《政府宣导广告之文案测试研究》,《广告学研究》2008 年第 29 集。

李清、程宇宁:《中外公益广告的运作模式比较研究》,《广告大观(理论版)》2010 年第 1 期。

李雪枫、王时羽:《公益广告的本质思考》,《山西大学学报(哲学社会科学版)》2020 年第 3 期。

廖秉宜、张浩哲:《中国公益广告研究的知识图谱与前沿展望——基于 CiteSpace 的可视化分析》,《现代广告(学刊)》2023 年第 5 期。

林升栋:《谈中国特色公益广告研究》,《中华文化与传播研究》2021 年第 1 期。

刘念：《英国公益广告机构政府传播服务（GCS）研究与启示》，《广告大观（理论版）》2015年第6期。

倪宁：《论公益广告及其传播》，《新闻与写作》1998年第12期。

倪宁、雷蕾：《公益广告独立性发展及制约因素分析》，《现代传播》2013年第5期。

倪嵎：《如何使企业自觉成为公益广告活动的主体？——试论我国公益广告的定义》，《中国广告》2020年第12期。

潘大钧：《发展公益广告事业的若干思考》，《北京商学院学报》1997年第1期。

史安斌、廖鲽尔：《国际传播能力提升的路径重构研究》，《现代传播》2016年第10期。

宋玉书：《广告行业形象与公益广告》，《辽宁大学学报（哲学社会科学版）》2001年第1期。

孙瑞祥：《繁荣公益广告事业的对策》，《中国广播电视学刊》2001年第2期。

孙秀蕙：《公共关系活动效果初探——阅听人对公益广告的认知与学习效果研究》，《广告学研究》1993年第1集。

唐忠朴：《电视公益广告的艺术特性及社会作用》，《电视研究》1997年第4期。

王首程：《建立促进公益广告持续发展的长效机制》，《中国广告》2009年第1期。

王苑丞、黄皓羽：《外文文献中公益广告研究综述（2005—2019）》，《广告大观（理论版）》2020年第2期。

吴来安：《从家国理想到价值引导：中国现代公益广告的源起》，《现代传播》2019年第7期。

吴易霏：《韩国公益广告运营管理体制及其借鉴》，《中国行政管理》2011年第12期。

邬盛根、钱敏、王丹：《1971—2010日本公益广告主题变迁及比较研究》，《广告大观（理论版）》2012年第3期。

邬盛根、姚曦：《我国公益广告的纯粹性研究》，《中国地质大学学报（社会科学版）》2011年第6期。

徐金灿、万安凤、杨雪萍：《英国公益广告及公益广告机构——中央新闻署COI研究综述与分析》，《广告大观（理论版）》2012年第4期。

许俊基、丁俊杰、衡晓阳：《公益广告初探》，《现代传播》1991年第4期。

杨景越、杨同庆：《广告法增加公益广告规定的建议》，《广告人》2009年第11期。

尹鸿：《中国电视公益广告的新阶段》，《中国电视》2014年第11期。

张殿元：《政府主导还是主导政府：日本公共广告对中国的启示》，《新闻大学》2013年第3期。

张浩杰：《香港艾滋病防治宣导短片（1987—2001）之内容分析》，《广告学研究》2004年第22集。

张晖：《"一带一路"倡议背景下中国公益广告国际传播策略和手段》，《国际传播》2018年第6期。

张萌秋：《学术史回顾：新中国公益广告研究三十年（1989—2019）》，《现代广告》

2021 年第 20 期。

张敏：《为公益广告提供法制平台——关于公益广告发展繁荣的想法和建议》，《广告大观（综合版）》2007 年第 5 期。

赵晨妤：《建立公益广告的良性循环机制》，《广告大观（综合版）》1997 年第 1 期。

赵新利：《公益广告在疫情防控中的功能探析》，《当代电视》2020 年第 4 期。

郑文华：《公益广告的运行机制》，《当代传播》2003 年第 1 期。

朱健强：《改革开放 30 年电视公益广告主题回眸》，《中国广播电视学刊》2009 年第 1 期。

邹雨薇、初广志：《泰国公益广告网络传播效果及广告表现分析》，《中国广播电视学刊》2017 年第 3 期。

WOOR I. CHO、孟乐：《中韩电视公益广告内容比较研究》，《广西大学学报（哲学社会科学版）》2018 年第 1 期。

A. L. Wang, et al., "Targeting Modulates Audiences' Brain and Behavioral Responses to Safe Sex Video Ads," *Social Cognitive and Affective Neuroscience*, Vol. 11, No. 10, 2016.

Alan R. Andreasen, "Social Marketing: Its Definition and Domain," *Journal of Public Policy & Marketing*, Vol. 13, No. 1, 1994.

Alan R. Andreasen, "Marketing Social Marketing in the Social Change Marketplace," *Journal of Public Policy & Marketing*, Vol. 21, No. 1, 2002.

Anne Gregory, "UK Government Communication: The Cameron Years and Their Ongoing Legacy," *Public Relations Review*, Vol. 45, No. 2, 2019.

Benjamin Denison, et al., "Evaluation of the 'We Can Do This' Campaign Paid Media and COVID-19 Vaccination Uptake, United States, December 2020–January," *Journal of Health Communication*, Vol. 28, No. 9, 2023.

Buduo Wang, et al., "Do Descriptive Norm Appeals in Public Service Ads Reduce Freedom Threats? Examining the Effects of Normative Messages and Media Literacy Skills on Decreasing Reactance," *Health Communication*, Vol. 38, No. 5, 2023.

Claudia Parvanta, et al., "Face Value: Remote Facial Expression Analysis Adds Predictive Power to Perceived Effectiveness for Selecting Anti-Tobacco PSAs," *Journal of Health Communication*, Vol. 27, No. 5, 2022.

Crystale P. Cooper, et al., "Life Cycle of Television Public Service Announcements Disseminated through Donated Airtime," *Preventive Medicine Reports*, Vol. 2, 2015.

David G. Schmeling and C. Edward Wotring, "Agenda-Setting Effects of Drug Abuse Public Service Ads," *Journalism & Mass Communication Quarterly*, Vol. 53, No. 4, 1976.

Donald Harris and Archana Krishnan, "Exploring the Association between Suicide Prevention Public Service Announcements and User Comments on YouTube: A Computational Text Analysis Approach," *Journal of Health Communication*, Vol. 28, No. 5, 2023.

Elisabeth Bigsby, et al., "Efficiently and Effectively Evaluating Public Service Announcements: Additional Evidence for the Utility of Perceived Effectiveness," *Communication Monographs*, Vol. 80, No. 1, 2013.

Elizabeth Crisp Crawford, et al., "Connecting without Connection: Using Social Media to Analyze Problematic Drinking Behavior among Mothers," *Journal of Current Issues & Research in Advertising*, Vol. 41, No. 2, 2020.

Elizabeth M. Perse, et al., "Effects of Spokesperson Sex, Public Service Announcement Appeal, and Involvement on Evaluations of Safe-Sex PSAs," *Health Communication*, Vol. 8. No. 2, 1996.

Evgeniia Belobrovkina and Shelly Rodgers, "COVID-19 Public Service Advertisements through the Prism of Goal-Framing Theory," *Journal of Current Issues & Research in Advertising*, Vol. 44, No. 4, 2023.

Guan Soon Khoo and Jeeyun Oh, "Imagine That You Died. Would You Still Smoke? How Death Reflection Affects Health Message Reception through Personal Growth and Identification," *Health Communication*, Sep. 11, 2023, https://doi.org/10.1080/10410236.2023.2257944.

Hanwei Wang, et al., "To Gain Face or Not to Lose Face: The Effect of Face Message Frame on Response to Public Service Advertisements," *International Journal of Advertising: The Review of Marketing Communications*, Vol. 39, No. 8, 2020.

Heather Shoenberger, et al., "Advertising during COVID-19: Exploring Perceived Brand Message Authenticity and Potential Psychological Reactance," *Journal of Advertising*, Vol. 50, No 3, 2021.

Herbert J. Rotfeld, "Misplaced Marketing: The Social Harm of Public Service Advertising," *Journal of Consumer Marketing*, Vol. 19, No. 6, 2002.

J. A. R. Pimlott, "Public Service Advertising: The Advertising Council," *Public Opinion Quarterly*, Vol. 12, No. 2, 1948.

James Price Dillard, et al., "Talking about Sugar-Sweetened Beverages: Causes, Processes, and Consequences of Campaign-Induced Interpersonal Communication," *Health Communication*, Vol. 37, No. 3, 2022.

Jeff Niederdeppe, et al., "Theoretical Foundations of Appeals Used in Alcohol-Abuse and Drunk-Driving Public Service Announcements in the United States, 1995–2010," *American Journal of Health Promotion*, Vol. 32, No. 4, 2017.

Jennifer Manganello, et al., "Pandemics and PSAs: Rapidly Changing Information in a New Media Landscape," *Health Communication*, Vol. 35, No. 14, 2020.

Jerry R. Lynn, "Perception of Public Service Advertising: Source, Message and Receiver Effects," *Journalism & Mass Communication Quarterly*, Vol. 50, No. 4, 1973.

Jerry R. Lynn, et al., "How Source Affects Response to Public Service Advertising," *Journalism Quarterly, Vol. 55. No. 4, 1978.

Jessica Gall Myrick, et al., "An Experimental Test of the Effects of Public Mockery of a Social Media Health Campaign: Implications for Theory and Health Organizations' Social Media Strategies," Health Communication, Nov. 19, 2023, https://doi.org/10.1080/10410236.2023.2282833.

Jiemin Looi, et al., "Instagram Influencers in Health Communication: Examining the Roles of Influencer Tier and Message Construal in COVID-19-Prevention Public Service Announcements," Journal of Interactive Advertising, Vol. 23, No. 1, 2023.

Joon Soo Lim, et al., "The First-Person Effect of Anti-Panhandling Public Service Announcement Messages on Promotional Behaviors and Donation Intentions," Journal of Promotion Management, Vol. 26, No. 2, 2020.

Joyce M. Wolburg, "The 'Risky Business' of Binge Drinking among College Students: Using Risk Models for PSAs and Anti-Drinking Campaigns," Journal of Advertising, Vol. 30, No. 4, 2001.

June Marchand and Pierre Filiatrault, "AIDS Prevention Advertising: Different Message Strategies for Different Communication Objectives," International Journal of Nonprofit and Voluntary Sector Marketing, Vol. 7, No. 3, 2002.

Jungkeun Kim, et al., "Nudging to Reduce the Perceived Threat of Coronavirus and Stockpiling Intention," Journal of Advertising, Vol. 49, No. 5, 2020.

Marla Royne Stafforda, et al., "The Evolution of Advertising Research through Four Decades: A Computational Analysis of Themes, Topics and Methods," International Journal of Advertising, Vol. 42, No. 1, 2023.

Michael Siegel, "Antismoking Advertising: Figuring Out What Works," Journal of Health Communication, Vol. 7, No. 2, 2002.

Patrick van Esch, et al., "COVID-19 Charity Advertising: Identifiable Victim Message Framing, Self-Construal, and Donation Intent," Journal of Advertising, Vol. 50, No 3, 2021.

R. Bagozzi and D. Moore, "Public Service Advertisements: Emotions and Empathy Gimle Prosocial Behavior," Journal of Marketing, Vol. 58, No. 1, 1994.

René Weber, et al., "A Multilevel Analysis of Antimarijuana Public Service Announcement Effectiveness," Communication Monographs, Vol. 80, No. 3, 2013.

Richard H. Evans, "Planning Public Service Advertising Messages: An Application of the Fishbein Model and Path Analysis," Journal of Advertising, Vol. 7, No. 1, 1978.

Russell B. Clayton, et al., "Smoking Status Matters: A Direct Comparison of Smokers' and Nonsmokers' Psychophysiological and Self-Report Responses to Secondhand Smoke Anti-Tobacco PSAs," Health Communication, Vol. 35, No. 8, 2020.

Russell B. Clayton, et al., "Diminishing Psychological Reactance through Self-Transcendent

Media Experiences: A Self-Report and Psychophysiological Investigation," *Health Communication*, Jul. 25, 2023, https://doi.org/10.1080/10410236.2023.2233705.

Ruth Wooden, "How Public Service Advertising Works," *Journal of Advertising Research*, Vol. 48, No. 4, 2008.

Scott T. Allison and Norbert Kerr, "Group Correspondence Biases and the Provision of Public Goods," *Journal of Personality and Social Psychology*, Vol. 66, No. 4, 1994.

Sidharth Muralidharan and Sanjukta Pookulangara, "Exploring the Functional Distinction between Hindu Religiosity and Spirituality in Direct and Indirect Domestic Violence Prevention PSAs: A Study of Bystander Intervention in the Era of COVID-19," *International Journal of Advertising: The Review of Marketing Communications*, Vol. 41, No. 6, 2022.

Soo Jung Hong and Bernadette Yan Fen Low, "Use of Internet Memes in PSAs: Roles of Perceived Emotion, Involvement with Memes, and Attitudes toward the Issuing Organization in Perceived PSA Effectiveness," *Health Communication*, Vol. 39, No. 6, 2023.

Steven W. Lewis, "The Potential for International and Transnational Public Service Advertising in Public Spaces in American and Chinese Global Cities: Conclusions from a 2010 Survey of Advertisements in Subways in Beijing, New York, Shanghai and Washington, DC," *Public Relations Review*, Vol. 38, No. 5, 2012.

Sylvan M. Barnet, Jr., "A Global Look at Advocacy," *Public Relations Journal*, Vol. 31, No. 11, 1975.

T. N. Walters, et al., "The Picture of Health? Message Standardization and Recall of Televised AIDS Public Service Announcements," *Public Relations Review*, Vol. 23, No. 2, 1997.

Tao Deng, et al., "Global COVID-19 Advertisements: Use of Informational, Transformational and Narrative Advertising Strategies," *Health Communication*, Vol. 37, No. 5, 2022.

Truman R. Keys, et al., "Black Youth's Personal Involvement in the HIV/AIDS Issue: Does the Public Service Announcement Still Work?" *Journal of Health Communication*, Vol. 14, No. 2, 2009.

研究报告

星亮等:《广东视听公益广告创意短板分析及创意规律研究报告》,2018年12月,未发表。

《部分传统媒体和互联网媒介公益广告发布情况抽查报告(2020年度)》,https://www.cqn.com.cn/zj/attachment/2020-12/31/c25f658d-e7fc-4e5e-a151-700891932228.pdf。

"Matters of Choice: Advertising in the Public Interest——The Advertising Council (1942-2002)," Ad Council Report, 2002.

Walter Gantz, et al., "Shouting to Be Heard (2): Public Service Advertising in Television World," https://www.kff.org/wp-content/uploads/2013/01/7715.pdf.

学位论文

陈辉兴:《中国电视公益广告发展动因及其运行模式研究》,上海大学博士学位论文,2010年1月。

陈振明:《台湾地区公益广告发展研究(1988—2012)》,厦门大学博士学位论文,2014年6月。

段新洒:《中国公益广告二十年历程回顾与未来展望——探析中国公益广告未来发展模式》,南京师范大学硕士学位论文,2008年5月。

龚莹莹:《当代公益广告中的情感诉求及社会功能研究》,合肥工业大学硕士学位论文,2007年10月。

李叶:《卷入度、诉求方式对公益广告效果的影响研究》,暨南大学硕士学位论文,2010年5月。

李正心:《电视公益广告传播效果研究:以董氏基金会戒烟广告对台北市高中、高职学生传播效果研究》,台湾政治作战学校硕士学位论文,1992年6月。

刘洪珍:《美国现代公益广告的起源与发展研究——以广告理事会为例》,中国人民大学博士学位论文,2011年5月。

马连鹏:《公益广告社会教育作用研究》,大连理工大学硕士学位论文,2004年6月。

王亚楠:《改革开放30年广播电视公益广告主题研究》,厦门大学硕士学位论文,2009年4月。

吴易霏:《社会结构变革与公益广告意识形态变化的互动关系——以韩国政府公益广告为对象的实证研究》,中国传媒大学博士学位论文,2012年6月。

夏欣琳:《公益广告用语的社会语言学探析》,暨南大学硕士学位论文,2007年5月。

徐佳:《新媒体环境下我国公益广告的媒体利用策略研究》,湘潭大学硕士学位论文,2012年5月。

杨舒雁:《政令宣导讯息效果评估:"交通安全宣导"之研究》,台湾政治大学硕士学位论文,2003年。

张雯雯:《中国当代公益广告话语变迁研究(1986—2016)》,华东师范大学博士学位论文,2018年5月。

张学伟:《中国公益广告价值观研究(1982—2018)——以"黄河奖"获奖作品为例》,中国传媒大学博士学位论文,2020年6月。

赵淑樱:《企业赞助公益广告动机与考量因素之研究》,台湾成功大学硕士学位论文,1992年5月。

周姗:《多模态视角下的俄语公益广告话语分析》,北京外国语大学博士学位论文,2014年6月。

Inger L. Stole, "Selling Advertising: The U. S. Advertising Industry and Its Public Relations Activities, 1932-1945," Ph. D. Dissertation, University of Wisconsin-Madison, 1998.

网络资源

中国文明网, http://www.wenming.cn
国家广播电视总局, http://www.nrta.gov.cn/
国家市场监督管理总局, https://www.samr.gov.cn/
香港特别行政区政府档案处, https://www.grs.gov.hk/tc/
美国广告委员会, http://www.adcouncil.org/
美国联邦通信委员会, https://www.fcc.gov
英国政府传播服务机构, https://gcs.civilservice.gov.uk/
日本公共广告机构, http://www.ad-c.or.jp/
韩国放送广告公社, https://www.kobaco.co.kr/websquare/websquare.jsp?w2xPath=/kobaco/common/index.xml
韩国通信委员会, https://www.kcc.go.kr/

后 记

本书是 2018 年国家社科基金后期资助项目"公益广告的运行机制与传播效果研究"（项目号：18FXW001）的成果，也是笔者及团队成员多年有关公益广告研究的结晶。

全书主要内容由笔者撰写。其他撰写人员包括：何晨（第 2 章第 2 节主要内容）；应铭（第 4 章第 2 节主要内容），田啸（第 5 章第 1 节部分内容），王洁敏、何晨、卢科岩（第 5 章第 2 节部分内容），刘丽、路珍珍（第 5 章第 3 节部分内容），丁佳、应铭（第 6 章第 1 节主要内容），李寒松（第 6 章第 2 节主要内容），刘丽、何婧文、董雪（第 6 章第 3 节主要内容），王佳炜（第 7 章第 2 节部分内容）。统稿工作由笔者承担。

感谢全国哲学社会科学工作办公室提供的资助，感谢学界、业界专家的支持，感谢调研和写作过程中同学们的辛苦付出，感谢家人的默默奉献，感谢北京大学出版社梁路、周丽锦、董郑芳老师的辛苦审校。希望本书能为我国的公益广告研究与实践提供一些有价值的参考。不足之处，敬请批评指正。

初广志

2024 年 8 月